Rechtswissenschaftliche Fragen an das neue Präventionsgesetz

Schriften zur Gesundheitspolitik
und zum Gesundheitsrecht

Schriftenreihe des Instituts
für Europäische Gesundheitspolitik und Sozialrecht
an der Johann Wolfgang Goethe-Universität Frankfurt

Herausgegeben von Ingwer Ebsen,
Thomas Gerlinger und Astrid Wallrabenstein

Band 20

PL ACADEMIC RESEARCH

Indra Spiecker genannt Döhmann /
Astrid Wallrabenstein (Hrsg.)

Rechtswissenschaftliche Fragen an das neue Präventionsgesetz

PL ACADEMIC RESEARCH

Bibliografische Information der Deutschen Nationalbibliothek
Die Deutsche Nationalbibliothek verzeichnet diese Publikation in der Deutschen Nationalbibliografie; detaillierte bibliografische Daten sind im Internet über http://dnb.d-nb.de abrufbar.

ISSN 2193-0465
ISBN 978-3-631-67484-0 (Print)
E-ISBN 978-3-653-06725-5 (E-Book)
DOI 10.3726/978-3-653-06725-5

PL Academic Research ist ein Imprint der Peter Lang GmbH.

Peter Lang – Frankfurt am Main · Bern · Bruxelles · New York · Oxford · Warszawa · Wien

Diese Publikation wurde begutachtet.

www.peterlang.com

Inhalt

Astrid Wallrabenstein

Einleitung

Am 17. Juli ist das Gesetz zur Stärkung der Gesundheitsförderung und der Prävention – das Präventionsgesetz – verabschiedet worden.[1] Mit ihm findet ein mehr als 10 Jahre währendes Projekt seinen legislatorischen Abschluss.

Aus gesundheitswissenschaftlicher Perspektive mag man sagen: Endlich! Zwar ist das Gesetz keineswegs frei von gesundheitswissenschaftlicher Kritik. Aber es gießt doch endlich den seit langem propagierten Setting-Ansatz in Gesetzesform – d.h. er verpflichtet zu Maßnahmen der Primärprävention in Lebenswelten, wie es in § 20b SGB V heißt. Außerdem soll deutlich mehr Geld in den Sektor der Primärprävention fließen als bisher. Mit diesem Geld sollen – so das übergeordnete Steuerungskonzept – Projekte entwickelt werden, die dem Grundannahmen des Konzeptes zufolge helfen sollen, soziale Ungleichheit abzubauen, indem die Gesundheit auch derjenigen gefördert und dadurch verbessert wird, die strukturell benachteiligt sind. Aus einer gesundheitswissenschaftlichen Laienperspektive scheinen die grundlegenden Präventionsziele wenig, die Zielgenauigkeit der Präventionsansätze etwas und die Tragfähigkeit des politischen Steuerungskonzepts deutlich umstritten zu sein – Einigkeit besteht allenfalls drin, dass mehr Geld immer gut ist. Für eine Verifizierung der Kritikpunkte wird man jedoch abwarten müssen, wie die Umsetzung des Gesetzes aussehen und welche gesundheitspolitischen Veränderungen es auslösen wird.

Auf der hier dokumentierten Tagung des Instituts für Europäische Gesundheitspolitik und Sozialrecht (ineges) sollte diese gesundheitswissenschaftliche Einordnung und Bewertung des Gesetzes daher nur Grundlage und nicht eigentlicher Streitgegenstand sein. Vielmehr sollte eine ganz andere Perspektive den ersten Zugriff bieten, nämlich die spezifisch juristische, insbesondere die verfassungsrechtliche. Anders als eine empirisch-sozialwissenschaftliche Kritik bedarf sie keines Zuwartens. Zudem scheint gerade verfassungsrechtlich doch einiges bemerkenswert.

Wie bereits erwähnt, ist das Projekt Präventionsgesetz schon 10 Jahre alt. Dreimal scheiterte es, obwohl stets alle politischen Akteure betonten, dass Prävention doch wichtig sei. Auch der angesprochene Setting-Ansatz – die Primärprävention in Lebenswelten – war nicht eigentlich umstritten. Streit bestand natürlich in Bezug

1 BGBl. vom 24.07.2015 I 1368.

auf die Finanzierung, aber auch ebenso in Bezug auf die Frage, „wer den Hut aufhabe“ – welche Institutionen, welche Akteure und welche politische Ebene die tatsächliche Ausgestaltung in der Hand haben werde. Krankenkassen, deren Verbände, neu erstarkte zentrale Institutionen des Gesundheitswesens, Ärzteschaft, Bund, Länder, Kommunen, weitere Sozialversicherungsträger, und wer noch alles einbezogen werden sollte oder wollte, fragten sich – völlig zu Recht – was ein Präventionsgesetz für sie verändern würde. Geld und Steuerungskompetenzen standen und stehen also auf dem Spiel.

Bereits im Jahr 2005 berieten Bundestag und Bundesrat über ein Präventionsgesetz, das damals von der rot-grünen Bundesregierung erarbeitet worden war und gegen das ein CDU/CSU-FDP-dominierter Bundesrat (verzeihen Sie mir die Verkürzung) den Vermittlungsausschuss angerufen hatte. Durch Neuwahlen scheiterte die Gesetzesinitiative.

In der darauf folgenden großen Koalition aus CDU/CSU und SPD unternahm Gesundheitsministerin Ulla Schmidt zwar einen zweiten Anlauf, der jedoch ebenfalls scheiterte. Die bereits 2005 vom Bundesrat vorgetragenen Argumente hatten nun aber frischen Rückenwind erhalten. Maßgeblich waren regierungsinterne verfassungsrechtliche Bedenken gegen die Organisations- und Finanzierungskonzepte des Gesetzes. Sie waren nicht zuletzt durch das Bundesverfassungsgerichtsurteil zur Verfassungswidrigkeit der sogenannten ARGEn begründet. Das Bundesverfassungsgericht hatte die gemeinsame Verwaltung von Sozialleistungen durch die Bundesagentur für Arbeit (bzw. zunächst noch Bundesarbeitsanstalt) und Kommunen als vom Grundgesetz verbotene Mischverwaltung qualifiziert und das Prinzip der Verantwortungsklarheit hoch gehalten.[2] In der Koalition war man sich relativ schnell einig, dass die komplexen und eng verwobenen Organisationsmodelle, mit denen die zahlreichen Akteure des Präventionsbereichs zusammenarbeiten sollten, diesen Anforderungen nicht genügen würden.

Dies hielt aber auch die darauffolgende Koalition – diesmal aus CDU/CSU und FDP – nicht davon ab, eine dritte Neuauflage des Präventionsgesetzes zu versuchen. Sie erfolgte freilich etwas lieblos und so spät in der Legislaturperiode, dass auch dieser Versuch beim parteipolitisch anders aufgestellten Bundesrat der Diskontinuität zum Opfer fiel.

Nachdem sich also alle bisher praktizierten Koalitionen – rot-grün, schwarz-rot, schwarz-gelb – vergeblich versucht hatten, war es Gesundheitsminister Gröhe vergönnt, das Projekt beim vierten Anlauf über die Ziellinie zu bringen. Der

2 BVerfGE 119, 331.

Bundesrat sah diesmal von einer Intervention ab und der Bundespräsident benötigte genau eine Woche bis zur Verkündung.

Dies erstaunt doch ein wenig, wo doch die vorangehenden Versuche stets mit verfassungsrechtlichen Bedenken konfrontiert waren. Natürlich standen und stehen hinter diesen verfassungsrechtlichen Argumenten auch immer die bereits angesprochenen Interessen der betroffenen Institutionen und Akteure. Um „ihr" Geld und ihre Steuerungsmöglichkeiten geht es – aber das Verfassungsrecht verhält sich hierzu. Dies bleibt auch so, wenn die Erörterung der verfassungsrechtlichen Einwände und Fragen im Gesetzgebungsprozess kaum eine Rolle gespielt hat. Deshalb werden diese Fragen im vorliegenden Band diskutiert. Sie sind mit der Verabschiedung des Gesetzes keineswegs obsolet, sondern das, was verfassungsrechtlich relevant ist, beansprucht auch Geltung. Dabei muss man nicht immer sofort an ein Normenkontrollverfahren denken, dass ein Gesetz wegen Kompetenzverstößen davon fegt. Das kommt vor – zuletzt am 21.07.2015 mit dem Verfassungsgerichtsurteil zum Betreuungsgeldgesetz[3] und damit just zwischen Verabschiedung und Verkündung des Präventionsgesetzes. Nicht auszuschließen, dass auch diese zweite große Koalition noch einmal ins Grübeln gekommen wäre, wenn dieses Urteil noch in die Gesetzesberatung geplatzt wäre. Aber auch ohne aufsehenerregende Bundesverfassungsgerichtsverfahren wirkt sich Verfassungsrecht aus. Was verfassungsrechtlich nicht geht, wird bei der Umsetzung des Gesetzes auch nicht werden.

Daher wurde auf der Veranstaltung des ineges am 30.09.2015 in Berlin mit namhaften Verfassungsrechtlerinnen und Verfassungsrechtlern diskutiert, „was verfassungsrechtlich am Präventionsgesetz geht und was nicht". Im ersten Beitrag übernahm es *Margarete Schuler-Harms,* die kompetenzrechtlichen Grundlagen für die Gestaltung und Organisation sozialer Aufgaben nach dem Grundgesetz vorzustellen und damit aufzuzeigen, dass es gar nicht so einfach ist, Bundeskompetenzen sowohl für die Gesetzgebung als auch die Durchführung von Präventionsaufgaben zu finden. Dieser Beitrag wird ergänzt durch die Stellungnahme von *Birgit Schmidt am Busch,* die aus den gleichen Gründen für Netzwerkstrukturen anstelle des nun verabschiedeten Präventionsgesetzes plädiert. Zu einer ähnlich kritischen Einschätzung gelangt auch *Peter Axer,* der insbesondere auch die Finanzierungsaspekte mit in den Blick nimmt. Nur bei sehr restriktiver Interpretation der gesetzlich bestimmten Beauftragung der Bundeszentrale für gesundheitliche Aufklärung durch den Spitzenverband der Krankenkassen sei § 20a Abs. 3 S. 1 SGB V noch verfassungskonform. Teils fundamentaler noch kritisiert

3 BVerfG, Urteil vom 21.07.2015 – 1 BvF 2/13.

Iris Kemmler im anschließenden Kommentar die Lastenverschiebung von Präventionskosten, die im Interesse des Gemeinwohls sachlich berechtigt sind, auf die Versicherten der GKV.

Die Veranstaltung erschöpfte sich aber nicht in den Kompetenzfragen. Womöglich erschöpft sich auch der über die vielen Jahre hartnäckige Widerstand gegen das Präventionsgesetz nicht in den Macht- und Einflussinteressen der betroffenen Institutionen. Stattdessen dürfte noch eine zweite, sachliche Ebene der Auseinandersetzung und Kritik mit den Präventionskonzepten mitschwingen, die im zweiten Teil des Bandes sowohl aus verhaltensökonomischer als auch rechtlicher Perspektive beleuchtet wird.

Wenn es einen weitgehenden Konsens dahingehend gibt, dass das Ziel von Prävention etwas Gutes sei, so ist dies einerseits richtig. Andererseits ist aber auch richtig, dass über die Präventionskonzepte eben kein so weitreichender Konsens besteht. Auch wenn man sich über ein Ziel einig ist, bestehen doch unterschiedliche Vorstellungen darüber, welches Mittel erfolgversprechend, aber auch, welches zulässig oder legitim ist. Über diese Legitimität der Mittel nachzudenken, ist eine wesentliche Aufgabe der sozialwissenschaftlichen – und das heißt hier ökonomisch informierten – Rechtswissenschaft.

Die hochkarätige Besetzung des Nachmittagspanels zeigte die Fruchtbarkeit dieses interdisziplinären Diskurses eindrücklich auf. *Klaus Mathis* führt in seinem Beitrag zunächst in die Grundannahmen und Erkenntnisse der Verhaltensökonomie ein, die sich insbesondere in letzter Zeit zunehmend mit sogenannten Nudges – vielfältigen Anreizen und verhaltenssteuernden Informationen – auseinandersetzt. Dem Präventionsgesetz liegen solche Annahmen zugrunde, folgen dabei allerdings keineswegs einem eindeutigen Konzept, sondern sind eher disparat. *Gert Georg Wagner* unterstreicht in seinem Kommentar die systematischen Schwächen des Nudging-Ansatzes und fragt dadurch zugleich nach der Effektivität der im Präventionsgesetz den Krankenkassen auferlegten Aufgaben. Auf dieser Grundlage beleuchtet sodann *Jan Henrik Klement* Nudging und andere Präventionsmaßnahmen aus grundrechtlicher und rechtstheoretischer Perspektive. Die Herausforderungen an die Grundrechtsdogmatik werden damit ebenso thematisiert, wie das Spannungsfeld zwischen Paternalismus und Selbstbestimmung, das für das SGB V mit umfassendem Leistungsanspruch und Eigenverantwortung keineswegs neu ist. Der Einordnung der Präventionsansätze und des Nudging in die unterschiedlichen Konzepte von Paternalismus und Selbstbestimmung widmet sich schließlich auch der Kommentar von *Hans Michael Heinig*.

Dass die anspruchsvolle und äußerst anregende Diskussion sowie die hier vorgelegte Veröffentlichung aller Beiträge möglich ist, ist einer Vielzahl an Beteiligten zu verdanken. In erster Linie gilt der herzliche Dank den Referentinnen und Kommentatoren für die intensive Vorbereitung ihrer bereichernden Beiträge, vor allem ihre Bereitschaft zum klaren Wort und nicht zuletzt die zügige Bereitstellung der Manuskripte für diesen Band. Zudem haben die Mitarbeiter des ineges, *Maurice Skowronek*, *Jonas Bördner* und *Jubin Dejam*, die Tagungsorganisation sowie Betreuung des Tagungsbandes mit großem Engagement und Zuverlässigkeit übernommen. Ihnen allen herzlichen Dank!

Frankfurt, den 15.01.2016 Astrid Wallrabenstein

Margarete Schuler-Harms

(Primär-)Prävention im Bundesstaat: Zwischen Daseinsvorsorge und GKV

Prevention Act 2015 provides legislation, organisation, and services of health promotion and prevention appropriately, as it develops a health promoting overall policy. However, the regulating Federation has to respect the Constitution that splits powers between the Federation and the federal states, as well as the constitutional requirement for the distinctiveness of legal rules. Actually, the configuration of task responsibility of health insurance on the one hand and the Federation's responsibility for organisation and finance on the other, has not been created in full accordance with the Constitution.

I. Einleitung

Das Präventionsgesetz vom 17. Juli 2015[1] (im Folgenden: PrävG 2015) bildet den vorläufigen Abschluss einer jahrzehntelangen Gesetzgebungsgeschichte.[2] An ihrem Beginn steht für die GKV im Jahr 1989 die Einführung des § 20 SGB V durch das Gesundheitsreformgesetz, der die primäre gesundheitliche Prävention als Satzungsleistung der Krankenkassen ermöglichte.[3] Sie setzt sich fort mit der Stärkung der Befugnisse der Kassen auf den Gebieten der Prävention und Gesundheitsförderung durch GKV-GRG 1999.[4] Ein erster Entwurf eines Präventionsgesetzes aus dem Jahr 2005 führte zur Anrufung des Vermittlungsausschusses durch den Bundesrat und fiel der Diskontinuität zum Opfer.[5] Ein Referentenentwurf vom 23. November 2007 erreichte nicht einmal das Stadium eines Gesetzentwurfs.

---

1 Gesetz zur Förderung der Gesundheitsförderung und der Prävention vom 17. 7. 2015, BGBl. I, 1368.

2 Zum Nachfolgenden vgl. Rolf Rosenbrock/Thomas Gerlinger, Gesundheitspolitik – Eine systematische Einführung, 2014, S. 78 ff.; Astrid Wallrabenstein, in diesem Band.

3 Gesetz zur Strukturreform im Gesundheitswesen vom 20. 12. 1988, BGBl. I, 2477.

4 GKV-Gesundheitsreformgesetz vom 22. 12. 1999, BGBl. I, 2626.

5 Entwurf eines Gesetzes zur Stärkung der gesundheitlichen Prävention vom 15. 2. 2005, BT-Drucks. 15/4833. Näher dazu Rosenbrock, Das deutsche Präventionsgesetz 2005 – ein gescheiterter Anlauf, 2005, abrufbar unter http://www.forum-gesundheitspolitik.de/dossier/PDF/Rosenbrock-Praeventionsgesetz.pdf.

Erneut scheiterte ein Gesetzentwurf an der Diskontinuität im Jahr 2013.[6] Die Schwierigkeiten mit der Gesetzgebung erklären sich unschwer aus der großen Herausforderung, die das Politikfeld der gesundheitlichen Prävention mit sich bringt und die es hier mit Bezug auf die Rolle der GKV näher zu umschreiben gilt (B.). Die Verabschiedung eines Präventionsgesetzes 2015 erweist sich vor dieser Historie als großer politischer Erfolg.

Der Preis dafür ist freilich nicht gering. Er wird gefordert und gezahlt vom Bundesgesetzgeber, der mit diesem Gesetz verfassungsrechtliche Risiken einging, von der gesetzlichen Krankenversicherung, die nun, so scheint es auf den ersten Blick, weniger gestalten und mehr bezahlen soll, sowie von Ländern und Kommunen, deren Kompetenzen – ebenfalls auf den ersten Blick – beschnitten zu werden scheinen.

Der vorliegende Beitrag gilt dem verfassungsrechtlichen Ordnungsrahmen, in dem der Gesetzgeber sich bewegt. Behandelt wird dabei nur ein Ausschnitt aus dem komplexen Bündel der rechtswissenschaftlichen Fragen, nämlich die Einordnung des neuen Regelungswerks in die bundesstaatliche Ordnung des Grundgesetzes. Diese verlangt neben der Zuständigkeit des Bundes als Gesetzgeber (C.) die Verfassungsmäßigkeit der im Gesetz organisierten Zuständigkeiten für die Durchführung (D.) sowie eine den Anforderungen der Verfassung entsprechende Zuschreibung der Verantwortung für die Finanzierung (E.).

II. Prävention und Gesundheitsförderung als Aufgabenfeld zwischen gesetzlicher Krankenversicherung und Daseinsvorsorge

Prävention und Gesundheitsförderung sind eine gesamtgesellschaftliche Aufgabe, die sich als Querschnittsaufgabe über verschiedene politischen Sektoren und Ebenen erstreckt.[7]

Begrifflich und konzeptionell lässt sich an die Verhandlungen der Weltgesundheitskonferenz an, insbesondere an die Charta von Ottawa aus dem Jahre

---

6 Entwurf eines Gesetzes zur Förderung der Prävention, BT-Drucks. 17/13080. Näher Minou Banafsche, Zielsetzungen und Instrumente der Prävention im Sozialrecht, in: Judith Brockmann (Hrsg.), Prävention an der Schnittstelle von Arbeits- und Sozialrecht, 2014, S. 7.

7 Vgl. Karl-Jürgen Bieback, Prävention als Prinzip und Anspruch im Sozialrecht, insbesondere in der Gesetzlichen Krankenversicherung, ZSR 2003, S. 403 (435 ff.); Angelika Forster, Umsetzung der Primärprävention im Spannungsfeld zwischen Recht und Wirklichkeit, ZSR 2003, S. 520 (529).

1986[8], anknüpfen. In der Charta wird Gesundheitsförderung wie folgt beschrieben: „*Gesundheitsförderung zielt auf einen Prozess, allen Menschen ein höheres Maß an Selbstbestimmung über ihre Gesundheit zu ermöglichen und sie damit zur Stärkung ihrer Gesundheit zu befähigen.*" Die Charta versteht Gesundheit also als einen wesentlichen Bestandteil des alltäglichen Lebens. Sie steht zugleich für ein Konzept, das den sozialen und individuellen Ressourcen neben den körperlichen Fähigkeiten Bedeutung für die Gesundheit beimisst. „*Die Verantwortung für Gesundheitsförderung*", so die Charta, „*liegt deshalb nicht nur bei dem Gesundheitssektor, sondern bei allen Politikbereichen und zielt über die Entwicklung gesünderer Lebensweisen hinaus auf die Förderung von umfassendem Wohlbefinden hin.*" Als grundlegende Bedingungen und konstituierende Momente von Gesundheit werden Frieden, angemessene Wohnbedingungen, Bildung, Ernährung, Einkommen, ein stabiles Ökosystem, eine sorgfältige Verwendung vorhandener Naturressourcen sowie soziale Gerechtigkeit und Chancengleichheit aufgeführt.

Eine solche Politik der Gesundheitsförderung setzt an vielen Politiksektoren an und sucht unterschiedliche, sich gegenseitig ergänzende Ansätze zu verbinden, u.a. Gesetzesinitiativen (und somit rechtlich verbindliche Vorgaben), steuerliche Maßnahmen und Information sowie Aufklärung neben strukturellen, insbesondere auch organisatorischen, Veränderungen. In der Konsequenz der Charta liegt ein breiter Politikansatz zur Schaffung gesundheitsförderlicher Lebenswelten. Die Verantwortung für ihn weist das Konzept der Charta einer Vielzahl von Akteuren zu und gibt ihnen die Entwicklung eines auf Gesundheitsförderung ausgerichteten, weit über medizinisch-kurative Betreuungsleistungen hinaus reichenden Versorgungssystems auf. So verstandene ganzheitliche Gesundheitsprävention als Strategie erfordert und umfasst eine große und vielfältige Menge von Aufgabenfeldern und Maßnahmen, die von einer qualitativ hochwertigen Wasser- und Abwasserversorgung über den Umweltschutz bis zum betrieblichen Arbeitsschutz und zur Produktsicherheit reichen. Der Gesundheitsschutz spielt in Gestalt der Erreichung eines bestimmten Gesundheitsniveaus hierbei gleichsam die Rolle eines Sekundärziels im Rahmen der Verfolgung anderer Ziele; seine Sicherstellung erfordert Maßnahmen nach Art eines Mainstreamings. In vorbildlicher Weise formuliert Art. 168 Abs. 1 AEUV dies für den Gesundheitsschutz als geteilte Aufgabe von Union und Mitgliedstaaten aus.[9]

---

8 Ottawa Charta zur Gesundheitsförderung vom 21. 11. 1986, http://www.euro.who.int/__data/assets/pdf_file/0006/129534/Ottawa_Charter_G.pdf. Zur weiteren Entwicklung Sonja Mühlenbruch, Gesundheitsförderung im Recht der gesetzlichen Krankenversicherung, 2001, S. 8 ff.

9 Vgl. Thorsten Kingreen, in: Callies/Ruffert (Hrsg.), EUV/AEUV Kommentar, 4. Auflage 2011, Art. 168 Rn. 9 f., zum Aspekt der Prävention als Element des öffentlichen

Diesen Querschnitt deckt die beschriebene Gesetzgebung nicht ab. Sie gründet aber durchaus auf der Idee ganzheitlicher Gesundheitsprävention, die einerseits zur Reaktion auf demografische, soziale und wirtschaftliche Herausforderungen und andererseits zur Umsetzung der Erkenntnisse und Strategien für eine wirksame Gesundheitsversorgung aufgerufen ist. Der Charakter einer Querschnittsaufgabe wird in der Ausrichtung auf Gesundheitsförderung und Orientierung an Lebenswelten über verhaltensbezogene Ansätze hinaus in der Einbindung vieler und vielfältiger Akteure und Akteursebenen sowie in der Idee der Kooperation und Vernetzung dieser Akteure deutlich.[10]

Dieses immer noch weit gefasste und auf einen Aufgabenquerschnitt ausgerichtete Regelungskonzept kontrastiert in eigenartiger Weise mit der Schwerpunktsetzung im Bereich der gesetzlichen Krankenversicherung, wie ihn das PrävG 2015, ein Artikelgesetz, vornimmt. Es legt den Schwerpunkt der Neuregelung im SGB V. § 20 SGB V konturiert wie bisher den Geltungsbereich des Gesetzes für die Prävention durch eine Aufgabenbeschreibung. § 20a Abs. 1 umschreibt die Leistungen zur Gesundheitsförderung und Prävention in Lebenswelten. In § 20 Abs. 3 wird eine Beauftragung der Bundeszentrale für gesundheitliche Aufklärung durch den Spitzenverband Bund der Krankenkassen zur Unterstützung der Krankenkassen bei der Wahrnehmung ihrer Aufgaben verpflichtend vorgesehen und auch die Heranziehung von Kooperationspartnern durch die BZgA geregelt. § 20d Abs. 1–3 sieht die Entwicklung einer nationalen Präventionsstrategie durch die Krankenkassen in Zusammenarbeit mit den Trägern anderer Sozialversicherungen vor. § 20d Abs. 4 und § 20e enthalten Regelungen zur Nationalen Präventionskonferenz, deren Aufgabe es ist, alle vier Jahre einen Präventionsbericht zu erstellen. Private Krankenversicherungsunternehmen können hieran beteiligt sein, wenn sie auch finanzielle Verantwortung übernehmen. Kommunale Spitzenverbände auf Bundesebene erhalten eine beratende Stimme. Die Geschäftsführung für die Nationale Präventionskonferenz wird der Bundeszentrale für gesundheitliche Aufklärung übertragen. Von Bedeutung ist auch § 20 Abs. 6 S. 2, 3, wonach die Leistungen zur Prävention, auch die der Bundeszentrale, durch die

---

Gesundheitsschutzes Rn. 11; Birgit Schmidt am Busch, in: Grabitz/Hilf/Nettesheim (Hrsg.), EUV/AEUV Kommentar, 57. Auflage 2015, Art. 168 Rn. 6 ff.; Mühlenbruch (Fn. 8), S. 242 ff.

10 Vgl. a. Gutachten 2000/2001 des Sachverständigenrats für die Konzertierte Aktion im Gesundheitswesen, Bedarfsgerechtigkeit und Wirtschaftlichkeit, Band I: Zielbildung, Prävention, Nutzerorientierung und Partizipation, BT-Drucks. 14/5660, S. 55 ff.; auf seiner Grundlage der Entwurf eines Präventionsgesetzes von 2005 (Fn. 5), BT-Drucks. 15/4833; vgl. a. die von Bieback, (Fn. 7), S. 403 (413 ff.), entworfenen Grundlinien einer Regelung.

Krankenkassen aufzubringen sind. Und schließlich ruft § 20f die Landesverbände der Sozialversicherungen zum Abschluss von Rahmenvereinbarungen auf Landesebene zur Umsetzung der nationalen Präventionsstrategie auf; an der Vorbereitung werden die kommunalen Spitzenverbände auf Landesebene beteiligt, sie können den Rahmenvereinbarungen schließlich auch beitreten.

Die genannten Vorschriften skizzieren den Bauplan, den sich der Gesetzgeber für die Aufgabe der Prävention und Gesundheitsförderung ausgedacht hat: Eine in der Abgrenzung von staatlicher Daseinsvorsorge und sozialversicherungsrechtlicher Aufgabe unscharfe Aufgaben- und Leistungsbeschreibung, Steuerungsverantwortung bei Krankenkassen und anderen Sozialversicherungsträgern, ein Kompetenzzentrum in Gestalt einer Bundesbehörde, nationale Abstimmungskonferenzen, Finanzierungsverantwortung der gesetzlichen Kranken- und Pflegekassen und das Ganze in der Logik der Sozialversicherung, denn das SGB V, in dem dies alles geregelt wird, ist ein Sozialversicherungsgesetz. Hier werden also nicht nur die Zielsetzungen beschrieben, sondern die GKV wird selbst in vielfältiger Weise und prominent an der Konkretisierung und Ausführung der gesetzlichen Vorgaben beteiligt. Vor allem aber wird sie für die Finanzierung in die Pflicht genommen.

Wohin sich die Waage neigt, lässt das Gesetz nur schwer erkennen. Einige der im Gesetzgebungsverfahren angehörten Sachverständigen und Verbände sahen in der Rollenzuschreibung an die gesetzlichen Krankenkassen vor allem ein limitierendes Element im Konzept des Präventionsgesetzes und erachteten den Sprung des Gesetzgebers für nicht beherzt genug. Andere hoben stärker auf die im Präventionsgesetz zum Ausdruck kommende Strategie einer staatlichen Daseinsvorsorge ab und monierten die Einbindung der Krankenkassen als rechtspolitisch nicht sinnvoll oder gar rechtswidrig.

Um Gegensätze handelt es sich bei GKV und Daseinsvorsorge freilich nicht, und auch für das Handlungsfeld der Prävention sind die Übergänge fließend. Grundsätzlich verantwortet der Staat als Garant des Gemeinwohls[11] auch die Gesundheitsversorgung der Bevölkerung. „Gesundheitsversorgung" umfasst Maßnahmen, „*die das Ziel haben, den Gesundheitszustand der Bevölkerung zu erhalten, wiederherzustellen und zu verbessern.*"[12] Der Maßnahmenbereich der Prävention ist auch in Form der Primärprävention, also auch mit Maßnahmen

11 Zum Wandel von der „Daseinsvorsorge" zum „aktivierenden Sozialstaat" Thorsten Kingreen, Rechtliche Gehalte sozialpolitischer Schlüsselbegriffe: Vom daseinsvorsorgenden zum aktivierenden Sozialstaat, SDSRV Bd. 52 (2004), S. 7 (insbes. 13 ff.).

12 Martin Burgi, Kommunale Verantwortung und Regionalisierung von Strukturelementen in der Gesundheitsversorgung, 2014, S. 16.

zu jeder Form der Verhütung von Krankheiten, grundsätzlich eingeschlossen.[13] Dass Gesundheitsversorgung zur staatlichen „Daseinsvorsorge" zählt, die weit über die GKV hinausreicht, lässt sich im kurativen Bereich für Krankenhäuser und andere stationäre Einrichtungen ohne weiteres erkennen. Im Übrigen ist dies umstritten. Die Schwierigkeiten der Zuordnung dürften auch dem nicht allzu konturenscharfen und in seiner Leistungsfähigkeit als Rechtsbegriff durchaus fragwürdigen Terminus der Daseinsvorsorge geschuldet sein.[14] Insbesondere aber ist es ganz überwiegend eine Frage politischer Entscheidung, wie weit der Kreis der staatlich verantworteten Daseinsvorsorge gezogen wird und welche Leistungen einem privatwirtschaftlichen Angebot überlassen bleiben.[15]

Dies vorausgeschickt lässt sich das System der Gesundheitsversorgung in Gestalt von Kuration und Rehabilitation der staatlichen Daseinsvorsorge zurechnen, soweit der Staat die Verantwortung für die Versorgungssicherheit der Bevölkerung insgesamt übernimmt. Er verantwortet dies auf regionaler und Landesebene durch eine stationäre Infrastruktur von Krankenhäusern, Pflegeheimen, Rehabilitationseinrichtungen, Hospizen und anderen Einrichtungen. Die Ordnung der Leistungserbringung im Rahmen der verbreiteten GKV wird ebenfalls dazu zu rechnen sein, da sie insgesamt der Gewährleistung einer qualitativ wertigen, flächendeckenden, sicheren und dabei erschwinglichen Versorgung verpflichtet ist. Dem Staat steht es auch frei, weitere Aufgaben in die Daseinsvorsorge zu integrieren und etwa sich selbst auf eine Politik der Prävention und Gesundheitsförderung zu verpflichten.

Ob auch die Sozialversicherung als Teil der Daseinsvorsorge gesehen werden kann (was teilweise bejaht wird[16]), ist hierbei nicht von vorrangigem Interesse. Die 1881 eingeführte Krankenversicherung bildet jedenfalls eine besondere Form zur Erfüllung der staatlichen Daseinsvorsorge-Aufgabe, denn sie stellt einerseits eine besondere Strategie und andererseits einen besonderen Modus der Finanzierung für

---

13 Zu den Kategorien der Prävention statt vieler Bieback, (Fn. 7), S. 403 (406); Banafsche, (Fn. 5), S. 9; umfassend zum Typus der Primärprävention als Aufgabenfeld Rosenbrock/Gerlinger, (Fn. 2), S. 83 ff.; vgl. a. Peter Axer, in: Josef Isensee/Paul Kirchhof (Hrsg.), Handbuch des Staatsrechts, Bd. IV, § 95 Rn. 1.

14 Hellermann, in: Werner Heun u.a. (Hrsg.), Evangelisches Staatslexikon, Neuausgabe 2006, Begriff Daseinsvorsorge, Leistungsverwaltung, Sp. 308, 310.

15 Den weiten rechtlichen Rahmen ziehen das Grundgesetz und die Landesverfassungen.

16 Vgl. Werner Rüfner, Daseinsvorsorge und soziale Sicherheit, in: Josef Isensee/Paul Kirchhof (Hrsg.), Handbuch des Staatsrechts, Band IV, 3. Auflage 2006, S. 1049 ff., Rn. 12 ff. m.w.Nw.; P.J. Tettinger, Verwaltungsrechtliche Instrumente des Sozialstaats, VVDStRL 64 (2005), S. 199 (204 f.).

einen Großteil der Gesundheitsversorgung im Gesamtsystem bereit. Der Logik der Sozialversicherung sind dabei auch Handlungsfelder der Prävention und Gesundheitsförderung nicht grundsätzlich fremd. Es ist vielmehr geradezu folgerichtig, in das Aufgabenfeld der Prävention alle Sozialversicherungssysteme einzubeziehen, wenn und soweit sie dazu beitragen können, den Einzelnen gesund zu erhalten und zugleich den finanziellen Gesamtaufwand für die Gesundheitsversorgung zu mindern.

Die Grenzziehung zwischen sozialversicherungsrechtlicher Aufgabe der Gesundheitsversorgung für einen beschränkten Kreis von überwiegend Pflichtversicherten und allgemeiner staatlicher Daseinsvorsorge fällt freilich schwer. Auch ohne den angedeuteten allgemeinpolitischen Querschnitt reicht Gesundheitsvorsorge als Aufgabe der Daseinsvorsorge über die sozialversicherungsrechtliche Aufgabe der gesundheitsbezogenen Prävention hinaus. Schon innerhalb der Sozialversicherung ist Prävention je nach Ordnungslogik – und „ein(em) Gebot der Klugheit“[17] folgend – auf die gesetzliche Kranken-, Pflege-, Unfall- und Rentenversicherung sowie Arbeitsförderung verteilt. Auf staatlicher Seite sind in den Ländern u.a. die Gesundheitsdienste[18] und bundesseitig die Bundeszentrale für gesundheitliche Aufklärung[19] mit Aufgaben der Gesundheitsvorsorge durch Prävention befasst. Für die staatliche Aufgabe der Gesundheitsversorgung sei an die Vermutung *Hans-Peter Bulls* erinnert,[20] dass die organisatorischen Strukturen desto mehr in Bewegung geraten werden, je deutlicher wird, *„dass zur Erhaltung von Gesundheit und Erwerbsfähigkeit der Menschen über die ärztliche Behandlung und die Krankenhauspflege hinaus ein umfassendes und sorgfältig abgestimmtes System von Vorsorge und Rehabilitation erforderlich ist.“*

Bei dieser Lage fällt gute Gesetzgebung schwer. Die Herausforderungen beginnen bei der Beschreibung der Aufgabe, die ihrer Natur nach eine gesamtpolitische

17 Bieback, (Fn. 7), S. 403 (408).

18 Vgl. z.B. Art. 1, 8 ff. des Gesundheitsdienst- und Verbraucherschutzgesetzes Bayern (GDVS) vom 24. Juli 2003, GVBl. 2003, S. 452, zuletzt geändert durch Gesetz vom 28. 10. 2015, GVBl.2015, S. 382; Brandenburgisches Gesundheitsdienstgesetz vom 12. April 2008, GVBl. I/08, S. 95, zuletzt geändert durch Gesetz vom 10. Juli 2014. Näher Ursula Hegger, Prävention und Gesundheitsförderung als Aufgabe des öffentlichen Gesundheitsdienstes, 2003.

19 Vgl. Erlass vom 20. Juli 1967 über die Errichtung der Bundeszentrale für gesundheitliche Aufklärung, GMBl S. 374.

20 Zur Lage der Selbstverwaltung in der Sozialversicherung, KrV 1976, 175, auch zitiert bei Burgi, (Fn. 12), S. 15. Vgl. a. Gerhard Igl/Felix Welti, Gesundheitsrecht – Eine Einführung, 2. Auflage 2014, S. 8: *„Eine zentrale Institution oder ein Hauptakteur für die Gesundheitsförderung oder die gesundheitliche Prävention sind nicht auszumachen. Vielmehr sind diese Bereiche verschiedenen Akteuren und Institutionen im Gesundheitswesen zugewiesen.“*

Strategie erfordert und inhaltlich kaum begrenzbar ist. Sie setzen sich fort in der Formulierung des Steuerungsanspruchs, da in der Prävention Anreize und Umfeldgestaltung gegenüber der rechtlichen Intervention dominieren. Die Vielfalt der einzubindenden Akteure erfordert punktuelle Zuschreibungen von Zuständigkeiten, zugleich aber auch die Organisation des Zusammenwirkens der Akteure sowie der sinnvollen Abstimmung ihrer Maßnahmen und deren Evaluation. Die Unbestimmtheit des Handlungsfeldes lässt schließlich auch die Verwendung und Begrenzung der Finanzmittel zur Herausforderung werden. Angesichts dieser Herausforderungen erfordert gute Gesetzgebung die Beschränkung auf die Schaffung von Grundlinien und die Überantwortung der Organisation an Einrichtungen der Exekutive. Der verfassungsrechtlich gesetzte Rahmen ist hierbei freilich zu wahren. Hierzu gehören auch die durch das Bundesstaatsprinzip gezogenen Grenzen der Kompetenzverteilung.

III. Gesetzgebungskompetenz des Bundes

Aus bundesstaatsrechtlicher Sicht wirft das PrävG 2015 mehrere Fragen auf. Zunächst müsste der Bund für die Gesetzgebung zuständig gewesen sein. Interessanterweise wurde diese Frage weder von Sachverständigen noch Verbänden im Gesetzgebungsverfahren aufgeworfen. Zu dringlich wurde offenbar der Bedarf nach einem Gesetz aus einem Guss gesehen, zu groß war offensichtlich die Erleichterung, dass dieses nach mehreren vergeblichen Anläufen endlich gelungen war. Mehrfach wurde allerdings der zu geringe Geltungs- und Aufgabenbereich der Prävention thematisiert und damit offenbar eine strenge Limitierung der Präventionsaufgabe durch den sozialversicherungsrechtlichen Bezug konstatiert.[21]

Die Bundesregierung nennt in der amtlichen Begründung ihres Gesetzentwurfs[22] verschiedene Kompetenzgrundlagen: Die konkurrierende Zuständigkeit für Arbeitsrecht, Arbeitsschutz und Sozialversicherung (Art. 74 Abs. 1 Nr. 12 GG), für das private Versicherungswesen (Art. 74 Abs. 1 Nr. 11 i.V.m. Art. 72 Abs. 2 GG), für den Infektionsschutz (Art. 74 Abs. 1 Nr. 19 GG) sowie für Regelungen zur Kinder- und Jugendhilfe den Kompetenztitel der öffentlichen Fürsorge in Art. 74 Abs. 1 Nr. 7 GG. Für die Wahrnehmung der Zuständigkeiten auf den Gebieten der Wirtschaft und der Fürsorge begründet die Bundesregierung die Erforderlichkeit

---

21 Stellvertretend genannt sei Beate Blättner, Stellungnahme vom 19. April 2015 im Deutschen Bundestag, Ausschuss für Gesundheit, Ausschuss-Drucks. 18(14)0099(20), abrufbar unter https://www.bundestag.de/blob/370652/1337d3447c65c5ee49d74508863b4012/esv-prof--dr--blaettner-data.pdf.

22 Vom 11. 03.2015, BT-Drucks. 18/4282, S. 25.

bundesgesetzlicher Regelung mit der Notwendigkeit, die finanzielle Beteiligung der privaten Krankenversicherung sowie die Gesundheitsförderung in der Familienbildung und in Einrichtungen der Kinder- und Jugendhilfe bundeseinheitlich gestalten zu können.

Grundsätzlich ist es dem Bund nicht verwehrt, eine Steuerungsaufgabe unter Nutzung unterschiedlicher Kompetenztitel an sich zu ziehen, sofern Zuordnungen eines Typs – hier desjenigen der konkurrierenden Gesetzgebung – einschlägig sind.[23] Allerdings muss auch dann die Gesetzgebungsbefugnis des Bundes regelmäßig für jede der begründeten Aufgaben, Maßnahmen und Befugnisse aus einem der Kompetenztitel begründet und in den Fällen des Art. 72 Abs. 2 GG eine bundeseinheitliche Regelung zur Herstellung gleichwertiger Lebensverhältnisse im Bundesgebiet oder zur Wahrung der Rechts- und Wirtschaftseinheit im gesamtstaatlichen Interesse erforderlich sein. Zusätzlich kommen bei Regelung einer Gesamtmaterie Annexkompetenzen bzw. Kompetenzen kraft Sachzusammenhangs in Betracht,[24] insbesondere auch, wenn es darum geht, die nach einem bestimmten „ganzheitlichen" Konzept unerlässlichen Regelungen zu treffen.[25] Für die allein zulässigen Zwecke einer bundesgesetzlichen Regelung und deren Erforderlichkeit im gesamtstaatlichen Interesse im Sinne von Art. 72 Abs. 2 GG hat der Bund eine Einschätzungsprärogative;[26] Insbesondere darf er die Erforderlichkeit der Bundesgesetzgebung nach Art. 72 Abs. 2 GG auch für Regelungen zugrunde legen, die nach Art. 72 Abs. 2 GG eigentlich nicht erforderlich wären, aber mit anderen Regelungen objektiv in einem sachlichen Unteilbarkeitsverhältnis stehen.[27]

Ohne weiteres ist die Regelungsmacht des Bundes für Gesundheitsuntersuchungen von versicherten Erwachsenen, Kindern und Jugendlichen (§ 25 Abs. 1, § 26 SGB V)[28] aus Art. 74 Abs. 1 Nr. 12 GG gegeben, die der Primärprävention insoweit unterfallen, als gesundheitliche Risiken einschließlich des Impfstatus

---

23 Vgl. H.-W. Rengeling, Gesetzgebungszuständigkeit, in: Josef Isensee/Paul Kirchhof, Handbuch des Staatsrechts, Band VI, 3. Auflage 2008, § 135 Rn. 41, 47; Jochen Rozek, in: v.Mangoldt/Klein/Starck (Hrsg.), Grundgesetz Kommentar, 6. Auflage 2010, Art. 70 Rn. 57 m.w.Nw. („Kompetenzmix", „Mosaikkompetenz"); H.D. Jarass, Allgemeine Probleme der Gesetzgebungskompetenz, NVwZ 2000, S. 1089 (1090): „Kompetenzkombination zur Regelung einer Gesamtmaterie".

24 Zum Verhältnis der beiden ungeschriebenen Zuständigkeiten BVerfGE 98, 265 (299); 106, 62 (114 ff.); Jarass, (Fn. 23), S. 1090.

25 BVerfGE 106, 62 (121 f.); Erbschaftsteuer.

26 Vgl. BVerfGE 110, 141 (174 f.); 111, 226 (255); 125, 141 (154); 128, 1 (34); 135, 155 (Rn. 115 ff.).

27 BVerfG Urteil vom 21.07.2015, 1 BvF 2/13, LS 3 und Rn. 56 ff.

28 Artikel 1 Nr. 14, 15 PrävG 2015.

erhoben und die Betroffenen hierzu beraten werden. Keiner näheren Begründung bedarf auch die Zuständigkeit des Bundes für Änderungen des Infektionsschutzgesetzes[29] nach Art. 74 Abs. 1 Nr. 19 GG. Arbeitsmedizinische Vorsorge unter Hinzuziehung von Fachärzten der Arbeits- bzw. Betriebsmedizin (§ 132f SGB V)[30] ist von der Kompetenzgrundlage in Art. 74 Abs. 1 Nr. 12 GG gedeckt.[31] Auch Leistungen zur Prävention in stationären Pflegeeinrichtungen nach § 71 Abs. 2 SGB XI (§ 5 SGB XI)[32] unterfallen der Kompetenz für die Sozialversicherung. In allen genannten Fällen handelt es sich allerdings um Leistungen und Empfehlungen der sogenannten verhaltensbezogenen, d.h. am Betroffenen ansetzenden Prävention.[33] Das Ziel der Gesundheitsförderung weist darüber weit hinaus, indem es auf Aktivierung und Ressourcenförderung setzt und Ansätze der Verhaltens- mit solchen der Verhältnisprävention verbindet.[34]

Für andere Vorgaben, insbesondere jene, die sich vom Betroffenen weg- und den „Settings“ sowie „Lebenswelten“ zuwenden (vgl. insbes. § 20a SGB V)[35], ist die Regelungsbefugnis des Bundes schon fraglicher. Bei der gewählten Konstruktion ist primär der Kompetenztitel der Sozialversicherung i.S.v. Art. 74 Abs. 1 Nr. 12 GG heranzuziehen. Der Begriff der Sozialversicherung ist im Grundgesetz nicht näher ausgeführt, sondern wird in verschiedenen Normen – neben der genannten auch Art. 87 Abs. 2 und Art. 120 Abs. 1 S. 4 GG – vorausgesetzt. Er umfasst als „normativ-rezeptiver Begriff“ die bei Erlass des Grundgesetzes in der RVO vorgefundene Form und Organisation der Absicherung sozialer Risiken durch eine solidarische Versichertengemeinschaft, ist aber zugleich elastisch genug, um auch neue Sicherungsbedürfnisse und die Begründung neuer Versicherungszweige abzudecken.[36] Das Bundesverfassungsgericht bezieht den Begriff der Sozialversicherung als *„weit gefasste(n) Gattungsbegriff“* auf *„Systeme, die das soziale Bedürfnis nach Ausgleich besonderer Lasten erfüllen und dazu selbständige Anstalten*

29 Artikel 8 PrävG 2015.

30 Artikel 1 Nr. 19 PrävG 2015.

31 Betriebsmedizin nur als Zusatzbezeichnung.

32 Artikel 6 Nr. 1 PrävG 2015.

33 Vgl. § 20 Abs. 5 SGB V. Zur Unterscheidung von Verhaltens- und Verhältnisprävention vgl. Rosenbrock/Gerlinger, (Fn. 2), S. 73 f.

34 Vgl. Bieback, (Fn. 7, S. 403 (410 f.); ferner Kingreen, (Fn. 11), S. 7 (13 ff.).

35 Artikel 1 Nr. 5 PrävG 2015.

36 Seit BVerfGE 11, 105 (115) st. Rspr.; vgl. a. Christoph Degenhart, in: Michael Sachs (Hrsg.), Grundgesetz Kommentar, 7. Aufl. 2014, Art. 74 Rn. 56 m.w.Nw.; Stefan Oeter, in: v.Mangoldt/Klein/Starck, 6. Auflage 2010, Art. 74 Rn. 105 m.w.Nw. Juliane Geldermann/Thomas Hammer, Gesetzgebungskompetenzen als Grenze der Verbraucherinformation, VerwArch 104 (2013), S. 64 (71).

oder Körperschaften des öffentlichen Rechts als Träger vorsehen, die ihre Mittel im Wesentlichen durch Beiträge aufbringen."[37] Als „*schlechthin konstituierend für den Kompetenztitel*" gilt der „*Rekurs auf den Begriff der Versicherung in einem gemeinwohlorientierten, sozialstaatskonnexen Zusammenhang*".[38]

Um dem Kompetenztitel der Sozialversicherung zu unterfallen, müsste der im Präventionsgesetz angelegte Bauplan in seinen wesentlichen Strukturelementen, insbesondere der organisatorischen Durchführung und Finanzierung der eingeführten Leistungen, dem Bild der klassischen Sozialversicherung entsprechen. Leistungen, Organisationsstruktur und Finanzierung müssten hierfür in einem hinreichenden, dem Bild der Sozialversicherung auch in einer modernen Form entsprechenden Bezug stehen.

Der Charakter einer Versicherungsleistung ließe sich gegenständlich in unterschiedlicher Weise begründen, etwa über den Risikominimierungszweck der Leistungen für Versicherte[39] oder in Form kontextbezogener Förderung selbstbestimmten gesundheitsorientierten Handelns der Betroffenen. Immer aber muss dieser Bezug zu den Versicherten deutlich sein. Dem Gesetzgeber wird dabei aber von jeher ein großer Gestaltungsspielraum für die Einbeziehung neuer Lebenssachverhalte in das Gesamtsystem „Sozialversicherung" zuerkannt.[40] Auch für Maßnahmen der Gesundheitsförderung und der an Umwelt und Lebenssituation der Menschen ansetzenden sog. Verhältnisprävention ist damit eine Zuordnung zur Sozialversicherung nicht ausgeschlossen. Sie kommen zwar notwendigerweise auch anderen als gesetzlich Versicherten zugute. Einen gewissen, manchmal unvermeidlichen *Overspill* darf der Bundesgesetzgeber aber einkalkulieren. Ein solcher ist dem Krankenversicherungsrecht auch gar nicht fremd. So lässt sich beispielsweise die Sicherung der Strukturqualität in der Leistungserbringung der gesetzlichen Krankenversicherung nicht auf den Kreis der Versicherten beschränken, sondern wird, etwa als Qualitätssicherung im Krankenhaus, auch

37 BVerfGE 114, 196 (221).

38 Geldermann/Hammer, (Fn. 35), S. 64 (72); Markus Zimmermann, Sozialversicherung und Privatversicherung im Kompetenzgefüge des Grundgesetzes, 2009, S. 104 ff., 267 ff., m.w.Nw.

39 Vgl. Peter Krause, Fremdlasten in der Sozialversicherung, VSSR 1980, S. 115 (146); Markus Zimmermann, Sozialversicherung und Privatversicherung im Kompetenzengefüge des Grundgesetzes, 2009, S. 176; vgl. a. Karl-Jürgen Bieback, Prävention als Prinzip und Anspruch im Sozialrecht, insbesondere in der Gesetzlichen Krankenversicherung, ZSR 2003, S. 403 (408).

40 Oeter, (Fn. 36), Art. 74 Rn. 105.

nicht gesetzlich versicherten Patientinnen und Patienten zugutekommen,[41] für die i.ü. als weiterer das „Recht der Wirtschaft", Art. 74 Abs. 1 Nr. 11 GG, einschlägig ist.[42] Andererseits ist der Bund nicht aus Art. 74 Abs. 1 Nr. 12 GG legitimiert, zur Sicherung der Behandlungsqualität etwa die Fort- und Weiterbildung für Ärzte vollständig zu regeln[43] oder die Krankenhausplanung zu übernehmen. Ungeachtet des Umstands, dass das Vertragsarztrecht für das Gesundheitssystem und die Struktur der Gesundheitsberufe aufgrund seiner Dominanz vielfach strukturbestimmend sein wird,[44] bleibt die Unterscheidung zwischen Berufs- und Marktzugang nach dem Schwerpunkt der Regelung kompetenzrechtlich möglich und damit auch geboten.[45]

„Leistungen zur verhaltensbezogenen Prävention" nach § 20 Abs. 4 Nr. 1, Abs. 5 SGB V lassen leicht sich auf den Kreis der gesetzlich Versicherten beschränken und damit dem Kompetenztitel des Art. 74 Abs. 1 Nr. 12 GG ohne weiteres zuordnen. Diese Maßnahmen haben sich freilich weder als besonders wirksam erwiesen, noch wird der Adressatenkreis nach der Belastung und Präventionsbedürftigkeit

---

41 Vgl. Richtlinie des Gemeinsamen Bundesausschusses gem. § 137 Abs. 1 i.V.m. § 135a SGB V über Maßnahmen der Qualitätssicherung für nach § 108 SGB V zugelassene Krankenhäuser (QSKH) in der Fassung vom 15.08.2006, zuletzt geändert (m.W.v. 01.01.2016) am 16.04.2015, abrufbar unter https://www.g-ba.de/downloads/62-492-1068/QSKH-RL_2015-04-16_iK-2016-01-01.pdf.; Gesetz und Richtlinie sehen aus diesem Grunde die Beteiligung u.a. des Verbandes der PKV sowie der Bundesärztekammer an den einschlägigen Entscheidungen des G-BA vor.

42 Vgl. Margarete Schuler-Harms, in: Berchtold/Huster/Rehborn (Hrsg.), Gesundheitsrecht SGB V / SGB IX, 2015, § 137 Rn. 7. Die „faktische und rechtliche Annäherung von GKV und PKV" lassen Dominik Roters, in: KassKomm, § 137 SGB V Rn. 7; Peter Axer, Föderalisierung der Sozialversicherung im unitarischen Sozialstaat, VSSR 2010, 183 (194 f.), ausreichen.

43 Problematisch sind insbesondere Regelungen, die die berufsrechtlichen Kooperationsmöglichkeiten und Versorgungsformen der Leistungserbringer gegenüber dem landesrechtlichen Berufsrecht und teilweise in Widerspruch zu ihm erweitern, vgl. etwa § 95 Abs. 1a, § 129 Abs. 5b SGB V.

44 Vgl. Ingwer Ebsen, Die ambulante ärztliche Versorgung als Sachleistung der GKV im Überschneidungsfeld von Sozialversicherung und ärztlichem Berufsrecht sowie von Bundes- und Länderkompetenz zur Gesetzgebung, in: Fiat iustitia – Recht als Aufgabe der Vernunft. Festschrift für Peter Krause, S. 97 (112).

45 Zur Unterscheidung von Berufs- und Marktzugang vgl. z.B. Schuler-Harms, Soziale Infrastrukturen im Gesundheitswesen – der ambulante Sektor, in: Fehling/Ruffert (Hrsg.), Regulierungsrecht, 2010, § 15 Rn. 48, 52 ff.

differenziert.[46] Möglicherweise effektiver, aber kompetenzrechtlich problematischer sind die Vorgaben für Leistungen zur Gesundheitsförderung und Prävention in Lebenswelten nach § 20 Abs. 4 Nr. 2, § 20a SGB V (sog. Verhältnisprävention). Unter „Lebenswelten" werden abgrenzbare soziale Systeme insbesondere des Wohnens, des Lernens, des Studierens, der medizinischen und pflegerischen Versorgung sowie der Freizeitgestaltung einschließlich des Sports verstanden (§ 20a Abs. 1 S. 1). Die amtliche Begründung zum PrävG 2015 nennt die Lebenswelten der Kindertagesstätten, Schulen, Kommunen/Stadtteile und der Arbeit neben der „Lebenswelt der ambulanten pflegerischen Versorgung".[47] Überall hier sollen „die Krankenkassen" also insbesondere den Aufbau und die Stärkung gesundheitsförderlicher „Strukturen" fördern (§ 20a Abs. 1 S. 2). „Förderung" bedeutet in diesem Zusammenhang: Bestandsaufnahme, Entwicklung von Vorschlägen, Erbringung von Leistungen und die Finanzierung des gesamten Prozesses. § 20 Abs. 4 Nr. 2, § 20a Abs. 1, 3 beschränken dabei die Verantwortung der Krankenkassen auf Leistungen „für in der gesetzlichen Krankenversicherung Versicherte", die aktuell rund 87 Prozent der Gesamtbevölkerung ausmachen.[48] Auf den ersten Blick spricht also einiges für einen Schwerpunkt des Gesetzeskonzepts bei der Gesundheitsförderung als Leistung der Sozialversicherung.[49]

Dem entgegen steht die Regelung der Organisation. Die Pflicht der Krankenkassen zur Beauftragung der Bundeszentrale für gesundheitliche Aufklärung „mit der Entwicklung *kassenübergreifender* Leistungen, deren Implementierung und deren wissenschaftlicher Evaluation" (§ 20a Abs. 3 SGB V) lässt offen, ob es sich um kassenübergreifende Leistungen der Krankenversicherung, der Sozialversicherung oder der auch über jene hinausgreifenden Gesundheitsförderung und Prävention handeln soll. Auch die amtliche Begründung bleibt hierzu ein wenig unscharf: Die Bundeszentrale soll *„die Krankenkassen im Rahmen eines gesetzlichen Auftragsverhältnisses unterstützen, indem sie insbesondere lebensweltbezogene Interventionsansätze und Materialien sowie adäquate Qualitätssicherungsverfahren*

46 Vgl. nur Huster, in: Berchtold/Huster/Rehborn, Gesundheitsrecht SGB V/SGB XI, 2015, § 20 Rn. 3.

47 BT-Drucks. 18/4282, S. 35.

48 Daten aus http://www.vdek.com/presse/daten/b_versicherte.html für 2014. Vgl. a. https://www.gkv-spitzenverband.de/media/grafiken/gkv_kennzahlen/kennzahlen_gkv_2014_q4/300dpi_6/GKV-Kennzahlen_VersichertejeSystem_absolut_03-2015_300.jpg. In den Lebenswelten des Studiums und der betrieblichen Arbeitswelt dürfte der Anteil der gesetzlich Versicherten noch höher sein.

49 So Peter Axer, Finanzlast für Prävention – Beitragsfinanzierung und ihre Grenzen, KrV 2015, S. 221 (224).

konzipiert und der Implementation unterstützt"; dabei wird sie sich nach Art der beauftragten Leistungen, aber auch aufgrund ihrer traditionellen Funktion, zu der der neue Aufgabenkreis eine große Nähe aufweist, typischerweise nicht auf die Gruppe der gesetzlich Versicherten beschränken. Die Bundeszentrale für gesundheitliche Aufklärung und die als nationaler „Runder Tisch" fungierende Bundesvereinigung für Gesundheit wurden bislang ohne Bezug oder gar Beschränkung auf die gesetzlich Krankenversicherten oder sozial Pflegeversicherten organisiert. Der Bund nimmt insofern eine staatliche Aufgabe wahr und stützt sich hierbei auf andere Kompetenztitel, für die Bundeszentrale etwa auf Art. 87 Abs. 3 GG.[50] Eine enge und zwingende Einbindung der Bundeszentrale in die Aufgabe der Prävention und Gesundheitsförderung spricht damit weniger für einen Schwerpunkt der Regelung bei Leistungen der Kranken- oder der trägerübergreifenden Sozialversicherung und eher für ein weites, den Kreis der gesetzlich Versicherten übergreifendes Aufgabenfeld, das vom Kompetenztitel des Art. 74 Abs. 1 Nr. 12 GG weder umfasst ist noch mit ihm in engem Sachzusammenhang steht.

Noch deutlicher greift der Bundesgesetzgeber mit Regelungen zur nationalen Präventionsstrategie aus dem Bereich der Sozialversicherung hinaus, indem er sich nicht allein auf die Ausgestaltung der Rolle der Krankenkassen hierbei beschränkt (vgl. § 20d Abs. 1), sondern die Strategie selbst und ihre Ausführung, insbesondere durch die Nationale Präventionskonferenz und das Präventionsforum, detailliert ausgestaltet (§ 20e). Auch der Einbezug der Länder und der kommunalen Spitzenverbände nach § 20d Abs. 4 und § 20e Abs. 1 SGB V sowie die vorgesehene (wenn auch freiwillige) Beteiligung der privaten Krankenversicherung an Steuerung und Finanzierung des Aufgabenfeldes (§ 20e Abs. 1 i.V.m. § 20d Abs. 2 Nr. 1 SGB V) verweisen auf ein weiteres Aufgabenfeld als das der Sozialversicherung. Die noch zu thematisierende (s.u. E.) Vergütung der Bundeszentrale für gesundheitliche Aufklärung für die Durchführung ihres Auftrags aus Mitteln der Krankenversicherung (§ 20e Abs. 3) vermag diesen Eindruck nicht zu mildern.

Die Organisationsnormen deuten damit auf eine andere Intention des Gesetzgebers hin, als sie der in den Ziel- und Aufgabennormen sorgfältig formulierte Wortlaut zunächst vermittelt. Würde das Steuerungskonzept als umfassend gesamthaftes verstanden, träte der Bund nun zugleich an die Stelle der bisher von den Ländern vor allem mit den Gesundheitsdienstgesetzen wahrgenommenen Kompetenzen. Zu den dort geregelten Aufgabenfeldern zählen auch der Schutz

---

50 Kritisch hierzu Birgit Schmidt am Busch, Die Gesundheitssicherung im Mehrebenensystem, 2007, S. 28 f.

und die Förderung der Gesundheit der Bevölkerung (bzw. die Verhütung und Bekämpfung von Krankheiten), u.a. durch Maßnahmen der Aufklärung und eine Koordinierung oder Vernetzung der im Land vorfindlichen unterschiedlichen Angebote und Maßnahmen.[51] Nur schwer lässt sich erkennen, wie sich diese staatliche Aufgabe zu einer solchen der Sozialversicherung umgestalten lässt, ohne zugleich eine Bürgerversicherung zu begründen.[52]

Verfassungsrechtliche Bedenken erheben sich auch wegen der grundsätzlichen Widersprüchlichkeit des Gesetzes. Normenklarheit und Widerspruchsfreiheit leitet das BVerfG aus dem Rechtsstaatsprinzip nicht nur für den Eingriff in Grundrechte ab, sondern begründet sie auch für die Abgrenzung der Zuständigkeiten von Bund und Ländern. Bezogen auf die Verwaltungszuständigkeit der Länder sieht es den Zweck darin, die Länder vor einem Eindringen des Bundes in den ihnen vorbehaltenen Bereich der Verwaltung zu schützen und eine Aushöhlung des Grundsatzes des Art. 30 GG zu verhindern.[53] Die Regelungen müssen danach so ausgestaltet sein, dass sie eine klare und widerspruchsfreie Zuordnung der Kompetenzen und der Verantwortung des Bundes und des jeweiligen Landes ermöglichen. Der Bezug auf Art. 30 GG und der Zweck des Kompetenzschutzes zugunsten der Länder rechtfertigen es, auch eine hinreichend klare und widerspruchsfreie Ausgestaltung desjenigen Regelungsbereichs zu fordern, auf den sich der Kompetenztitel der Sozialversicherung beziehen soll. Für die Aufgabenbeschreibung und damit in § 20 Abs. 4 Nr. 2 i.V.m. § 20a SGB V und damit die Konturierung des Geltungsbereichs des SGB V für die Aufgabe der Gesundheitsförderung und Prävention fehlt es aber an der gebotenen Klarheit und Widerspruchsfreiheit. Die Aufgabe bleibt in der Frage der Orientierung am Versicherungsprinzip unbestimmt, ja geradezu schillernd. Auch eine untergesetzliche Konkretisierung durch die dazu berufenen Akteure scheint mangels eindeutiger Vorgaben der Gesetzgebung kaum möglich.

Im Ergebnis ist damit die Gesetzgebungskompetenz des Bundes nicht für alle Teile des Gesetzes zweifelsfrei gegeben. Der Bund darf zwar für einen

---

51 Vgl. exemplarisch oben Fn. 18 sowie Burgi, (Fn. 12), S. 44 f.

52 Zum Konzept der Bürgerversicherung vgl. statt vieler Thorsten Kingreen/Jürgen Kühling, Monistische Einwohnerversicherung – konzeptionelle und rechtliche Fragen der Transformation der dualen in eine integrierte Krankenversicherungsordnung, 2013; Karl-Jürgen Bieback, Sozial- und verfassungsrechtliche Aspekte der Bürgerversicherung, 2. Auflage 2014; Edmund Brandt, Bürgerversicherung – Europa- und verfassungsrechtliche Rahmenbedingungen, 2014.

53 Vgl. BVerfGE 108, 169 (179, 181 f.); 119, 331 (366); BVerfG Urteil vom 2. 6. 2015 – 2 BvE 7/11, Rn. 109.

ganzheitlichen Ansatz der Gesundheitsförderungspolitik optieren und einen sachlichen Zusammenhang herstellen, der ihm die Befugnis verleiht, auch notwendige Aspekte aus dem Einflussbereich der Länder mit zu regeln. Mit den Regelungen zur Einbindung der Bundeszentrale für gesundheitliche Aufklärung in die Aufgabenerfüllung verlässt er jedoch den Bereich der Gesetzgebungskompetenz für das Recht der Sozialversicherung. Darüber hinaus fehlt es dem Gesetz im Hinblick auf seinen Umfang an der erforderlichen Normenklarheit.

IV. Verwaltungsorganisation

Bundesstaatsrechtlicher Einordnung bedarf auch die Konstruktion der Zuständigkeiten für Konkretisierung und Umsetzung der gesetzlichen Vorgaben.

In den Stellungnahmen zum Gesetzentwurf wurde ganz überwiegend die Einbindung der Bundeszentrale für gesundheitliche Aufklärung mittels dieser Konstruktion als „ordnungspolitisch verfehlt" kritisiert. Bei funktionaler Betrachtung liegt das nicht auf der Hand. Die Bundeszentrale wurde 1967 geschaffen und als Bundesoberbehörde beim Bundesministerium der Gesundheit angesiedelt.[54] Laut Errichtungserlass[55] dient sie *„der Erhaltung und Förderung der Gesundheit der Menschen"*. Ihre Kompetenzen liegen im Wesentlichen im Bereich der Gesundheitserziehung und der Gewährleistung von Aufklärung. Schon vor dem Inkrafttreten des Präventionsgesetzes zählte die Erarbeitung von Fachkonzepten zur Verwirklichung von Zielen insbesondere der Primärprävention im Auftrag des Ministeriums zu ihren Aufgaben. Zusätzliche Aufgaben – immer aber im Zusammenhang mit gesundheitlicher Aufklärung – wurden der Bundeszentrale im Schwangerschaftskonfliktgesetz, im Transplantationsgesetz sowie im Transfusionsgesetz zugewiesen. Faktisch kommt ihr die Rolle zu, *„die verschiedenen Gruppen der Bevölkerung durch Aufklärung, Information und Stärkung der Persönlichkeit zur Risikovermeidung und zum Annehmen gesundheitsfördernder Verhaltensweisen zu motivieren."*[56] Ihre Aufgaben umfassen auch die Erhebung und Auswertung von aufgabenbezogenen Gesundheitsdaten. Große Bekanntheit erlangte die Bundeszentrale mit Aufklärungskampagnen im Zusammenhang von AIDS. Ihr

---

54 Wissenschaftsrat, Wissenschaftspolitische Stellungnahme zur Bundeszentrale für gesundheitliche Aufklärung (BZgA), Köln, vom 8. 5. 2008, Drs. 8484–08, aufrufbar unter http://www.wissenschaftsrat.de/download/archiv/8480-08.pdf, (zuletzt 25.9.2015), S. 7.

55 Erlass vom 20. Juli 1967 über die Errichtung der Bundeszentrale für gesundheitliche Aufklärung, GMBl S. 374.

56 Wissenschaftsrat, (Fn. 54), S. 8 f.

Etat lag 2007 bei rund 40 Mio Euro;[57] für 2014 wurde von einigen Verbänden im Gesetzgebungsverfahren ein Haushalt von 61 Mio Euro genannt. Die Mittel stammen aus dem Etat des Gesundheitsministeriums sowie – zu einem Bruchteil für die Erfüllung von Aufgaben aus dem Schwangerschaftskonfliktgesetz – aus dem des Bundesministeriums für Familie, Senioren, Frauen und Jugend. Aufgaben und Organisation der Bundeszentrale lassen es geradezu folgerichtig erscheinen, diese Behörde mit 160 Beschäftigten in ein Gesamtkonzept der Gesundheitsförderung und Prävention zu integrieren.

Allerdings müsste die Ermächtigung der Bundeszentrale im Einklang mit der bundesstaatsrechtlichen Ordnung stehen. Für die Zuständigkeit des Bundes zur Ausführung von Bundesgesetzen – die Verfassungsmäßigkeit des PrävG 2015 insoweit unterstellt – sind im konkreten Zusammenhang Art. 87 Abs. 2 und 3 GG in Betracht zu ziehen. Der speziellere Art. 87 Abs. 2 S. 1 GG[58] ermächtigt den Bund zur Führung sozialer Versicherungsträger als bundesunmittelbare Körperschaften des öffentlichen Rechts, wenn sich deren Zuständigkeitsbereich über das Gebiet eines Landes hinaus erstreckt; der Kompetenztitel wäre einschlägig, wenn die Bundeszentrale aufgrund der Beauftragung nach § 20a Abs. 3 SGB V i.d.F. des PrävG 2015 im Kompetenzbereich der Krankenversicherung tätig würde. Nach dem allgemeineren Art. 87 Abs. 3 S. 1 GG kann der Bund für Angelegenheiten, für die ihm die Gesetzgebung zusteht, selbständige Bundesoberbehörden errichten und diesen die Aufgabe der Ausführung unmittelbar übertragen.

Die amtliche Begründung des PrävG 2015 schweigt zu der Frage, auf welcher Grundlage die Bundeszentrale tätig wird. Die in § 20a Abs. 3 SGB V gewählte Konstruktion einer Beauftragung spricht auf den ersten Blick für die Normierung und Übertragung der länderübergreifenden Zuständigkeit eines „sozialen Versicherungsträgers" (die Krankenkassen durch ihren Spitzenverband Bund) auf einen Dritten, die Bundeszentrale, auf Grundlage des Art. 87 Abs. 2 GG. Wäre dem so, setzte die Kompetenzmäßigkeit der Aufgabenübertragung voraus, dass Aufgaben wahrgenommen werden sollten, die als Aufgaben eines Trägers der Sozialversicherung qualifiziert[59] oder einem Sozialversicherungsträger wenigstens deshalb zugeordnet werden könnten, weil der Bund über eine eigene Verwaltungskompetenz verfügte, sich die Kompetenznorm nicht negativ zu den Aufgaben verhielte, die ein bundesunmittelbarer Sozialversicherungsträger wahrnimmt,

57 Wissenschaftsrat, (Fn. 54), S. 7.

58 Zum Verhältnis von Art. 87 Abs. 2 und 3 GG Martin Burgi, in: v.Mangoldt/Klein/Starck, Grundgesetz Kommentar, 6. Auflage 2010, Art. 87 Rn. 57.

59 Zur Gesetzgebungskompetenz siehe oben B.

und die Zuweisung der sozialversicherungsfremden Aufgabe das „Gepräge" der betroffenen Sozialversicherungsträger wahrte.[60]

Zunächst einmal müsste sich aber die ungewöhnliche Konstruktion der Beauftragung unter Art. 87 Abs. 2 GG subsumieren lassen. Die Beauftragung dient laut amtlicher Begründung dem Zweck, eine verbindliche Kooperation der Krankenkassen mit der Bundeszentrale zur Unterstützung des Ziels der Gesundheitsförderung zu begründen, wobei es der Bundeszentrale insbesondere obliegen soll, lebensweltbezogene Interventionsansätze und Materialien sowie adäquate Qualitätssicherungsverfahren zu konzipieren und deren Implementation zu unterstützen; das Auftragsverhältnis wird dabei als „gesetzliches" bezeichnet.[61] § 20a Abs. 4 SGB V sieht zwar eine Vereinbarung als Grundlage der Beauftragung vor; für den Fall, dass sie zum in Aussicht genommenen, sehr kurzfristigen Datum nicht zustande käme,[62] würde die Bundeszentrale die ihr aufgegebenen Leistungen unter Berücksichtigung der vom Spitzenverband Bund der Krankenkassen festgelegten Handlungsfelder und Kriterien sowie unter Beachtung der in den einschlägigen Landesrahmenfestlegungen getroffenen Festlegungen und unter Beachtung des Wirtschaftlichkeitsgebots erbringen. Zur Erbringung dieser Leistungen wird die Bundeszentrale von der GKV Beitragsmittel in Höhe von etwa 65 Millionen Euro erhalten, was ihren Etat mehr als verdoppeln wird.

Mit der Verlagerung der Zuständigkeit[63] auf die Bundeszentrale scheint der Bundesgesetzgeber auf den ersten Blick das ihm zustehende weit reichende Organisationserfindungsrecht[64] auszuschöpfen. Das positive Recht kennt Zuständigkeitsverlagerungen in verschiedensten Gestaltungen und Ausformungen.[65] Die hier zu beurteilende Konstruktion lässt sich in den Kategorien der Verwaltungsorganisation als obligatorische, endgültige, d.h. nicht rückholbare, generelle und wohl auch echte, d.h. überwälzende, Zuständigkeitsverlagerung von den Krankenkassen auf die Bundeszentrale für gesundheitliche Aufklärung beschreiben,

---

60 Kriterien nach Burgi, (Fn. 58), Art. 87 Rn. 63 i.V.m. Rn. 41.

61 Amtl. Begründung, BT-Drucks. 18/4282, S. 35.

62 Bis zur Fertigstellung des Manuskripts war kein Hinweis auf einen fristgemäßen Abschluss der gesetzlich vorgesehenen Vereinbarung zu verzeichnen.

63 Zum Begriff Matthias Jestaedt, Grundbegriffe des Verwaltungsorganisationsrechts, in: Hoffmann-Riem/Schmidt-Aßmann/Voßkuhle (Hrsg.), Grundlagen des Verwaltungsrechts, Band I, 2. Auflage 2012, § 14 Rn. 48.

64 Begriff bei Stephan Rixen, Verhältnis von IQWiG und G-BA: Vertrauen oder Kontrolle?, MedR 2008, S. 24 (26), aufgenommen bei Margarete Schuler-Harms, in: Berchtold/Huster/Rehborn (Hrsg.), Gesundheitsrecht SGB V / XI, 2015, § 139a Rn. 22.

65 Auflistung bei Jestaedt, (Fn. 63), § 14 Rn. 48.

die nach Art der Ausgestaltung eher gesetzlich als durch Vereinbarung begründet werden sollte. Jedenfalls stand die Ermächtigung der Verwaltungsträger zum Abschluss einer Vereinbarung von vornherein in einem kurzen und dichten Schatten der Hierarchie gesetzlicher Anordnung.

Verwaltungsorganisationsrechtlich handelt es sich weder um einen Fall der Amtshilfe, da auf Dauer konzipiert, noch um eine Organleihe, da die Bundeszentrale nicht als Organ tätig wird, und wohl auch nicht um ein Mandat, da die Zuständigkeit nicht zur Ausübung im Namen der Krankenkassen übertragen wird. In der gewählten Konstruktion wird vielmehr eine Zuständigkeit der Krankenkassen vollständig und außenrechtswirksam von dem für zuständig erklärten Verwaltungsträger – den Krankenkassen – auf einen anderen Rechtsträger – den Bund – zur Wahrnehmung im eigenen Namen übertragen. Dies entspricht dem Konstrukt der Delegation.[66]

Die gesetzliche Anordnung einer derartig vollständigen, zwingenden und gleichermaßen ursprünglichen wie endgültigen Delegation von Befugnissen wirft die Frage auf, ob nicht in Wirklichkeit von vornherein die Zuständigkeit der Bundeszentrale für gesundheitliche Aufklärung begründet werden sollte. In der Frage, ob Zuständigkeiten der Krankenkassen zunächst begründet waren oder nicht, zeigt der Gesetzeswortlaut schillernde Mehrdeutigkeit: Die Entwicklung „krankenkassenübergreifender Leistungen, deren Implementierung und deren Evaluation" fällt in die klassische Zuständigkeit der Krankenkassen, sofern es um übergreifende Sozialversicherungsleistungen geht.[67] Sofern aber der klassische Sozialversicherungsauftrag nicht verlassen werden sollte: Warum sollte dann eine gesetzlich verpflichtende, vollständige, nicht revidierbare, die GKV schwächende Zuständigkeitsverlagerung auf eine Bundesbehörde notwendig werden, mit der die betroffenen Sozialversicherungsträger gar in ein „gesetzliches Auftragsverhältnis" eingebunden werden sollten, ohne irgendwelche Weisungs- oder Rückholbefugnisse zu besitzen? Wären aber „Leistungen" im Rahmen eines weiter reichenden Gesamtkonzepts gemeint – was wiederum mehrdeutig gehalten wurde[68] – würde diese Zuständigkeit nun erstmals begründet und in der logischen Sekunde ihres Entstehens sogleich weitergereicht. Für eine originäre Zuweisung von Zuständigkeiten an die Bundeszentrale spricht auch die Zuweisung einer weiteren, diesmal originären Kompetenz als Geschäftsstelle der Nationalen Präventionskonferenz, die mit den durch § 20a Abs. 3 SGB V übertragenen Aufgaben

---

66 Zum Begriff der Delegation Jestaedt, (Fn. 63), § 14 Rn. 48; Wolf-Rüdiger Schenke, Delegation und Mandat im öffentlichen Recht, VerwArch 68 (1977), S. 118 (120 f.).

67 Bieback, (Fn. 7), S. 403 (437).

68 Siehe oben B.

in engem sachlichem Zusammenhang steht. Ganz gleich, wie man die Sache dreht: Die gewählte Konstruktion vermag die an die Bundeszentrale delegierten Aufgaben nicht zu solchen eines sozialen Versicherungsträgers werden zu lassen, so dass Art. 87 Abs. 2 GG als Kompetenznorm ausscheidet.[69]

Aus Art. 87 Abs. 3 GG lässt sich nur nach weitem Verständnis[70] eine Zuständigkeit selbständiger Bundesoberbehörden zur Ausführung von Bundesgesetzen ableiten. Aus dem durch das PrävG begründeten Aufgabenbereich ließe sich hiernach[71] die Funktion der Bundeszentrale z.B. als Geschäftsstelle der Nationalen Präventionskonferenz (§ 20e SGB V) auf Art. 87 Abs. 3 GG stützen. Demgegenüber dürfte es selbst bei weitem Verständnis des Art. 87 Abs. 3 GG im Falle des § 20a Abs. 3 SGB V an einer ausdrücklichen gesetzlichen Mandatierung und somit an einer Zuweisung von Zuständigkeiten an die Bundeszentrale fehlen. Der Bund dürfte mit der gefundenen Konstruktion sein Organisationserfindungsrecht überreizt haben.

Zu den kompetenzrechtlichen treten auch hier rechtsstaatliche Bedenken: Die strukturbildenden Regelungen des PrävG 2015 zur verpflichtenden Beauftragung der Bundeszentrale für gesundheitliche Aufklärung sind alles andere als normenklar und widerspruchsfrei. Beides wäre aber zur Abgrenzung der Sozialversicherung vom allgemeinen staatlichen Auftrag zur Daseinsvorsorge auf dem Gebiet der Gesundheitsversorgung geboten, die auch Abgrenzungen der Verwaltungszuständigkeiten von Bund und Ländern im Bereich der Gesundheitsvorsorge impliziert.

Es lässt sich festhalten: Die Einbindung der Bundeszentrale für gesundheitliche Aufklärung in die Ausführung einer gesundheitsfördernden Gesamtpolitik ist nicht im Grundsatz, aber in der konkreten Ausgestaltung verfassungsrechtlich verfehlt. Die Konstruktion einer ewigen gesetzlichen Delegation wird vom Organisationserfindungsrecht des Gesetzgebers nicht mehr umfasst und lässt sich nicht mehr unter Art. 87 Abs. 2 GG subsumieren. Diese Norm verlangt eine Zentrierung der Zuständigkeiten bei den Krankenkassen, verbunden mit einer Ermächtigung, gegebenenfalls sogar einer Verpflichtung zur Zusammenarbeit mit der Bundeszenrale, bei verbleibenden Handlungsspielräumen der Sozialversicherung.

---

69 A.A. Axer, (Fn. 49), S. 221 (225 f.).

70 Zum Meinungsstand Schmidt am Busch, (Fn. 50), S. 28 f.; Georg Hermes, in: Dreier (Hrsg.), GG Kommentar, Band III, 2. Auflage 2008, Art. 87 Rn. 76.

71 Allgemein enger Schmidt am Busch, (Fn. 50), S. 28 f.

V. Finanzierungsverantwortung

Von bundesstaatsrechtlichem Interesse sind schließlich die Regelungen über die Finanzierung. Soweit die Kompetenz des Bundes für die Sozialversicherung und die Aufgabenverantwortung der Sozialversicherung selbst reicht, ist auch die Beitragsfinanzierung gerechtfertigt. Denn insoweit bezieht sich der Gesetzgeber auf die „Logik der Versicherung in einem gemeinwohlorientierten, sozialstaatskonnexen Zusammenhang". Ob dies außerhalb der verhaltensbezogenen Prävention auch noch gilt, ist am Maßstab des Art. 74 Abs. 1 Nr. 12 GG zu prüfen. Der Sozialversicherungsbeitrag wird als besonderer, speziell auf das traditionelle System der Sozialversicherungen zugeschnittener Abgabentypus angesehen. Die damit finanzierte Einrichtung muss sich deshalb insgesamt als Sozialversicherung darstellen.[72]

Dies formuliert das PrävG 2015 – auch und gerade unter dem Finanzierungsaspekt – für die Aufgabe der Gesundheitsförderung und der auf Lebenswelten und *settings* bezogenen Prävention nicht allzu deutlich. Vollends fragwürdig ist die Finanzierung der Bundeszentrale aus Beitragsmitteln (§ 20a Abs. 3 SGB V). Wären es Aufgaben der Sozialversicherung, die verpflichtend und wirksam auf Dauer an die Bundesbehörde delegiert wurden, stellte sich die Frage, warum der Gesetzgeber derartig weit in die Finanzautonomie der Krankenversicherung eingriffe. Der Eingriff selbst wäre rechtsstaatlich bedenklich. Wäre die Aufgabe hingegen nur in einer logischen Sekunde bei den Krankenkassen platziert worden und würde sogleich im Wege einer verpflichtenden Beauftragung weiter gereicht, wäre mit dem sozialversicherungsrechtlichen Charakter der Aufgabe auch ihre Finanzierung aus dem Sozialversicherungsbeitrag fraglich, denn es fehlte auch insoweit der versicherungsrechtliche Zusammenhang.

Die Finanzierung der Bundeszentrale bei der Wahrnehmung ihrer Aufgaben nach dem Präventionsgesetz aus Beiträgen der gesetzlich Versicherten scheint hiernach unter keinem Gesichtspunkt legitimationsfähig zu sein. Ja, die gewählte Konstruktion provoziert die Frage, ob die Rechtslage eine andere wäre, wäre die Aufgabe der Bundezentrale als originäre zugewiesen und die Finanzierung aus dem Sozialversicherungsbeitrag ohne Auftragsverhältnis gesetzlich festgeschrieben worden.

Die Frage nach der Zulässigkeit der Beitragsfinanzierung ist auch von bundesstaatsrechtlichem Belang, weil die Finanzierung der Sozialversicherung außerhalb der bundesstaatsrechtlichen Grundlagen des Finanzwesens erfolgt. Art. 104a Abs. 1 GG verpflichtet Bund und Länder grundsätzlich zur gesonderten Tragung

72 Helmut Siekmann, in: Michael Sachs (Hrsg.), Grundgesetz Kommentar, 8. Auflage 2015, vor Art. 104a GG, Rn. 127.

der Ausgaben, die sich aus der Wahrnehmung ihrer Aufgaben ergeben. Hiernach bleiben die Länder grundsätzlich zur Finanzierung von Präventionsleistungen verpflichtet, die weder der Sozialversicherung zuzuordnen sind noch sich aus den Aufgaben der Bundeszentrale für gesundheitliche Aufklärung als Bundesoberbehörde ergeben. Das Strukturkonzept des Präventionsgesetzes entlastet nicht nur den Bund, sondern auch Länder und Kommunen von ihrer Finanzierungsverantwortung. Vor allem im Hinblick auf die Finanzierung der durch das PrävG 2015 eingeführten Aufgaben bleiben einige verfassungsrechtliche Zweifel.

Auch von der Finanzierungsseite her erweist sich die Konstruktion der ewigen gesetzlichen Delegation von Aufgaben auf die Bundeszentrale als verfehlt. Die Ausführungs- und Finanzierungsverantwortung liegt grundsätzlich bei den Ländern. Sofern sich eine Einbindung der Bundeszentrale für gesundheitliche Aufklärung, gestützt auf Art. 87 Abs, 3 GG, herstellen ließe, wäre der Bund über seinen Haushalt finanziell beteiligt. Die Gesamthaftigkeit der Aufgabe sowie die Verantwortungsteilung zwischen den Akteuren würde mit einer Teilfinanzierung aus dem Bundeshaushalt auch politisch angemessener abgebildet.

VI. Fazit

Viele Bestandteile des nun endlich geschaffenen Präventionsgesetzes sind bundesstaatsrechtlich unproblematisch. Im Ansatz der Gesundheitsförderung und Prävention in Lebenswelten aber suchte der Gesetzgeber sichtlich sein Heil in bewegtem Wasser zwischen Scylla und Carybdis. Auf der einen Seite galt es das Risiko erneuten politischen Scheiterns an einer Aufgabe zu bannen, die angepackt werden muss, aber die Mitwirkung und Verantwortungsübernahme vieler unterschiedlicher Akteure erfordert und mit der die Politik bislang glücklos war. So werden nun die Segel entlang dem Prinzip und den Finanzmitteln der Sozialversicherung geführt. Dort aber droht die Verfehlung des gesamthaften Ansatzes einer Aufgabe, die (auch) auf die allgemeine staatliche Verantwortung von Bund und Ländern verweist. Dem navigiert der Gesetzgeber wiederum entgegen, indem er die Idee der Gesamthaftigkeit assoziativ aufscheinen lässt und auf die weitere untergesetzliche Entwicklung baut. Die erste Strecke der gefährlichen Passage ist für das Aufgabenfeld der Gesundheitsförderung und Prävention damit zwar endlich genommen und ein erneutes politisches Scheitern des Gesetzes verhindert worden. Man hat unterwegs sichtlich auch Augen und Ohren ein wenig verschlossen, nämlich im Gesetzgebungsverfahren weder juristischen Sachverstand angefragt noch gar verfassungsrechtliche Fragen aufgerufen. Ob der eingeschlagene Kurs des Bundes hält, wird sich auf der weiteren Passage erweisen müssen. Die Sterne stehen dafür nicht gut.

Birgit Schmidt am Busch

Kommentar: (Primär-)Prävention im Bundesstaat: Zwischen Daseinsvorsorge und GKV

The new Prevention Act (Präventionsgesetz) aims at creating a centralised platform for prevention and health promotion by introducing a National Conference on Prevention involving public administration, public and private health insurers as well as social partners within the established framework of the social security system. However, the federal legislator does not have the competence to enact legislation with respect to prevention and health promotion since Art. 74 para. 1 no. 12 Basic Law restricts federal competence to regulating the self-administering corporations of health insurance. Furthermore, the new Prevention Act restricts the constitutional right of municipalities to regulate all local affairs on their own responsibility (Art. 28 para. 2 Basic Law), which includes health promotion in local settings and "living environments" (Lebenswelten) such as daycare facilities for children, schools and neighbourhoods. The goal of the Prevention Act could be reached better by an innovative network policy which includes the European, the federal, the state and the local level.

Wie viel staatliche Steuerung „von oben" braucht eine zukunftsfähige Präventionspolitik in unserem Bundesstaat? Hierzu bestehen unterschiedliche Auffassungen. Einige halten eine starke zentrale Steuerung der Prävention durch die Bundesebene für dringend notwendig, ja für überfällig, um die Effizienz und Qualität der vielfältigen Präventionsangebote öffentlicher und privater Akteure auf allen Ebenen zu erhöhen und die sozial bedingte Ungleichheit von Gesundheitschancen zu vermindern.[1] Andere wiederum fordern eine stärkere Regionalisierung der Gesundheitspolitik, insbesondere im Bereich der Gesundheitsförderung und Prävention.[2] Die Befürworter einer stärkeren Regionalisierung betonen die

1 Vgl. z.B. Antrag der Fraktion DIE LINKE „Gesundheitsförderung und Prävention konsequent auf die Verminderung sozial bedingter gesundheitlicher Ungleichheit ausrichten" vom 17.3.2015, BT-Drs. 18/4322, S. 3: „Es ist eine Koordinierungs- und Entscheidungsstelle auf Bundesebene zu schaffen, die ...".

2 Vgl. z.B. *Martin Burgi*, Kommunale Verantwortung und Regionalisierung von Strukturelementen in der Gesundheitsversorgung, 2013, insbes. S. 31 f. Vgl. auch *Hans-Günter Henneke*, Kommunales Gestaltungs- und Mitwirkungspotenzial besser nutzen, in: Hans-Günter Henneke (Hrsg.), Kommunale Verantwortung für Gesundheit und Pflege – Professorengespräch 2012 des Deutschen Landkreistages, 2012, S. 131.

Bedeutung der örtlichen Gesundheitsversorgung für eine wirksame Prävention, die am ehesten auch die sozial Benachteiligten erreiche.[3]

Wie viel staatliche Steuerung „von oben" im Bereich der Gesundheitsförderung und Prävention erlaubt das Grundgesetz? Diese Frage wird durch das neue Präventionsgesetz[4] aufgeworfen. Meines Erachtens steht eine so weitgehende Zentralisierung, wie sie in dem Präventionsgesetz angelegt ist, nicht mehr im Einklang mit der Kompetenzordnung unserer Verfassung.

Den Kompetenzregeln des Grundgesetzes (Art. 70 ff., 83 ff. GG) lässt sich keine Kompetenz des Bundes für eine konzeptionelle Präventionspolitik entnehmen.[5] Seine konkurrierende Zuständigkeit für Maßnahmen gegen gemeingefährliche und übertragbare Krankheiten in Art. 74 Abs. 1 Nr. 19 GG erlaubt ihm allenfalls individualorientierte Maßnahmen zur Bekämpfung der unter diese Norm zu fassenden Krankheiten. Hierunter fallen auch Maßnahmen zur Vorbeugung solcher Krankheiten wie Impfungen und Vorsorgeuntersuchungen.[6] Versuche im Jahr 1968, dem Bund durch eine Verfassungsänderung die Kompetenz für „die Verhütung und Bekämpfung von Krankheiten bei Menschen" einzuräumen,[7] fanden keine ausreichende Unterstützung.

Folglich scheiterte ein erster Gesetzentwurf für ein Präventionsgesetz,[8] der eine zentrale Steuerung der Präventionsaktivitäten im Bundesstaat durch eine bundesunmittelbare Stiftung Prävention und Gesundheitsförderung vorsah, 2005 u. a. an den mangelnden Kompetenzen des Bundes.[9] Der Bund ist daher auf seine

---

3 Vgl. das Geleitwort der Robert-Bosch-Stiftung, in: *Burgi* (Fn. 2), S. 5 f.

4 Gesetz zur Stärkung der Gesundheitsförderung und der Prävention vom 17. Juli 2015 (BGBl. I, S. 1368).

5 Ausführlich *Birgit Schmidt am Busch*, Gesundheitssicherung im Mehrebenensystem, 2007, S. 24 f. Zustimmend *Peter Axer*, in: Wolfgang Kahl/Christian Waldhoff/Christian Walter (Hrsg.), Bonner Kommentar zum Grundgesetz (BK-GG), Art. 74 Abs. 1 Nr. 19 Rn. 16 (Std. April 2011). Vgl. auch BVerfGE 106, 62 (108), wonach Art. 74 Abs. 1 Nr. 19 GG keine Globalermächtigung des Bundes für den Bereich des Gesundheitswesens enthalte.

6 *Bodo Pieroth*, in: Hans Jarass/Bodo Pieroth, GG-Kommentar, 13. Aufl., 2014, Art. 74 Rn. 49.

7 Vgl. BT-Drs. V/3515, S. 2 und BT-Drs. V/3605, S. 4, ausführlicher *Schmidt am Busch* (Fn. 5), S. 56.

8 Entwurf eines Gesetzes der Fraktionen SPD und BÜNDNIS 90/DIE GRÜNEN zur Stärkung der gesundheitlichen Prävention vom 15. Februar 2005, BT-Drs. 15/4833.

9 Näher zu dieser Diskussion *Leonhard Hajen*, Neue Chance für ein Präventionsgesetz, Das Gesundheitswesen 2006, S. 3. Zur Geschichte des Präventionsgesetzes *Astrid Wallrabenstein*, Einleitung, in diesem Band, S. 8 f.

Kompetenz nach Art. 74 Abs. 1 Nr. 12 GG für die Sozialversicherung ausgewichen und hat im neuen Präventionsgesetz – einem reinen Änderungsgesetz! – ein zentral gesteuertes Präventionssystem im Rahmen der Sozialversicherung geschaffen. Im Zentrum steht die Errichtung einer dauerhaften und verbindlichen, zentral durch die Sozialversicherung gesteuerten Kooperationsstruktur (§§ 20d f. SGB V), in der neben der privaten Kranken- und Pflegeversicherung auch die Institutionen der Landes- und Kommunalebene eingebunden werden und der Bundeszentrale für gesundheitliche Aufklärung eine starke Moderatorenrolle zugewiesen wird. Damit einher geht eine Ausweitung des Leistungsangebots der Kranken- und Pflegekassen über individuelle Präventionsangebote hinaus zu Maßnahmen der Stärkung gesundheitsförderlicher Strukturen in sog. Lebenswelten, wie Kindertageseinrichtungen, Schulen, stationäre Pflegeeinrichtungen, Stadtteile (§ 20 Abs. 4 Nr. 2, 20a SGB V, § 5 SGB XI). Wie schon in der kurativen-medizinischen Gesundheitspolitik[10] zieht der Bund durch die Verortung des Präventionssystems in der Sozialversicherung nunmehr auch die Steuerung der Präventionspolitik an sich. Diese Zuständigkeitsverschiebung wird von den Ländern widerspruchslos hingenommen, zum Teil sogar unterstützt, da sie angesichts einer vermehrten Finanzierung von Präventionsmaßnahmen aus den Beiträgen der gesetzlich Versicherten auf eine Entlastung ihrer Haushalte setzen.[11]

Tatsächlich ist es dem Bund nicht verwehrt, seine Kompetenz nach Art. 74 Abs. 1 Nr. 12 GG für die Sozialversicherung für Gesundheitsaufgaben in Anspruch zu nehmen, solange diese Aufgaben der Sozialversicherung zugeordnet werden können.[12] Die Regelungen zur Kooperationsstruktur sowie zur Verbesserung von sog. Lebenswelten sind jedoch der Sache nach nicht mehr Sozialversicherung. Zur Sozialversicherung i.S.d. Art. 74 Abs. 1 Nr. 12 GG zählt die durch Beiträge der Beteiligten finanzierte gemeinsame Absicherung bestimmter sozialer Risiken, insbesondere die Krankenversicherung.[13] Der Bund kann dementsprechend in diesem Bereich Regelungen über den Versichertenkreis, den Leistungsumfang, den Schutz der sozialversicherungsrechtlichen Daten, die Organisation der Versicherungsträger oder die Finanzierung durch Sozialversicherungsbeiträge treffen.[14] Die Kompetenz in Nr. 12 umfasst zudem noch, gerade

10 Ausführlich *Schmidt am Busch* (Fn. 5), S. 209 ff., 243 ff.

11 Näher *Schmidt am Busch* (Fn. 5), S. 40.

12 Vgl. *Axer*, in: BK-GG (Fn. 5), Art. 74 Abs. 1 Nr. 19 Rn. 16, der die Heranziehung des Art. 74 Abs. 1 Nr. 12 GG für ein Präventionsgesetz nicht ausschließt.

13 *Peter Axer*, in: Wolfgang Kahl/Christian Waldhoff/Christian Walter (Hrsg.), Bonner Kommentar zum Grundgesetz (BK-GG), Art. 74 Nr. 12 Rn. 7, 31 (Std. Dez. 2006).

14 *Axer*, in: BK-GG (Fn. 13), Art. 74 Nr. 12 Rn. 42.

vor dem Hintergrund des Sachleistungsprinzips, die Normierung von Vorgaben für die Leistungserbringung und die Zusammenarbeit mit den Leistungserbringern (Leistungserbringungsrecht).[15]

Die Regelungen zur Kooperationsstruktur im Präventionsgesetz zielen auf eine Steuerung der im föderalen System auf allen Ebenen angesiedelten vielfältigen Akteure im Bereich der Prävention und haben somit nicht ausschließlich Fragen der Organisation der Sozialversicherung zum Gegenstand.[16] Dies „verraten" im Grunde schon die vom Gesetzgeber gewählten Begrifflichkeiten: Dieser setzt als zentrales Steuerungsorgan die „nationale" Präventionskonferenz (§ 20e SGB V) ein, welche eine „nationale" Präventionsstrategie (d.h. vor allem bundeseinheitliche Rahmenempfehlungen) erarbeiten soll (§ 20d SGB V). Dabei sind die Rahmenempfehlungen nicht nur im Benehmen mit dem Gesundheitsministerium zu vereinbaren, sondern auch das Bundesministerium für Arbeit und Soziales, das Bundesministerium für Ernährung und Landwirtschaft, das Bundesministerium für Familie, Senioren, Frauen und Jugend, das Bundesministerium des Innern und ggf. weitere Ministerien, soweit ihre Zuständigkeit berührt ist, sowie die Länder sind zu beteiligen (§ 20d Abs. 3 Sätze 3 und 4 SGB V). Bei den in die Erarbeitung der nationalen Präventionsstrategie einzubeziehenden Akteuren handelt es sich – außer bei den Sozialversicherungsträgern – nicht um weitere Einrichtungen der Selbstverwaltung, sondern um außerhalb der Sozialversicherung stehende öffentliche und private Akteure mit sehr unterschiedlichen Verantwortlichkeiten im Bereich der Gesundheitsförderung und Prävention (§ 20e Abs. 1 Sätze 6 und 7 SGB V). Nicht ins klassische Bild der Sozialversicherung passt zudem die Geschäftsstellenfunktion der Bundeszentrale für gesundheitliche Aufklärung – einer unselbstständigen Bundesoberbehörde im Geschäftsbereich des Gesundheitsministeriums – für die Präventionskonferenz (§ 20e Abs. 1 Satz 10 SGB V). Die rechtliche Institutionalisierung eines Präventionsforums (§ 20e Abs. 2 SGB V),[17] dem neben den Mitgliedern der Präventionskonferenz Vertreter der für die Gesundheitsförderung und Prävention maßgeblichen Organisationen und Verbände angehören sollen und das einmal jährlich von der Bundesvereinigung

15 *Axer*, in: BK-GG (Fn. 13), Art. 74 Nr. 12 Rn. 43.

16 Näher zur Organisation im ambulanten Sektor der GKV *Margarete Schuler-Harms*, Soziale Infrastruktur im Gesundheitswesen – der ambulante Sektor, in: Michael Fehling/Matthias Ruffert (Hrsg.), Regulierungsrecht, 2010, § 15 Rn. 139 ff.

17 Zu den Vorläufern dieser Konstruktion ausführlich *Kai Mosebach/Friedrich Wilhelm Schwartz/Ulla Walter*, Gesundheitspolitische Umsetzung von Prävention und Gesundheitsförderung, in: Klaus Hurrelmann/Theodor Klotz/Jochen Haisch (Hrsg.), Lehrbuch Prävention und Gesundheitsförderung, 4. Aufl., 2014, S. 377 (385).

für Prävention und Gesundheitsförderung e.V. (BVPG)[18] zu organisieren ist, ist erst recht nicht mehr „Sozialversicherung" i.S.d. Art. 74 Abs. 1 Nr. 12 GG. Auch die Landesrahmenvereinbarungen, die zur Umsetzung der nationalen Präventionsstrategie auf Landesebene von den Landesverbänden der Krankenkassen mit den Trägern der Sozialversicherung und den in den Ländern zuständigen Stellen zu vereinbaren sind (§ 20f SGB V), sind nicht „Sozialversicherung". Sie betreffen nicht das Leistungserbringungsrecht, denn die Landesbehörden sind keine Leistungserbringer für die Sozialversicherung.

Die Maßnahmen zum Aufbau gesundheitsförderlicher Strukturen in Lebenswelten dienen nicht der Absicherung eines sozialen Risikos. Vielmehr handelt es sich bei der Gesundheitsförderung in Lebenswelten um eine gesamtgesellschaftliche Aufgabe.[19] Da – insbesondere wenn man den weiten Gesundheitsbegriff der WHO[20] zugrunde legt – alle Lebensbereiche Auswirkungen auf die menschliche Gesundheit haben, könnte sich der Bund bei einer derart weiten Auslegung des Begriffs Sozialversicherung unbegrenzte Zuständigkeiten für alle Sachbereiche aus seiner Zuständigkeit für die Sozialversicherung herleiten und damit das Kompetenzsystem der Art. 70 ff. GG aushöhlen.

Die im Präventionsgesetz gewählte Kooperationsstruktur beschneidet zudem die den Kommunen in Art. 28 Abs. 2 GG garantierte Selbstverwaltung. Als Kompetenznorm[21] sichert Art. 28 Abs. 2 GG den Kommunen die eigenverantwortliche Erledigung der Angelegenheiten der örtlichen bzw. überörtlichen Gemeinschaft. Hierunter werden herkömmlich alle Angelegenheiten verstanden, die „in der örtlichen Gemeinschaft wurzeln oder auf die örtliche Gemeinschaft einen spezifischen Bezug haben und von dieser örtlichen Gemeinschaft eigenverantwortlich und selbständig bewältigt werden können."[22] Eigenverantwortlichkeit bedeutet Ermessens-, Gestaltungs- und Weisungsfreiheit im Rahmen der geltenden

18 Der Bundesvereinigung Prävention und Gesundheitsförderung e.V. gehören derzeit 133 für Prävention und Gesundheitsförderung relevante Institutionen und Verbände in Deutschland an. Einzelheiten unter www.bvpraevention.de (zuletzt aufgerufen am 1.12.2015).

19 So spricht die Begründung zum Entwurf eines Gesetzes zur Stärkung der Gesundheitsförderung und der Prävention selbst von Prävention und Gesundheitsförderung als „gesamtgesellschaftliche Querschnittsaufgaben", BT-Drs. 18/4282, S. 35.

20 Siehe Pschyrembel, Klinisches Wörterbuch, 2015, Stichwort: Gesundheit: „der Zustand völligen körperlichen, geistigen, seelischen und sozialen Wohlbefindens".

21 *Friedrich Schoch*, Der verfassungsrechtliche Schutz der kommunalen Selbstverwaltung, JURA 2001, S. 121 (128).

22 BVerfGE 8, 105 (122 f.).

Gesetze.[23] Danach entscheiden die Kommunen frei über das Ob, Wann und Wie der Aufgabenwahrnehmung.[24] Gesundheitsförderung als umfassendes Konzept zur Stärkung der menschlichen Gesundheit gehört zweifelsohne zu den örtlichen Angelegenheiten.[25] So zählt die bayerische Verfassung in Art. 83 das „örtliche Gesundheitswesen" ausdrücklich zum Gewährleistungsbereich der Selbstverwaltungsgarantie. Als Teilaspekte der Gesundheitsförderung werden explizit die „Mütterberatung", „Säuglingspflege", „Schulhygiene und körperliche Ertüchtigung der Jugend" sowie „öffentliche Bäder" genannt.[26] Angeführt in Art. 83 BV werden zudem noch die Ortsplanung sowie der örtliche Verkehr nebst Straßen und Wegebau, die für die menschliche Gesundheit (Grünanlagen, Lärm, Sportanlagen, Fahrradwege) entscheidend (vgl. die Definition der Lebenswelten in § 20a SGB V) und damit bei einer umfassenden Strategie der Gesundheitsförderung von Bedeutung sind.[27] Die Gestaltungsfreiheit der Kommunen wird im Präventionsgesetz durch die von oben gesteuerte Präventionspolitik stark eingeschränkt: Die zu verfolgenden Ziele, die vorrangigen Handlungsfelder und Zielgruppen werden auf oberster Ebene von der Präventionskonferenz in Rahmenempfehlungen festgelegt, an deren Erarbeitung die Kommunen über ihre Spitzenverbände auf Bundesebene lediglich beratend mitwirken (§ 20e Abs. 1 Satz 7 SGB V). Der in Deutschland weitgehend kommunal verankerte öffentliche Gesundheitsdienst wird – auf der zweiten Ebene – verpflichtet, zur Umsetzung dieser Rahmenempfehlungen mit den Landesverbänden der Krankenkassen und den weiteren Trägern der Sozialversicherung Landesrahmenvereinbarungen abzuschließen. Wenngleich in diesen Landesrahmenvereinbarungen den regionalen Erfordernissen Rechnung getragen werden soll, zeigen sie zugleich den Kommunen zielorientiert die zu ergreifenden Maßnahmen zur Verbesserung der in ihre Verantwortlichkeit fallenden Lebenswelten auf. Wenn dann auf der Grundlage der Landesrahmenvereinbarungen der Ausbau gesundheitsförderlicher Strukturen in den Lebenswelten von der Sozialversicherung mitfinanziert wird, wird den Kommunen die Steuerung der Präventionspolitik auf kommunaler Ebene nach und nach aus der Hand genommen.

---

23 *Bodo Pieroth*, in: Jarass/Pieroth, GG (Fn. 6), Art. 28 Rn.16.

24 *Pieroth*, in: Jarass/Pieroth, GG (Fn. 6), Art. 28 Rn.16.

25 *Schmidt am Busch* (Fn. 5), S. 44 f.; vgl. auch *Burgi* (Fn. 2), S. 31.

26 Näher zu diesen Aufgabenbereichen *Ferdinand Wollenschläger*, in: Theodor Meder/Winfried Brechmann (Hrsg.), Die Verfassung des Freistaates Bayern, Kommentar, 5. Aufl., 2014, Art. 83 Rn. 22 ff.

27 Vgl. zu diesem Setting-Ansatz *Thomas Altgeld/Petra Kolip*, Konzepte und Strategien der Gesundheitsförderung, in: Klaus Hurrelmann/Theodor Klotz/Jochen Haisch (Hrsg.), Lehrbuch Prävention und Gesundheitsförderung, 4. Aufl., 2014, S. 45 (49 ff.).

Zwar sind aufgrund des Gesetzesvorbehalts in Art. 28 Abs. 2 GG Einschränkungen der kommunalen Selbstverwaltung möglich, diese bedürfen jedoch einer Rechtfertigung.[28] Damit sind wir dann wieder bei unserer Ausgangsfrage angelangt: Wie viel staatliche Steuerung „von oben" braucht eine wirksame Präventionspolitik in unserem Bundesstaat? Hört man auf die Fachleute, ist sowohl eine Koordinierung als auch eine Regionalisierung angezeigt.[29] Eine zentrale Steuerung geht an den örtlichen Gegebenheiten vorbei, auf der unteren Ebene fehlt es demgegenüber am für die Detailsteuerung notwendigen Fachwissen.[30]

Beides – Koordinierung bei gleichzeitiger Regionalisierung – ließe sich – grundgesetzkonform – durch eine innovative Netzwerksteuerung[31] erreichen, wie wir sie ansatzweise in Deutschland schon vorfinden. Auf der zentralen Ebene werden im Rahmen von gesundheitsziele.de e.V.[32] oder in einem neu zu belebenden Deutschen Forum Prävention und Gesundheitsförderung[33] im Austausch von wissenschaftlichem Sachverstand mit den öffentlichen und privaten Akteuren bei einem breiten partizipatorischen Ansatz Ziele, Handlungsfelder und Umsetzungsstrategien erarbeitet. Dabei könnte der Bundeszentrale für gesundheitliche Aufklärung als Bundesoberbehörde die Moderatorenrolle zukommen. In diesen Netzwerken, in denen auch die kommunale Ebene zu beteiligen ist, werden die Strategien stetig nach dem Stand der neuesten Erkenntnisse weiterentwickelt. Damit steht den Kommunen Fachwissen zur Verfügung, das sie ihrer gemeindenahen Gesundheitsförderung zugrunde legen können. Angesichts der Tatsache, dass sich die Menschen durch örtliche Anbieter von Präventionsleistungen direkter und nachhaltiger im Sinne einer gesunden Lebensführung motivieren und für die Verbesserung ihre Lebensräume eher aktivieren lassen, kommt der Koordination auf Landesebene und kommunaler Ebene eine große Bedeutung zu. Diese geschieht z.T. schon heute in einigen Bundesländern in landesweiten Bündnissen

---

28 Vgl. *Schoch* (Fn. 21), JURA 2001, S. 121 (129).

29 Vgl. *Mosebach/Schwartz/Walter* (Fn. 17), S. 377 ff.

30 *Rolf Rosenbrock/Thomas Gerlinger*, Gesundheitspolitik – Eine systematische Einführung, 3. Aufl., 2014, S. 16 ff.

31 Vgl. allgemein zum Handeln in Partnerschaften und Netzwerken *Hermann Hill*, Partnerschaften und Netzwerke – Staatliches Handeln in der Bürgergesellschaft, BayVBl. 2002, 321 (322 ff.); *Gunnar Folke Schuppert*, Verwaltungswissenschaft, 2000, S. 377 (384 ff.).

32 Näher *Mosebach/Schwartz/Walter* (Fn. 17), S. 377 (384 f.).

33 Näher *Mosebach/Schwartz/Walter* (Fn. 17), S. 377 (385).

für Prävention[34] sowie örtlichen Arbeitsgemeinschaften, Gesundheitsregionen[35] oder noch stärker institutionalisiert in sog. kommunalen Gesundheitskonferenzen.[36] Diesen kommunalen Netzwerken gehören im Idealfall Vertreter der örtlichen Ärzte- und Apothekerschaft, der Krankenkassen, der Sozial- und Gesundheitsausschüsse der Landkreise, Städte und Gemeinden, der Kindergärten, der Schulen, der örtlichen Gesundheitsvereinigungen, der örtlichen Selbsthilfegruppen sowie sonstige Anbieter von gesundheitsfördernden Leistungen an. Sie haben die Funktion der Vernetzung und Impulsgebung in der örtlichen Gesundheitsförderung. Die Planung und Verwirklichung der Gesundheitsförderung soll besser aufeinander abgestimmt werden. Die Moderatorenrolle übernimmt häufig das örtliche Gesundheitsamt, d.h. die kommunale Ebene und nicht die Krankenkassen mit ihren spezifischen partiellen Interessen. Die kommunalen Netzwerke, die ihrerseits in die zentralen Netzwerke eingebunden sind und gewissermaßen durch diese gesteuert werden, werden so in die Lage versetzt, einen umfassenden verhältnispräventiven Ansatz vor Ort zu verfolgen. Diese nationale Vernetzungsstruktur ist dabei längst eingebettet in europäische Netzwerkstrukturen, die von der EU – mit Gesundheitsprogrammen, Modellvorhaben – gesteuert werden.[37]

---

34 So in Bayern, vgl. zur Gründung eines Bündnisses für Prävention die Pressemitteilung Nr. 311 des Bayerischen Staatsministeriums für Gesundheit und Pflege vom 25. November 2015.

35 Näher zum Konzept der Gesundheitsregionen in Bayern die Pressemitteilung Nr. 270a der Bayerischen Staatskanzlei vom 14. Oktober 2014.

36 Die kommunalen Vernetzungen sind in den Ländern sehr unterschiedlich organisiert und könnten z.T., wie in Nordrhein-Westfalen schon geschehen, stärker institutionalisiert werden, ausführlich *Schmidt am Busch* (Fn. 5), S. 46 ff.

37 Vgl. *Rosenbrock/Gerlinger* (Fn. 30), S. 488f.; *Schmidt am Busch*, in: Eberhard Grabitz/Meinhard Hilf/Martin Nettesheim (Hrsg.), Recht der Europäischen Union, Art. 168 Rn. 66 ff. (Stand: Mai 2011).

Peter Axer

Finanzlast für Primärprävention: Beitragsfinanzierung und ihre Grenzen*

After several unsuccessful attempts the Preventive Health Care Act of 17th July 2015 extends preventive care benefits and accomplishes new structures (§§ 20 ff. SGB V). In this regard statutory health insurances and the National Association of Statutory Health Insurance Funds gain a leading role. This raises issues of constitutional law.

Durch das Gesetz zur Stärkung der Gesundheitsförderung und der Prävention (Präventionsgesetz) vom 17. Juli 2015[1] werden – nach mehrmaligen Anläufen zu einem Präventionsgesetz[2] – die Verhinderung und Verminderung von Krankheitsrisiken (primäre Prävention) und die Förderung des selbstbestimmten gesundheitsorientierten Handelns der Versicherten (Gesundheitsförderung) als Aufgaben der Krankenkassen ausgeweitet und betont. Besondere Bedeutung kommt insoweit den Leistungen zur Gesundheitsförderung und Prävention in den Lebenswelten der Versicherten zu, d. h. in den für die Gesundheit bedeutsamen, abgrenzbaren sozialen Systemen insbesondere des Wohnens, des Lernens, des Studierens, der medizinischen und pflegerischen Versorgung sowie der Freizeitgestaltung einschließlich des Sports[3]. Die gesetzliche Aufzählung der in Betracht kommenden Lebenswelten ist nicht abschließend[4], und der Gesetzgeber trifft selbst zudem explizit spezielle Regelungen für die Lebenswelt Arbeit, insbesondere in Form der betrieblichen Gesundheitsförderung[5].

---

* Der Beitrag ist ebenfalls veröffentlicht in der Zeitschrift Kranken- und Pflegeversicherung (KrV), Heft 6, 2015, S. 221 f.

1 BGBl. I, 1368.

2 Siehe dazu: *Minou Banafsche*, Zielsetzungen und Instrumente der Prävention im Sozialrecht, in: Judith Brockmann (Hg.), Prävention an der Schnittstelle von Arbeits- und Sozialrecht, 2014, S. 7 (12 ff.); *Sonja König*, Vierter Anlauf seit 2005 für ein Präventionsgesetz, SozSich 2014, S. 349 ff.; *Rüdiger Meierjürgen*, 25 Jahre § 20 SGB V: Aufschwung, Rückschläge und Perspektiven, G+S 3/2014, S. 31 ff.

3 § 20a Abs. 1 S. 1 SGB V.

4 *Barbara Lungstras*, in: Eberhard Eichenhofer/Ulrich Wenner (Hg.), SGB V, 2. Aufl. 2016, § 20a Rn. 3.

5 §§ 20b, 20c SGB V.

Dem Präventionsgesetz liegt ein weites und umfassendes Verständnis von Prävention und Gesundheitsförderung zugrunde, das über die gesetzliche Krankenversicherung und die Zuständigkeiten der gesetzlichen Krankenkassen hinausreicht. Obschon das Präventionsgesetz im Wesentlichen das SGB V ändert und es den Krankenkassen sowie dem Spitzenverband Bund der Krankenkassen eine zentrale Rolle und Schlüsselstellung zuweist, so dass es auf den ersten Blick primär als ein Krankenversicherungspräventionsgesetz erscheinen mag, spricht der Gesetzgeber weitere Akteure an und bindet diese ein. Neben den Krankenkassen bezieht er andere Sozialversicherungsträger, die private Kranken- und Pflegepflichtversicherung, die Bundes- und Landesebene, die kommunale Ebene sowie die Arbeitgeber ein und blendet damit nicht aus, dass es sich bei Prävention und Gesundheitsförderung um eine gesamtgesellschaftliche Aufgabe[6] handelt, selbst wenn dies noch deutlicher und stärker – gerade in Bezug auf die Finanzierungsfrage – hätte betont und geregelt werden können. Sind und bleiben auch nach dem Präventionsgesetz für Prävention und Gesundheitsförderung weiterhin neben den gesetzlichen Krankenkassen andere staatliche Stellen und Private, bis hin zum Versicherten selbst, verantwortlich, wirft dies zum einen organisationsrechtliche Fragen, zum anderen, gerade angesichts der Leistungsausweitungen, Fragen nach der Finanzierung der Leistungen auf.

I. Aufgaben und Zuständigkeiten für Prävention und Gesundheitsförderung

1. Krankenkassen und Spitzenverband Bund der Krankenkassen

Das Präventionsgesetz verpflichtet die Krankenkassen, in ihren Satzungen Leistungen zur primären Prävention und zur Gesundheitsförderung vorzusehen[7]. Konkrete Leistungsansprüche des gesetzlich Versicherten ergeben sich somit nicht bereits aus den Vorschriften der §§ 20, 20a, 20b SGB V, sondern erst aus den jeweiligen satzungsrechtlichen Bestimmungen. Primäre Prävention und Gesundheitsförderung werden zwar begrifflich vom Gesetzgeber unterschieden, verfolgen aber mit der Förderung gesundheitsbewussten Verhaltens um Krankheitsrisiken zu verhindern und zu vermeiden, vergleichbare Ziele, selbst wenn der Begriff der Gesundheitsförderung noch weiter und allgemeiner auf eine Verbesserung der gesundheitlichen Lebensführung bezogen werden kann. Primäre Prävention

6 Siehe dazu etwa *Karl-Heinz Köpke*, Prävention als gemeinsame Aufgabe (nicht nur) der Sozialversicherungsträger, SozSich 2014, S. 352 ff.

7 § 20 Abs. 1 S. 1 SGB V.

und Gesundheitsförderung zielen auf eine Veränderung des individuellen Verhaltens und der Verhältnisse in den Lebenswelten der Versicherten, damit auf die Gestaltung eines gesundheitsförderlichen Lebensumfeldes, wobei die Eigenverantwortung des Versicherten für seine Gesundheit, die gerade durch Präventionsleistungen und Gesundheitsförderung noch gestärkt werden soll, nach wie vor bestehen bleibt[8]. Leistungen der primären Prävention und Gesundheitsförderung werden erbracht als Leistungen zur verhaltensbezogenen Prävention, als Leistungen zur Gesundheitsförderung und Prävention in Lebenswelten (Settings) für in der gesetzlichen Krankenversicherung Versicherte und als Leistungen zur Gesundheitsförderung in Betrieben[9].

Der Spitzenverband Bund hat unter Einbeziehung von Sachverstand einheitliche Handlungsfelder und Kriterien für die Leistungen der Krankenkassen festzulegen, insbesondere hinsichtlich Bedarf, Zielgruppen, Zugangswegen, Inhalt, Methodik, Qualität, intersektoraler Zusammenarbeit, wissenschaftlicher Evaluation und Messung der Erreichung der mit den Leistungen verfolgten Ziele; überdies legt er die Anforderungen und ein einheitliches Verfahren für die Zertifizierung von Leistungsangeboten durch die Krankenkassen fest[10]. Bei der Wahrnehmung dieser Aufgaben hat der Spitzenverband die gesetzlich normierten Gesundheitsziele in § 20 Abs. 3 S. 1 SGB V und dabei wiederum die Bekanntmachungen über Gesundheitsziele und Teilziele im Bereich der Prävention und Gesundheitsförderung zu berücksichtigen[11]. Durch die Übertragung der Aufgaben auf den Spitzenverband kommt es zu einer Vereinheitlichung der Präventionsfelder und Präventionsleistungen; insoweit ist der Gestaltungsspielraum der einzelnen Krankenkasse eingeschränkt.

Mit den Leistungen zur Gesundheitsförderung und Prävention in Lebenswelten fördern die Krankenkassen unbeschadet der Aufgaben anderer – so § 20a Abs. 1 S. 2 SGB V – auf der Grundlage von Landesrahmenvereinbarungen nach § 20f SGB V insbesondere den Aufbau und die Stärkung gesundheitsförderlicher Studien. Lebensweltbezogene Leistungen können die Krankenkassen nur erbringen, wenn die Bereitschaft der ansonsten für die jeweilige Lebenswelt Verantwortlichen zur Umsetzung von Vorschlägen zur Verbesserung der gesundheitlichen Situation sowie zur Stärkung der gesundheitlichen Ressourcen und Fähigkeiten besteht und sie mit einer angemessenen Eigenleistung zur Umsetzung der

8 Siehe § 1 SGB V.
9 § 20 Abs. 4 SGB V.
10 Im Einzelnen § 20 Abs. 2 SGB V.
11 § 20 Abs. 3 S. 2 ff. SGB V.

Landesrahmenvereinbarungen beitragen[12]. Selbst nach dem Präventionsgesetz sind somit die Krankenkassen nicht allein zuständig und verantwortlich für die Prävention und Gesundheitsförderung in Lebenswelten, sondern die für die jeweilige Lebenswelt Verantwortlichen müssen sich beteiligen und dies muss sich in einer angemessenen Eigenleistung manifestieren. Damit wird schon von Gesetzes wegen für die Wahrnehmung von lebensweltbezogenen Präventionsaufgaben durch die Krankenkassen eine finanzielle oder personelle Beteiligung der anderen in den jeweiligen Lebenswelten Zuständigen gefordert. Die bestehenden Leistungs- und Finanzierungsverantwortlichkeiten in der lebensweltbezogenen Gesundheitsförderung sollen auch unter dem Präventionsgesetz gewahrt bleiben und nicht zu Lasten der Krankenkassen verschoben werden[13]. Den lebensweltbezogenen Leistungen der Krankenkassen kommt daher „nur" unterstützende und fördernde, keine die Leistungen der an sich und primär Verantwortlichen ersetzende Funktion zu. Eine Allzuständigkeit der Krankenkassen für die lebensweltbezogene Prävention und eine umfassende Finanzierungspflicht der Krankenkassen wird durch das Präventionsgesetz nicht begründet. Die bestehenden Finanzierungsverantwortlichkeiten bleiben erhalten[14].

2. Nationale Präventionsstrategie und nationale Präventionskonferenz

Die Krankenkassen entwickeln gemäß § 20d SGB V im Interesse einer wirksamen und zielgerichteten Gesundheitsförderung und Prävention mit den Trägern der gesetzlichen Rentenversicherung, der gesetzlichen Unfallversicherung und den Pflegekassen im Rahmen der nationalen Präventionskonferenz[15] eine gemeinsame nationale Präventionsstrategie. Diese umfasst neben der Erstellung eines Präventionsberichts insbesondere die Vereinbarung bundeseinheitlicher Rahmenempfehlungen zur Sicherung und Weiterentwicklung der Qualität von Gesundheitsförderung und Prävention sowie der Zusammenarbeit der für die Erbringung von Leistungen zur Prävention in Lebenswelten und in Betrieben zuständigen Träger und Stellen, insbesondere durch Festlegung gemeinsamer Ziele, vorrangiger Handlungsfelder und Zielgruppen, der zu beteiligenden

12 § 20a Abs. 2 SGB V.

13 So die Gegenäußerung der Bundesregierung zur Stellungnahme des Bundesrates, der die Wörter „mit angemessener Eigenleistung" streichen wollte (BT-Drucks. 18/4282, S. 64 f.).

14 Vgl. BT-Drucks. 18/4282, S. 21 f.

15 Siehe dazu *Lungstras* (Fn. 4), § 20d Rn. 3.

Organisationen und Einrichtungen sowie zu Dokumentations- und Berichtspflichten[16]. Dabei ist das Benehmen mit im Einzelnen genannten Bundesministerien und den Ländern herzustellen und an der Vorbereitung sind die Bundesagentur für Arbeit, die kommunalen Grundsicherungsträger über ihre Spitzenverbände sowie die Träger der öffentlichen Jugendhilfe über die obersten Landesjugendbehörden zu beteiligen. Den Rahmenempfehlungen, die von den Parteien der Rahmenvereinbarungen auf Landesebene nach § 20f Abs. 2 SGB V zu berücksichtigen sind, kommt normative Wirkung zu.

In der nationalen Präventionskonferenz als Arbeitsgemeinschaft der gesetzlichen Spitzenorganisationen der Leistungsträger kommen den jeweiligen Leistungsträgern zwei Sitze zu[17]. Vorgesehen ist zudem ein Sitz für den Verband der privaten Krankenversicherung, sofern die Unternehmen der privaten Kranken- und Pflegepflichtversicherung eine angemessene finanzielle Beteiligung leisten, die im Einzelnen näher bestimmt ist[18]; der Gesetzesentwurf spricht insoweit von Kosten in Höhe von 18 Mio. Euro in Bezug auf die private Krankenversicherung und 2,7 Mio. Euro in Bezug auf die private Pflegepflichtversicherung[19]. Jeweils vier Sitze mit beratender Stimme erhalten Bund und Länder; ferner entsenden die kommunalen Spitzenverbände auf Bundesebene, die Bundesagentur für Arbeit und die repräsentativen Spitzenorganisationen der Arbeitgeber und Arbeitnehmer jeweils einen Vertreter mit beratender Stimme. Die Geschäftsstelle der nationalen Präventionskonferenz, die die Mitglieder zu unterstützen hat, ist bei der Bundeszentrale für gesundheitliche Aufklärung anzusiedeln[20]. Zur fachlichen Beratung der nationalen Präventionskonferenz sieht das Präventionsgesetz ein Präventionsforum vor[21].

Zur Umsetzung der nationalen Präventionsstrategie schließen auf Landesebene die Landesverbände der Krankenkassen und die Ersatzkassen mit den Trägern der gesetzlichen Rentenversicherung und der gesetzlichen Unfallversicherung und den in den Ländern zuständigen Stellen gemäß § 20f SGB V Landesrahmenvereinbarungen, denen normative Wirkung zukommt. Nach § 20f Abs. 1 S. 2 SGB V richten sich die für die Rahmenvereinbarungen maßgeblichen Leistungen zur Gesundheitsförderung und Prävention für in der gesetzlichen Krankenversicherung

16 § 20d Abs. 2, 3 SGB V.
17 § 20e SGB V.
18 § 20e Abs. 1 S. 3 ff. SGB V.
19 BT-Drucks. 18/4282, S. 6.
20 § 20e Abs. 1 S. 10 SGB V; vgl. zur unterstützenden Aufgabe der Geschäftsstelle BT-Drucks. 18/5261, S. 56; *Lungstras* (Fn. 4), § 20e Rn. 3.
21 § 20e Abs. 2 SGB V. Dazu BT-Drucks. 18/4282, S. 38.

Versicherte sowie zur betrieblichen Gesundheitsförderung nach den §§ 20a bis 20c SGB V sowie nach den für die Pflegekassen, für die Träger der gesetzlichen Rentenversicherung und für die Träger der gesetzlichen Unfallversicherung jeweils geltenden Leistungsgesetzen[22]. Es werden somit bei den beteiligten Sozialversicherungsträgern keine neuen Zuständigkeiten und Leistungsverpflichtungen begründet[23]. Unter Berücksichtigung der bundeseinheitlichen Rahmenempfehlungen treffen die an den Rahmenvereinbarungen Beteiligten u.a. insbesondere Vereinbarungen über gemeinsame und einheitlich zu verfolgende Ziele und Handlungsfelder, die Koordinierung der Leistungen, die einvernehmliche Klärung von Zuständigkeitsfragen oder die Möglichkeiten der gegenseitigen Beauftragung der Leistungsträger nach dem SGB X.

II. Die Finanzierung der Leistungen

1. Verpflichtung zu Ausgaben

Ausbau und Erweiterung der Leistungen bedürfen der Finanzierung. Nach § 20 Abs. 6 S. 1 SGB V sollen die Ausgaben der Krankenkassen für die Wahrnehmung ihrer Aufgaben nach § 20 SGB V und nach den §§ 20a, 20b SGB V im Jahre 2015 für jeden ihrer Versicherten, damit nicht nur jedes Mitglied, den Richtwert von 3,17€ und ab dem Jahr 2016 einen Betrag von 7€ umfassen, der auch überschritten werden kann. Gemäß § 20 Abs. 6 S. 2 SGB V haben die Krankenkassen ab 2016 von diesem Betrag für jeden ihrer Versicherten mindestens 2€ jeweils für Leistungen nach § 20a SGB V und für Leistungen nach § 20b SGB V aufzuwenden; unterschreiten Krankenkassen die Mindestwerte, so haben sie die nicht ausgegebenen Mittel im Folgejahr zusätzlich für Leistungen nach § 20a SGB V zur Verfügung zu stellen[24]. Sowohl die Richtwerte als auch die Mindestbeträge sind in den Folgejahren entsprechend der prozentualen Veränderung der monatlichen Bezugsgröße nach § 18 Abs. 1 SGB IV anzupassen. Der Gesetzesentwurf schätzt, dass ab dem Jahre 2016 Mehrausgaben von insgesamt 220 bis 240 Mio. Euro entstehen, denen aber mittel- und langfristig erhebliche Einsparungen durch die Vermeidung von Krankheits- und Krankheitsfolgekosten gegenüberstehen können, ohne dass diese allerdings in der Bundestagsdrucksache näher benannt werden.

---

22 § 20f Abs. 1 S. 2 SGB V.

23 So BT-Drucks. 18/4282, S. 38.

24 § 20 Abs. 6 S. 3 SGB V. Der Gesetzesentwurf sah insofern noch eine Übertragung an den Spitzenverband vor.

2. Verpflichtung zur Beauftragung und zur Finanzierung der Bundeszentrale

Zur Unterstützung der Krankenkassen bei der Wahrnehmung ihrer Aufgaben zur Gesundheitsförderung und Prävention in Lebenswelten für die in der gesetzlichen Krankenversicherung Versicherten, insbesondere in Kindertageseinrichtungen, in sonstigen Einrichtungen der Kinder- und Jugendhilfe, in Schulen sowie in den Lebenswelten älterer Menschen und zur Sicherung der Weiterentwicklung der Qualität der Leistungen beauftragt der Spitzenverband Bund der Krankenkassen gemäß § 20a Abs. 3 S. 1 SGB V die Bundeszentrale für gesundheitliche Aufklärung ab dem Jahr 2016 insbesondere mit der Entwicklung der Art und der Qualität krankenkassenübergreifender Leistungen, deren Implementierung und deren wissenschaftlicher Evaluation. Dem Auftrag durch den Spitzenverband sind die nach § 20 Abs. 2 S. 1 SGB V festgelegten Handlungsfelder und Kriterien sowie die in den Rahmenvereinbarungen nach § 20f SGB V getroffenen Festlegungen zugrunde zu legen[25]. Die Bundeszentrale soll im Rahmen des Auftrags geeignete Kooperationspartner heranziehen und hat sicherzustellen, dass die vom Spitzenverband geleistete Vergütung ausschließlich zur Durchführung des Auftrags eingesetzt wird, und hat dies nach Maßgabe des Spitzenverbandes zu dokumentieren[26]. Nach § 20a Abs. 3 S. 4 SGB V erhält die Bundeszentrale für die Ausführung des Auftrags vom Spitzenverband eine pauschale Vergütung in Höhe von mindestens 0,45€[27] aus dem Betrag, den die Krankenkassen nach § 20 Abs. 6 S. 2 SGB V für Leistungen zur Gesundheitsförderung und Prävention in Lebenswelten aufzuwenden haben. Im Gesetzesentwurf der Bundesregierung, der allerdings noch von mindestens 0,50€ pro Versichertem ausging, wird von einer Vergütung durch den Spitzenverband an die Bundeszentrale in Höhe von 35 Mio. Euro für die Unterstützung der Krankenkassen bei der Erbringung von Leistungen zur Prävention in Lebenswelten ausgegangen. Selbst wenn dieser durch die Reduzierung auf 0,45€ pro Versichertem etwas geringer ausfallen dürfte, bleibt ein hoher Betrag im Umfange von etwa 31,5 Mio. Euro, der von der gesetzlichen Krankenversicherung an die Bundeszentrale für gesundheitliche Aufklärung, eine

25 § 20a Abs. 3 S. 2 SGB V.

26 § 20a Abs. 3 S. 3, 4 SGB V.

27 Die Festlegung erfolgte durch die Beschlussempfehlung des Ausschusses für Gesundheit (BT-Drucks. 18/5261, S. 28, 59). Gegenüber dem Gesetzesentwurf wird damit die Vergütung von mindestens 0,50€ auf mindestens 0,45€ gesenkt, ohne dass dafür eine nähere Begründung gegeben wird.

Bundesoberbehörde im Geschäftsbereich des Bundesministeriums für Gesundheit, zu zahlen ist.

Das Nähere über die Beauftragung, insbesondere zum Inhalt, zur Qualität und zur Prüfung der Wirtschaftlichkeit sowie zu den für die Durchführung notwendigen Kosten, vereinbaren der Spitzenverband Bund und die Bundeszentrale bis zum 30.11.2015[28]. Kommt die Vereinbarung nicht innerhalb der Frist zustande, erbringt gemäß § 20a Abs. 4 S. 2 SGB V die Bundeszentrale die Leistungen nach § 20a Abs. 3 S. 1 SGB V unter Berücksichtigung der vom Spitzenverband Bund festgelegten Handlungsfelder und Kriterien sowie unter Beachtung der in den Rahmenvereinbarungen nach § 20f SGB V getroffenen Festlegungen und des Wirtschaftlichkeitsgebots nach § 12 SGB V. Der Spitzenverband Bund hat in seiner Satzung das Verfahren zur Aufbringung der erforderlichen Mittel durch die Krankenkassen zu regeln. § 20a Abs. 4 S. 4 SGB V soll durch Verweis auf die Regelungen des § 89 Abs. 3–5 SGB X klarstellen, „dass die Bundeszentrale für gesundheitliche Aufklärung im Rahmen des Auftragsverhältnisses verpflichtet ist, die erforderlichen Mitteilungen zu machen und auf Verlangen des Auftraggebers über die Ausführung des Auftrags Auskunft zu erteilen und nach dessen Ausführung Rechenschaft abzulegen“[29]. Außerdem soll der Auftraggeber berechtigt sein, die Ausführung des Auftrags jederzeit zu prüfen und die Bundeszentrale für gesundheitliche Aufklärung als Beauftragte an seine Ausführung zu binden[30].

III. Verfassungsrechtliche Fragen

1. Die Gesetzgebungskompetenz des Bundes für die Sozialversicherung (Art. 74 Abs. 1 Nr. 12 GG)

Der Begriff „Sozialversicherung“ im Sinne des Art. 74 Abs. 1 Nr. 12 GG wurde vom Bundesverfassungsgericht von Anfang an weit verstanden und entwicklungsoffen gehalten: Gekennzeichnet ist der Gattungsbegriff[31] „Sozialversicherung“ durch das Bedürfnis nach sozialem Ausgleich besonderer Lasten mittels einer Versicherung als gemeinsamer Deckung eines möglichen, in seiner Gesamtheit

28 § 20a Abs. 4 S. 1 SGB V.

29 BT-Drucks. 18/4282, S. 36.

30 BT-Drucks. 18/4282, S. 36.

31 BVerfGE 75, 108 (146); s. auch: BVerfGE 113, 167 (195 ff.); aus dem Schrifttum m.w.N.: *Peter Axer*, in: Bonner Kommentar zum GG, Loseblatt, Stand: 2015, Art. 74 Abs. 1 Nr. 12 GG Rn. 39 ff.; *Jan-Erik Schenkel*, Sozialversicherung und Grundgesetz, 2008; *Markus Zimmermann*, Sozialversicherung und Privatversicherung im Kompetenzgefüge des Grundgesetzes, 2009.

schätzbaren Bedarfs auf eine organisierte Vielheit, durch die Aufbringung der erforderlichen Mittel mittels Beiträgen der Beteiligten und durch die organisatorische Durchführung mittels selbständiger Anstalten oder Körperschaften des öffentlichen Rechts. Erfasst wird alles, was sich der Sache nach als Sozialversicherung darstellt. Neue Sozialleistungen unterfallen der Kompetenz, wenn sie in ihren wesentlichen Strukturmerkmalen dem Bild entsprechen, das durch die klassische Sozialversicherung geprägt ist[32].

Mit den Neuregelungen gerade zur Prävention und Gesundheitsförderung in Lebenswelten geht der Gesetzgeber über die „klassischen" Maßnahmen zur Krankheitsfrüherkennung hinaus, die aufgrund ihres engen Bezugs zum Versicherungsfall Krankheit von der Gesetzgebungskompetenz des Bundes für die Sozialversicherung umfasst sind. Die mit dem Präventionsgesetz vorgesehenen weitergehenden Leistungen zur Gesundheitsförderung und Prävention in Lebenswelten sind von der Kompetenz des Art. 74 Abs. 1 Nr. 12 GG gedeckt, wenn und soweit ein sachlich-gegenständlicher Bezug und Zusammenhang zu einem der typischen von der Sozialversicherung, konkret von der Krankenversicherung, umfassten Risiko besteht. Das Präventionsgesetz stellt die Gesundheitsförderung und Prävention in Lebenswelten in den Kontext der Verhinderung und Verminderung von Krankheitsrisiken und der Förderung der Gesundheit und bezieht dies auf die in der gesetzlichen Krankenversicherung Versicherten und den Versicherungsfall Krankheit. Durch die in § 20 Abs. 2 SGB V ausdrücklich genannten Gesundheitsziele wird zudem ein Bezug zu einzelnen Krankheiten sowie zur Verhinderung von Krankheiten durch Förderung gesundheitsbewussten Verhaltens hergestellt. Solange der Bezug zum Krankheitsrisiko bestehen bleibt und maßgebend für die einzelnen Leistungen ist, sind diese, selbst wenn sie früh ansetzen und in nicht krankheitsspezifischen Lebenswelten erfolgen, von der Gesetzgebungskompetenz des Art. 74 Abs. 1 Nr. 12 GG, auch aufgrund des weiten bundesverfassungsgerichtlichen Verständnisses von Sozialversicherung, umfasst. Nicht mehr erfasst wäre allerdings eine allgemeine Lebensberatung oder Förderung von Bildung und Ausbildung, bei der ein Bezug zu einem typischen sozialversicherungsrechtlichen Risiko gerade fehlt. Der Gesundheitsbezug im Sinne der Verhinderung und Verminderung von Krankheitsrisiken muss Grund und Anlass für die gesetzlichen Regelungen sein und in diesen seinen Ausdruck finden, damit die Gesetzgebungskompetenz für die Sozialversicherung in Anspruch genommen werden kann.

Die Gesetzgebungskompetenz für die Sozialversicherung bezieht sich auf die Sozialversicherung insgesamt, damit über die gesetzliche Krankenversicherung

32 Vgl. BVerfGE 75, 108 (146); siehe etwa auch BSGE 110, 130 (141).

hinaus auf weitere Versicherungszweige, wie die Unfall- oder Pflegeversicherung. Zwar wäre es dem Gesetzgeber kompetenzrechtlich möglich, eine einheitliche, umfassende Sozialversicherung durch einen Einheitsträger aufgrund der Gesetzgebungskompetenz des Art. 74 Abs. 1 Nr. 12 GG und der Verwaltungskompetenz des Art. 87 Abs. 2 GG[33] zu schaffen, doch entscheidet er sich für ein gegliedertes System, so hat dies auch Auswirkungen auf Präventionsleistungen, die dann nicht nur in einem Sozialversicherungssystem angesiedelt sein müssen und anzusiedeln sind. So bezweckt und dient etwa gerade die Unfallversicherung der arbeitsbezogenen Prävention[34] und Gesundheitsförderung oder profitieren die Renten- und die Pflegeversicherung von Präventionsleistungen, die der Gesundheitsförderung dienen. Damit zwingt allerdings die Gesetzgebungs- und Verwaltungskompetenz für die Sozialversicherung nicht schon dazu, Präventionsleistungen im jeweils einschlägigen Sozialversicherungszweig für das jeweilige Risiko zu regeln.

Doch gebietet es das im Rechtsstaatsprinzip wurzelnde, im Einzelnen in seiner Reichweite allerdings noch umstrittene Gebot der Folgerichtigkeit[35], Präventionsleistungen bezogen auf das durch das jeweilige Sozialversicherungssystem versicherte Risiko zu regeln und sie in dieses zu integrieren, wenn der Gesetzgeber sich für ein gegliedertes System entscheidet. Das in Bezug auf das Steuerrecht entwickelte, inzwischen aber – wie etwa die Hartz-IV Entscheidung zeigt[36] – darüber hinausreichende Gebot der Folgerichtigkeit bindet den Gesetzgeber an die von ihm auf den jeweiligen Sachbereich bezogene selbst getroffene Grundentscheidung und verlangt eine folgerichtige Ausgestaltung, sodass sich Abweichungen und Ausnahmen durch plausible oder hinreichende Gründe rechtfertigen müssen.

---

33 Dazu sogleich unten unter 2.

34 Zur Prävention in der Unfallversicherung grundlegend *Anna Rink*, Der Präventionsauftrag der gesetzlichen Unfallversicherung, 2010.

35 Zur Diskussion vgl. jeweils m.w.N. etwa: *Matthias Cornils*, Rationalitätsanforderungen an die parlamentarische Rechtsetzung im demokratischen Rechtsstaat, DVBl 2011, S. 1053 ff.; *Bernd Grzeszick*, Rationalitätsanforderungen an die parlamentarische Rechtsetzung im demokratischen Rechtsstaat, VVDStRL 71 (2012), S. 49 (55 ff.); *Anna Leisner-Egensperger*, Die Folgerichtigkeit, DÖV 2013, S. 533 ff.; *Paul Kirchhof*, Allgemeiner Gleichheitssatz, in: Josef Isensee/Paul Kirchhof (Hg.), Handbuch des Staatsrechts, Bd. VIII, 3. Aufl. 2010, § 181 Rn. 209 ff.; *Rudolf Mellinghoff*, Der Beitrag der Rechtsprechung zur Systematisierung des Steuerrechts am Beispiel des Gebots der Folgerichtigkeit, Die Unternehmensberatung 2012, S. 369 ff.; *Mehrdad Payandeh*, Das Gebot der Folgerichtigkeit: Rationalitätsgewinn oder Irrweg der Grundrechtsdogmatik?, AöR 136 (2011), S. 578 ff.; *Niels Petersen*, Gesetzgeberische Inkonsistenz als Beweiszeichen, AöR 138 (2013), S. 108 ff.

36 BVerfGE 125, 175 ff.; siehe etwa auch BVerfGE 121, 317 ff. – Nichtraucherschutz.

Weist der Gesetzgeber die Absicherung sozialer Risiken unterschiedlichen Sozialversicherungsträgern zu, so sind diese dann zuständig für die Gewährung von Leistungen bezogen auf das jeweilige Risiko einschließlich präventiver Leistungen zur Verhinderung etwa des Eintritts der Pflegebedürftigkeit, der Erwerbsminderung oder eines Arbeitsunfalls[37]. Davon geht auch das Präventionsgesetz aus, selbst wenn es den Krankenkassen eine zentrale Rolle zuweist, allerdings keine Allzuständigkeit der Krankenkassen für die Prävention begründet. So ist die Krankenversicherung etwa eingebunden in die Prävention arbeitsbedingter Gesundheitsgefahren, jedoch unterstützen die Krankenkassen insoweit nur die Träger der gesetzlichen Unfallversicherung bei ihren Aufgaben oder arbeiten bei der betrieblichen Gesundheitsförderung mit dem zuständigen Unfallversicherungsträger sowie mit den für den Arbeitsschutz zuständigen Landesbehörden zusammen.

Die Reichweite der Gesetzgebungskompetenz des Bundes für die Sozialversicherung in Bezug auf Präventionsleistungen wird zudem dadurch begrenzt, dass, wenn sie in Zusammenhang mit steuerfinanzierten Sozialleistungssystemen stehen, diese nicht auf Art. 74 Abs. 1 Nr. 12 GG gestützt werden können, sondern dann auf der Gesetzgebungskompetenz für die öffentliche Fürsorge nach Art. 74 Abs. 1 Nr. 7 GG beruhen[38]. Zudem wäre für eine Verpflichtung zu Präventionsleistungen im Bereich der privaten Krankenversicherung die Kompetenz des Art. 74 Abs. 1 Nr. 11 GG (Recht der Wirtschaft) maßgebend. Zu berücksichtigen ist ferner, dass, soweit für die jeweilige Lebenswelt Gesetzgebungskompetenzen der Länder bestehen, wie etwa für die Schulen, die Gesetzgebungskompetenz für die Sozialversicherung es allenfalls eng begrenzt und auf den Aspekt der Verhinderung von Krankheiten bezogen ermöglicht, Regelungen zu treffen, etwa zur Förderung der gesundheitlichen Aufklärung in Schulen. Allerdings besteht insoweit keine Kompetenz, die bestehenden föderalen Verwaltungskompetenzen zu überspielen. Das Präventionsgesetz sieht insoweit dann auch nur eine Unterstützung vor, begründet aber keine eigenständige und verdrängende Zuständigkeit der Krankenkassen und führt nicht zu einer Verschiebung der Verantwortlichkeit hin zu den Krankenkassen.

---

37 Überblick über die Präventionsleistungen in den einzelnen Sozialversicherungszweigen bei *Banafsche* (Fn. 2), S. 14 ff.

38 Zu Art. 74 Abs. 1 Nr. 7 GG *Peter Axer*, in: Bonner Kommentar (Fn. 31), Art. 74 Abs. 1 Nr. 7 GG Rn. 17 ff.; siehe auch BVerfG, NJW 2015, S. 2399 ff.

2. Die Verwaltungskompetenz (Art. 87 Abs. 2 GG)

Im Hinblick auf die gesetzliche Beauftragung der Bundeszentrale für gesundheitliche Aufklärung stellt sich die Frage, ob dies mit der Organisations- und Kompetenzvorschrift des Art. 87 Abs. 2 GG vereinbar ist. Nach Art. 87 Abs. 2 S. 1 GG werden als bundesunmittelbare Körperschaften des öffentlichen Rechts diejenigen Versicherungsträger geführt, deren Zuständigkeitsbereich über das Gebiet eines Landes hinausreicht. Sofern sich die Zuständigkeit eines sozialen Versicherungsträgers nicht über mehr als drei Länder hinaus erstreckt, können sie nach der Grundgesetzänderung vom 27. Oktober 1994 gemäß Art. 87 Abs. 2 S. 2 GG als landesunmittelbare Körperschaften des öffentlichen Rechts geführt werden, wenn das aufsichtsführende Land durch die beteiligten Länder bestimmt ist. Der Norm kommt nach zutreffender Ansicht[39] Vorrang zu gegenüber einer Herleitung der Errichtungskompetenz aus der konkurrierenden Gesetzgebungskompetenz des Bundes für die Sozialversicherung nach Art. 74 Abs. 1 Nr. 12 GG.

Der Begriff der Körperschaft des öffentlichen Rechts ist weit zu verstehen. Er wird im Rahmen des Art. 87 Abs. 2 GG nicht in einem technischen Sinne verwendet, sondern erfasst sämtliche Rechtsträger der mittelbaren Staatsverwaltung und schließt somit sowohl die Anstalt des öffentlichen Rechts als auch den Beliehenen ein[40]. Entsprechend sind ebenfalls soziale Versicherungsträger, die sich nur auf das Gebiet eines Landes erstrecken, als landesunmittelbare Körperschaft des öffentlichen Rechts zu führen[41]. Da sich der Vorschrift des Art. 87 Abs. 2 GG allerdings keine Bestandsgarantie für das bestehende Sozialversicherungssystem in seiner konkreten organisatorischen Ausgestaltung entnehmen lässt, könnte der Bund durch Gesetz beispielsweise zwar sämtliche Träger der gesetzlichen Krankenversicherung in einem zusammenfassen, müsste diesen dann aber als bundesunmittelbare Körperschaft des öffentlichen Rechts organisieren[42]. Ausgeschlossen sind durch Art. 87 Abs. 2 GG soziale Versicherungsträger in Form der unmittelbaren Staatsverwaltung[43]. Ein Vollzug der Sozialversicherung durch ein Bundesministerium oder eine Bundesoberbehörde ist verfassungsrechtlich

39 Siehe dazu mit weiteren Nachweisen: *Peter Axer*, Soziale Versicherungsträger als Thema der grundgesetzlichen Kompetenzordnung, in: FS Peter Krause, 2006, S. 79 (85).

40 *Axer* (Fn. 39), S. 85 ff.

41 Die Pflicht zur Führung in Form der Körperschaft des öffentlichen Rechts folgt letztlich ebenfalls aus Art. 87 Abs. 2 GG.

42 Vgl. BVerfGE 113, 167 (201).

43 Vgl. nur: *Martin Burgi*, in: v. Mangoldt/Klein/Starck (Hrsg.), GG, 6. Aufl. 2010, Art. 87 Rn. 79; *Martin Ibler*, in: Maunz/Dürig, Grundgesetz-Kommentar, Loseblatt, Stand: 2015, Art. 87 Rn. 161.

unzulässig. Daher wäre die Beauftragung der Bundeszentrale für gesundheitliche Aufklärung verfassungswidrig, wenn sie dadurch zum sozialen Versicherungsträger würde.

Der Begriff des sozialen Versicherungsträgers in Art. 87 Abs. 2 GG wird zum Teil in einem engen Sinne verstanden und auf die Begründung eigener Versicherungsverhältnisse, die Erhebung von Beiträgen von den Beteiligten und die Erbringung von Versicherungsleistungen bezogen[44]. Andererseits wird der Begriff auch weiter verstanden[45]. Danach gehören zu den sozialen Versicherungsträgern nicht nur die Berufsgenossenschaften oder die gesetzlichen Krankenkassen, sondern ebenso deren Zusammenschlüsse, wenn und weil sie Aufgaben der Sozialversicherung wahrnehmen, so dass etwa der Spitzenverband Bund der Krankenkassen oder die Deutsche Rentenversicherung Bund als sozialer Versicherungsträger zu qualifizieren sind. Ebenso sind die Zusammenschlüsse der Leistungserbringer, beispielsweise die Kassenärztlichen Vereinigungen, oder die Einrichtungen der gemeinsamen Selbstverwaltung, etwa der Gemeinsame Bundesausschuss, zu den sozialen Versicherungsträgern zu rechnen, wenn und weil sie Aufgaben in der Sozialversicherung wahrnehmen[46].

Doch selbst bei einem weiten Verständnis von sozialem Versicherungsträger wird die Bundeszentrale für gesundheitliche Aufklärung durch die für den Spitzenverband gesetzlich verpflichtende Beauftragung nicht zwangsläufig zum sozialen Versicherungsträger. Übernimmt die Bundeszentrale nur intern unterstützende Aufgaben unter Aufsicht des beauftragenden Spitzenverbandes, so wird sie damit nicht zum Sozialversicherungsträger. Back-office-Aufgaben, Literatur- und Datenbankrecherchen, die Bestandsaufnahme von Problemen und Bedarfsanalysen im Sinne von Defizitanalysen, die Entwicklung von Qualitätssicherungsmaßnahmen oder die Evaluation von einzelnen Leistungen bedeuten noch nicht, dass damit Versicherungsleistungen erbracht werden. Es bleiben weiterhin der Spitzenverband und die Krankenkassen für die Präventionsleistungen gegenüber dem Versicherten verantwortlich. Es findet bei einer Beschränkung auf Zuarbeit für den Spitzenverband und die Krankenkassen keine Übertragung von Aufgabenverantwortung an die Bundeszentrale statt, da aufgrund des Auftragsverhältnisses der Spitzenverband und aufgrund der einfach-rechtlichen Kompetenzbestimmung die Krankenkassen verantwortlich bleiben. Die Aufgabenwahrnehmung erfolgt

---

44 Zum Begriffsverständnis etwa *Christian Zimmermann*, Der Gemeinsame Bundesausschuss, 2012, S. 98 f.

45 Vgl. *Peter Axer*, Normsetzung der Exekutive in der Sozialversicherung, 2000, S. 276 ff.

46 Dazu im Einzelnen mit weiteren Nachweisen auf die Diskussion *Axer* (Fn. 39) S. 80 ff.

nach wie vor eigenverantwortlich durch den Spitzenverband Bund der Krankenkassen.

Eine andere Qualifikation im Sinne eines sozialen Versicherungsträgers wäre für die Bundeszentrale allerdings dann gegeben, wenn sie eigenständig gegenüber dem Versicherten auftreten würde, etwa indem sie selbst Präventionskampagnen veranstalten oder den Versicherten individuell in Präventionsfragen beraten würde. Solange dies aber allein durch den Spitzenverband bzw. durch die einzelne Krankenkasse und in deren Verantwortung erfolgt, selbst wenn sie dabei auf Materialien der Bundeszentrale für gesundheitliche Aufklärung zurückgreift, ist die Bundeszentrale kein sozialer Versicherungsträger. Dass die Bundeszentrale an der Bestimmung des Näheren von Inhalt und Umfang der Beauftragung aufgrund der vorgesehenen vertraglichen Vereinbarung mitwirken kann, gibt ihr zwar Gestaltungsmöglichkeiten, doch wird sie als Vertragspartner des Spitzenverbandes damit noch nicht zum sozialen Versicherungsträger, unabhängig davon, dass es vertraglich nicht möglich ist, die Bundeszentrale zur Erbringung von Leistungen gegenüber dem Versicherten zu ermächtigen.

Die Beschränkung auf eine rein unterstützende, interne Zuarbeit für den Spitzenverband und die Krankenkassen wäre von der Bundeszentrale für gesundheitliche Aufklärung ebenso zu beachten, wenn bis zum 30.11.2015 keine Vereinbarung mit dem Spitzenverband über die näheren Inhalte der Beauftragung zustande kommt. In diesem Fall wird die Bundeszentrale zwar kraft Gesetzes beauftragt, doch besteht das Auftragsverhältnis nach wie vor gegenüber dem Spitzenverband und muss die Bundeszentrale diesem zuarbeiten. Es wird keine eigenständige Kompetenz der Bundeszentrale zur Leistungserbringung als Sozialversicherungsträger geschaffen. Der Gestaltungsspielraum der Bundeszentrale ist auch bei einer ohne Vereinbarung kraft Gesetzes entstehenden Beauftragung dahingehend eingeschränkt, dass sie nur zuarbeiten kann, nicht dagegen, dass sie selbstständig Leistungen gegenüber dem Versicherten erbringen darf.

3. Die Finanzierung von Präventionsaufgaben durch Beiträge

Zu den konstitutiven Merkmalen des verfassungsgerichtlichen Sozialversicherungsbegriffs nach Art. 74 Abs. 1 Nr. 12 GG gehört die Aufbringung der zur Finanzierung erforderlichen Mittel durch Beiträge der Beteiligten[47]. Die Kompetenz zur Regelung und Erhebung von Sozialversicherungsbeiträgen folgt aus Art. 74 Abs. 1

47 Vgl. nur BVerfGE 113, 167 (201).

Nr. 12 GG[48]. Nicht anwendbar sind dagegen die finanzverfassungsrechtlichen Vorschriften der Art. 104a ff. GG über die Steuer, wenn und weil sich der Sozialversicherungsbeitrag von der Steuer unterscheidet[49].

Angesichts eines weiten Verständnisses des Begriffs Sozialversicherung verliert der Begriff des Sozialversicherungsbeitrags in der verfassungsgerichtlichen Rechtsprechung allerdings immer mehr an Kontur, so dass die Kompetenzvorschrift des Art. 74 Abs. 1 Nr. 12 GG der Abgabenerhebung immer weniger Grenzen setzt. Symptomatisch ist die Entscheidung zur Zulässigkeit der Künstlersozialversicherungsabgabe, deren Erhebung als Sozialversicherungsbeitrag bei dem Vermarkter mit einer zwischen Künstler und Vermarkter angenommenen spezifischen Solidaritäts- und Verantwortlichkeitsbeziehung gerechtfertigt wird[50]. Die Kompetenz des Art. 74 Abs. 1 Nr. 12 GG deckt nach Ansicht des Bundessozialgerichts zudem den, inzwischen wieder abgeschafften, Aussteuerungsbetrag bzw. Eingliederungsbeitrag nach dem damaligen § 46 Abs. 4 SGB II, den die Bundesagentur an den Bund, damit aus Sozialversicherungsbeiträgen an den Staatshaushalt, zu leisten hatte, selbst wenn ein gewisses Unbehagen des Bundessozialgerichts aufgrund der vielfachen Hinzufügung des Wortes „noch" in Klammern, dass ein „noch" hinreichender sachlich-gegenständlicher Bezug besteht, dass ein „noch" gruppenspezifischer Verantwortungszusammenhang besteht, erkennbar erscheint[51].

Obschon das Bundesverfassungsgericht in seiner Entscheidung zur Zulässigkeit des Risikostrukturausgleichs aus dem Jahre 2005 von einer strengen Zweckbindung des Sozialversicherungsbeitrags spricht[52], bleibt diese letztlich doch weit

---

48 BVerfGE 113, 167 (195); zum Sozialversicherungsbeitrag grundlegend: *Josef Isensee*, Umverteilung durch Sozialversicherungsbeiträge, 1973; *Hermann Butzer*, Fremdlasten in der Sozialversicherung, 2001, S. 256 ff.

49 Siehe dazu im Hinblick auf die Diskussion um die Einführung einer Bürgerversicherung: *Axer*, in: Bonner Kommentar (Fn. 31), Art. 74 Abs. 1 Nr. 12 GG Rn. 33, mit weiteren Nachweisen auf den Streitstand.

50 BVerfGE 75, 108 (158 f.); zum Folgenden auch *Peter Axer*, Strukturprobleme der Finanzierung sozialer Sicherheit aus rechtswissenschaftlicher Sicht, in: Peter Masuch u.a. (Hrsg.), Grundlagen und Herausforderungen des Sozialstaats, Bd. 2, 2015, S. 713 (717 f.).

51 Vgl. BSGE 110, 130 ff. zum Aussteuerungsbetrag; BSGE 110, 161 ff. zum Eingliederungsbeitrag. Verfassungsrechtliche Bedenken dagegen etwa bei: *Friedhelm Hase*, Finanzierungsverantwortung für Leistungen der „aktiven Arbeitsmarktpolitik", in: FG Karl-Jürgen Bieback, 2010, S. 127 ff.; *Wolfgang Spellbrink*, Arbeitslosenversicherung muss Aussteuerungsbetrag an den Staat zahlen, SozSich 2005, S. 59 ff.; a. A. *Stefan Korioth/Ino Augsberg*, Zur verfassungsrechtlichen Zulässigkeit des sog. „Eingliederungsbeitrags" (§ 46 Abs. 4 SGB II), VSSR 2011, S. 1 ff.

52 BVerfGE 113, 167 (203).

und offen, wenn fast alles, was mit der Absicherung gegenüber den Wechselfällen des Lebens in Zusammenhang steht und organisatorisch der mittelbaren Staatsverwaltung obliegt, der Sozialversicherung zugeordnet werden kann. Der vom Gericht geforderte sachlich-gegenständliche Bezug zur Sozialversicherung hat angesichts eines weiten gerichtlichen Verständnisses von Sozialversicherung nur geringe begrenzende Funktion. Hinzu kommt, dass schon kompetenzrechtlich das Bundesverfassungsgericht dem sozialen Ausgleich gegenüber einem aus dem Versicherungsprinzip folgenden Äquivalenzprinzip zwischen individuellem Beitrag und Leistung Vorrang beimisst: Für die Sozialversicherung sei das Prinzip des versicherungsrechtlichen Risikoausgleichs sozial modifiziert und mit Elementen der öffentlichen Fürsorge verbunden[53]. Leistungen der Sozialversicherung könnten daher nicht nur an Beitragszahlungen, sondern ebenso an bestimmte persönliche Verhältnisse anknüpfen[54]. Dabei sei es sogar unschädlich, wenn es im Einzelfall zu einer Überdehnung des Solidarprinzips auf Kosten des Versicherungsprinzips kommen sollte; Art. 74 Abs. 1 Nr. 12 GG seien keine definitiven Aussagen über die materiellen Grenzen einer legislatorischen Erstreckung des Solidarprinzips zu entnehmen[55].

Insoweit ist der Zufluss von Geldern der Krankenkassen in den Haushalt der Bundeszentrale als Bundesoberbehörde solange nicht verfassungsrechtlich zu beanstanden, wenn und soweit damit Aufgaben der Krankenversicherung erledigt werden. Zwar fließen Krankenversicherungsbeiträge an eine Bundesoberbehörde, doch werden damit keine allgemeinen Staatsaufgaben erfüllt und kommen die Finanzierungsmaßnahmen nicht dem allgemeinen Staatshaushalt zugute, denn sie sind an die Erfüllung von Aufgaben der Krankenversicherung aufgrund und im Rahmen der Beauftragung gebunden und unterliegen insbesondere der Kontrolle durch den Spitzenverband Bund der Krankenkassen. Sie dienen der Finanzierung der Leistungen und sonstiger Aufgaben der Krankenkassen und bleiben letztlich Haushaltsmittel der Krankenkassen. Der kraft Gesetzes an die Bundeszentrale zu zahlende Mindestbetrag ist der Haushaltsgewalt des Bundes entzogen. Es liegt insoweit kein verfassungswidriger Transfer von Sozialversicherungsbeiträgen zwischen einer Krankenkasse und der unmittelbaren Staatsverwaltung vor[56].

Verfassungsrechtlich unzulässig wäre allerdings eine Finanzierung von Aufgaben der Bundeszentrale jenseits der krankenversicherungsrechtlichen Beauftragung und ohne entsprechende Gegenleistung speziell für die gesetzliche Krankenversicherung.

53 BVerfGE 113, 167 (196); siehe auch: BSGE 110, 130 (141).
54 BSGE 110, 130 (141) unter Hinweis auf BVerfGE 17, 1 (9).
55 Vgl. BVerfGE 113, 167 (196 f.); siehe auch BSGE 110, 130 (142).
56 Zu dieser Grenze BVerfGE 113, 167 (205).

Der pauschalen Vergütung, zu der der Gesetzgeber die Krankenkassen verpflichtet, müssen entsprechende Leistungen für die gesetzliche Krankenversicherung gegenüberstehen. Eine rein institutionelle Förderung der Bundeszentrale ist mit Art. 74 Abs. 1 Nr. 12 GG nicht vereinbar; insoweit würden dann Sozialversicherungsbeiträge in den allgemeinen Staatshaushalt fließen. Dies wäre ebenso der Fall, wenn über die Verwendung der Gelder und deren Kontrolle die Bundeszentrale, nicht dagegen die Krankenkassen bzw. der Spitzenverband entscheiden würden. Entsprechendes könnte allerdings gegeben sein bei der gesetzlichen Beauftragung der Bundeszentrale nach § 20a Abs. 4 S. 2 SGB V, wenn und soweit der Spitzenverband keine Kompetenz besitzt, auf den Inhalt des Auftrags Einfluss zu nehmen, sowie keine Möglichkeiten hätte, die Ausführung und die Verwendung der Mittel zu kontrollieren. Gegenüber einer gesetzlichen Beauftragung ohne Einschaltung des Spitzenverbandes bestehen insoweit verfassungsrechtliche Bedenken.

Dass der Gesetzgeber die Höhe der Beiträge festlegt, die an die Bundeszentrale für gesundheitliche Aufklärung mindestens pro Versichertem im Sinne einer pauschalen Vergütung zu zahlen sind, greift als solches noch nicht in verfassungswidriger Weise in die Beitragsautonomie der Krankenkassen ein. Die Beitragsautonomie ist, schon weil es an einer grundgesetzlichen Garantie der sozialen Selbstverwaltung vergleichbar der kommunalen Selbstverwaltung in Art. 28 Abs. 2 GG fehlt, nicht verfassungsrechtlich geschützt.

Angesichts dessen, dass die Beitragsverwendung Aufgaben der Sozialversicherung betrifft, bestehen auch grundrechtlich in Bezug auf die Versicherungs- und Beitragspflicht in der jetzigen Ausgestaltung verfassungsrechtlich keine grundsätzlichen Bedenken[57]. Es liegt keine Zweckentfremdung vor, solange und soweit die Beiträge noch für Aufgaben der Sozialversicherung eingesetzt werden. Dass die Erkenntnisse aus den mit den Geldern der gesetzlich Versicherten finanzierten Projekten der Bundeszentrale auch privat Versicherten zugutekommen, ist solange unbedenklich, als die Leistungen der Bundeszentrale für gesundheitliche Aufklärung für den Spitzenverband Bund bestimmt sind und der Erledigung der Aufgaben der gesetzlichen Krankenversicherung dienen. Etwas anderes würde dann gelten, wenn die Bundeszentrale unmittelbar Leistungen gegenüber den privat Versicherten erbringen würde. Allerdings ist bei der Umsetzung der gesetzlichen Regelungen zu berücksichtigen, dass die Leistungen zur Prävention

57 Nach BVerfGE 113, 167 (203) vermag die unter Eingriff in das Grundrecht auf allgemeine Handlungsfreiheit zustande gekommene Zwangsmitgliedschaft in der gesetzlichen Krankenversicherung die Auferlegung nur solcher Geldleistungspflichten zu rechtfertigen, die ihren Grund und ihre Grenze in den Aufgaben der Sozialversicherung finden.

und Gesundheitsförderung in Lebenswelten – wie § 20 Abs. 4 Nr. 2 SGB V es formuliert – für in der gesetzlichen Krankenversicherung Versicherte erfolgen, so dass gesetzlich Grenzen gesetzt sind, die es bei der Umsetzung der gesetzlichen Regelungen zu beachten gilt.

IV. Ergebnis

Selbst wenn im konkreten Fall die Beauftragung der Bundeszentrale für gesundheitliche Aufklärung noch in den Grenzen des verfassungsrechtlich Zulässigen liegen kann, bedeutet dies keinen Freifahrtschein, neue und weitere Ideen zur Finanzierung der unmittelbaren Staatsverwaltung aus Beitragsmitteln, etwa der Finanzierung des Bundesarbeitsministeriums aus Unfallversicherungs- oder Rentenversicherungsbeiträgen, zu entwickeln. Eine solche Finanzierung wäre nur in sehr engen Grenzen in Form des internen Dienstleisters für einen Sozialversicherungsträger und unter dessen Beauftragung und Kontrolle möglich, was allerdings etwa in Bezug auf ein Ministerium wiederum komplizierte verwaltungsorganisationsrechtliche Fragen der Legitimation und Aufsicht aufwerfen würde. In Bezug auf die Bundeszentrale bleibt letztlich die Frage nach dem Warum der Konstruktion: Hätte dies nicht auch durch freiwillige Beauftragung erreicht werden können? Oder handelt es sich doch um eine Probebohrung zur Erschließung neuer Finanzierungsquellen?

Iris Kemmler

Kommentar: Finanzlast für Primärprävention: Beitragsfinanzierung und ihre Grenzen

The German constitution provides restrictions for funding public measures by contributions of members of statutory health insurance funds. The regulations of the Prevention Act are not in line with these restrictions as far as financing of health promotion in living environments and funding of the Federal Centre for Health Education are concerned.

I. Einführung

Nach mehreren gescheiterten Anläufen in den vergangenen Legislaturperioden[1] wurden mit dem Gesetz zur Stärkung der Gesundheitsförderung und der Prävention (Präventionsgesetz – PrävG) vom 17.07.2015[2] Regelungen geschaffen, die die Ziele einer effektiven Gesundheitsförderung und der Prävention von Krankheiten umsetzen sollen. Dieses Gesetz gibt Anlass zu fragen, wer für die Finanzlasten aufzukommen hat, die aus der Primärprävention entstehen. Ist hierzu die Allgemeinheit mit dem Finanzierungsinstrument der Steuer berufen oder müssen die Mitglieder der Gesetzlichen Krankenversicherung (GKV) diese Lasten über ihr Beitragsaufkommen finanzieren? Für die Beantwortung dieser Frage sind in aller Kürze die wesentlichen verfassungsrechtlichen Grenzen der Finanzierungsart des Sozialversicherungsbeitrags nachzuzeichnen (III.). Danach ist zu erörtern, ob diese verfassungsrechtlichen Grenzen für die Beitragsfinanzierung im PrävG eingehalten werden, wobei eine thematische Begrenzung auf die Mehrbelastungen der Kassen durch die Primärprävention in den Lebenswelten[3] und durch die Zahlungen an die Bundeszentrale für gesundheitliche Aufklärung (BZgA)[4] erfolgen wird (IV.). Zuerst aber ist aufzuzeigen, dass die Finanzlasten tatsächlich bei den Versicherten der GKV anfallen (II.).

1 Vgl. Entwurf eines Gesetzes zur Stärkung der gesundheitlichen Prävention, BT-Drs. 15/4833; Entwurf eines Gesetzes zur Förderung der Prävention, BT-Drs. 17/13080; Antwort der Bundesregierung auf die Kleine Anfrage der Abgeordneten Angelika Graf u.a. BT-Drs. 17/845.

2 BGBl. I 2015 Nr. 31 v. 24.07.2015, S. 1368.

3 § 20 Abs. 4 Nr. 2, § 20a SGB V.

4 § 20a Abs. 3 S. 4 bis 6 SGB V.

II. Finanzierungsbelastung der Versicherten

Die geschätzten Mehrausgaben für die im PrävG geregelten Aufgaben liegen bei 250 bis 300 Mio. Euro[5]. Dass diese Mittel von den Versicherten aufgewendet werden müssen, liegt an zwei Konzentrationswirkungen des PrävG, nämlich zum einen an der Konzentration der Aufgaben der Primärprävention bei den Trägern der GKV und zum anderen an der Konzentration der Finanzierungsbelastung bei den Versicherten.

Primärprävention bedeutet die Verhinderung und Verminderung bloßer Krankheitsrisiken und wird als eine gesamtgesellschaftliche Aufgabe außerhalb der exklusiven Zuständigkeit der Träger der GKV eingestuft[6]. So wird auch im PrävG den Krankenkassen die Entwicklung einer nationalen Präventionsstrategie in § 20d SGB V ausdrücklich gemeinsam mit den Trägern der gesetzlichen Renten-, Unfall- und Pflegeversicherung aufgegeben. Auch erhalten diese anderen Träger in der nationalen Präventionskonferenz nach § 20e SGB V Sitz und Stimme. Allerdings werden weitere Bundesfachministerien, die Länder, die Bundesagentur für Arbeit, die Kommunen und die Jugendämter sowie Arbeitgeber- und Arbeitnehmerverbände bei der Entwicklung der Präventionsstrategie bzw. in der Präventionskonferenz lediglich beratend einbezogen. Die Beteiligung privater Krankenversicherungen ist nach § 20e Abs. 1 S. 3 SGB V freiwillig, wenn auch in gesetzlich festgelegter Höhe vorgesehen. Nur die gesetzlichen Krankenkassen werden verpflichtet, Leistungen zur Primärprävention in ihren Satzungen vorzusehen[7]. Das Ausgabenvolumen für diese Aufgaben ist gesetzlich fixiert, so dass eine Pflicht zur Leistungserbringung in bestimmtem Umfang für die Krankenkassen besteht. Schließlich wird im Wesentlichen nur das SGB V modifiziert, die anderen Bücher des SGB werden durch das PrävG nur am Rande geändert[8]. Das PrävG zentriert also insgesamt die Verantwortung für die Aufgaben der primären Prävention bei den Trägern der GKV[9].

---

5 Angaben in der Gesetzesbegründung, BT-Drs. 18/4282, S. 3, 28.

6 Stellungnahmen zum Gesetzentwurf BT-Drs. 18/4282 im Rahmen der Anhörung vor dem Ausschuss für Gesundheit, z.B. Stellungnahme des BDA, Ausschuss-Drs. 18(14)0099(18), S. 3; Stellungnahme des DGB, Ausschuss-Drs. 18(14)0099(28), S. 5; Stellungnahme des GKV Spitzenverbands, Ausschuss-Drs. 18(14)0099(25), S. 5, 21.

7 § 20 Abs. 1 S. 1 SGB V.

8 Vgl. die nur unwesentlichen Ergänzungen der anderen Bücher des SGB durch die Art. 3 bis 7 des PrävG.

9 Für eine Einbeziehung weiterer Sozialleistungsträger plädiert z.B. die Bundesvereinigung der kommunalen Spitzenverbände in ihrer Stellungnahme zum Gesetzentwurf

Diese Aufgabenkonzentration bringt auch eine Finanzierungskonzentration mit sich. Der geschätzte Mehrbedarf von 250 bis 300 Mio. Euro[10] durch das PrävG erscheint im Vergleich zu den jährlichen Gesamtausgaben der gesetzlichen Krankenkassen, die im Jahr 2014 knapp unter 2 Mrd. Euro lagen[11], als vernachlässigbare Größe. Jedoch belastet die Summe den Gesundheitsfonds, in den die Krankenversicherungsbeiträge aller Kassen einfließen. Für den Gesundheitsfonds sind im PrävG keine direkten Gegenentlastungen vorgesehen. Die erwarteten, nur eventuellen Einspareffekte aus der Primärprävention werden sich erst langfristig einstellen. Die Ausgaben, die nicht vom Gesundheitsfonds gedeckt werden können, müssen die einzelnen Kassen durch Zusatzbeiträge finanzieren[12], die nur von den Versicherten, nicht von den Arbeitgebern getragen werden. Damit ist vorherzusehen, dass die Mehrausgaben durch die allein von den Versicherten zu tragenden Zusatzbeiträge der Kassen finanziert werden müssen. Die Finanzierungslast konzentriert sich so bei den beitragspflichtig Versicherten der gesetzlichen Krankenkassen.

III. Verfassungsrechtliche Grenzen der Beitragsfinanzierung in der Sozialversicherung

Für die Antwort auf die Frage nach der Zulässigkeit der Finanzierung der Leistungen zur Primärprävention aus Krankenversicherungsbeiträgen sind zunächst die verfassungsrechtlichen Grenzen für die Beitragsfinanzierung in der Sozialversicherung aufzuzeigen.

BT-Drs. 18/4282 im Rahmen der Anhörung vor dem Ausschuss für Gesundheit, Ausschuss-Drs. 18(14)0099(17), S. 6. Gegen eine solche Zentrierung spricht auch nicht die Regelung in § 20a Abs. 2 PrävG, nach der die Verantwortlichen eine „angemessene Eigenleistung" zu erbringen haben. Denn zum einen ist der Begriff „angemessen" unbestimmt, und zum anderen verbleibt die Aufgabenerfüllungsverantwortung nach § 20 Abs. 1 SGB V bei den Krankenkassen. Außerdem sind die Krankenkassen verpflichtet, in der Höhe fixierte Summen für die Primärprävention auszugeben (§ 20 Abs. 6 PrävG). Damit sind sie faktisch gezwungen, Leistungen anzubieten.

10 Angaben in der Gesetzesbegründung, BT-Drs. 18/4282, S. 3, 28.

11 https://www.gkv-spitzenverband.de/presse/zahlen_und_grafiken/gkv_kennzahlen/gkv_kennzahlen.jsp (Stand 1.2.2016).

12 § 242 SGB V.

1. Inhaltliche und persönliche Zweckbindung

a) Sonderlast und Zwangsabgabe: Gleichheit und Freiheit als verfassungsrechtliche Grenzen

Der Krankenversicherungsbeitrag ist im Gegensatz zur Gemeinlast der Steuer eine Sonderlast[13]. Er wird nicht von jedermann geschuldet, sondern nur von einem Ausschnitt aus der Gruppe aller gleich leistungsfähiger Bürger, nämlich von den beitragspflichtig Versicherten und den Arbeitgebern[14]. Der Sozialversicherungsbeitrag ist dabei als eine Sonderlast sui generis oder als eigenständige Abgabenart „Sozialversicherungsbeitrag"[15] einzustufen. Daher sind die rechtlichen Maßstäbe für Gebühren, Beiträge oder Sonderabgaben nicht anwendbar. Dennoch bestehen durch Verfassungsrecht gezogene Grenzen für diese Art der Aufgabenfinanzierung.

Als Sonderlast muss der Sozialversicherungsbeitrag vor Art. 3 Abs. 1 GG bestehen. Es ist rechtfertigungsbedürftig, dass eine bestimmte Aufgabe gerade von der speziellen Gemeinschaft der Versicherten finanziert wird und nicht von jedermann durch die Gemeinlast der Steuer. Der Beitrag benötigt daher Rechtfertigungsgründe für seinen Grund und seine Höhe[16]. Dabei sind die hauptsächlichen Legitimationsgründe des Versicherungsprinzips sowie die Prinzipien der sozialen Verantwortung und des sozialen Ausgleichs heranzuziehen[17].

---

13 Vgl. die knappe Abgrenzung zu den anderen Abgabenarten bei F. Kirchhof, HdBStR Band III, 3. Aufl. 2013, § 125 Rn. 23.

14 Daran ändert auch der Umstand nichts, dass mittlerweile ein großer Prozentsatz der Bevölkerung in der Bundesrepublik Deutschland in der GKV versichert ist, weil sowohl Schuldnerkreis als auch Finanzierungszweck des Beitrags verschieden zur Steuer sind, vgl. F. Kirchhof, Die Verwaltung 1988, S. 137, 144; Isensee, Umverteilung durch Sozialversicherungsbeiträge, 1973, S. 41, 51 f. Der Sonderlastcharakter folgt auch daraus, dass der Sozialversicherungsbeitrag nicht voraussetzungslos, sondern für ein Versicherungsverhältnis bezahlt wird und nicht den allgemeinen Staatshaushalt, sondern einen eigenen Haushalt des jeweiligen Sozialversicherungsträgers mit einer Aufgabenbindung finanziert.

15 So P. Axer, in v. Maydell/Ruland/Becker (Hrsg.), Sozialrechtshandbuch, 5. Aufl. 2012, § 14 Rn. 57; von einer eigenständigen Abgabenart geht die ganz herrschende Meinung aus, vgl. schon J. Isensee, Umverteilung durch Sozialversicherungsbeiträge, 1973, S. 42.

16 BVerfGE 113, 167, 219 ff.; 81, 156, 185; 75, 108, 158; R. Wernsmann, Die Finanzierung der Sozialversicherung durch Beiträge und Steuern aus der Sicht der Deutschen Verfassung, DRV 2001, 67, 68.

17 BVerfGE 76, 256, 300 f. für die Rentenversicherung; F. Kirchhof, HdBStR Band III, 3. Aufl. 2013, § 125 Rn. 25.

Sozialversicherungsbeiträge müssen sich außerdem als Abgaben aus einem Zwangsversicherungsverhältnis an Art. 2 Abs. 1 GG messen lassen[18]. Daraus folgt, dass die Beiträge ihren Grund und ihre Grenze in den Aufgaben der Sozialversicherung finden müssen[19].

b) Kompetenztitel „Sozialversicherung"

Die Beitragsfinanzierung ist zudem im Zusammenhang mit dem Kompetenztitel „Sozialversicherung" nach Art. 74 Abs. 1 Nr. 12 GG zu sehen. Was unter „Sozialversicherung" zu verstehen ist, bemisst sich u.a. nach dem Kriterium, dass die Aufgabenerfüllung der Sozialversicherungsträger durch Beiträge finanziert wird[20]. Die Finanzierungsform des Sozialversicherungsbeitrags ist so konstitutives Merkmal des Kompetenztitels der „Sozialversicherung" nach Art. 74 Abs. 1 Nr. 12 GG[21].

c) Zweckbindung

Aus diesen verfassungsrechtlichen Maßstäben folgt, dass die Beiträge nur für die Finanzierung der Aufgaben der Sozialversicherung eingesetzt werden dürfen. Sie sind gleichheitsrechtlich, freiheitsrechtlich sowie aus Kompetenzgründen zweckgebunden zu verwenden und sind der Verfügungsmacht des Bundeshaushalts zur Befriedigung des allgemeinen Finanzbedarfs des Staates entzogen[22]. Die Zweckbindung der Sozialversicherungsbeiträge wirkt in zwei Richtungen begrenzend: sowohl inhaltlich für die möglichen zu finanzierenden Aufgaben als auch persönlich für die möglichen Begünstigten der Aufgabenerfüllung.

(1) Inhaltliche Zweckbindung

Inhaltlich verlangt die Zweckbindung, dass das Beitragsaufkommen speziell für den jeweiligen Zweig der Sozialversicherung ausgegeben wird und dass damit

---

18 P. Axer, in v. Maydell/Ruland/Becker (Hrsg.), Sozialrechtshandbuch, 5. Aufl. 2012, § 14 Rn. 60, der allerdings auch Art. 14 I GG als Prüfungsmaßstab anwenden möchte.

19 BVerfGE 113, 167, 203.

20 Z.B. BVerfGE 75, 108, 146.

21 BVerfGE 87, 1, 34; 75, 108, 146; 63, 1, 35; 62, 354, 366; 11, 105, 113; P. Axer, in v. Maydell/Ruland/Becker (Hrsg.), Sozialrechtshandbuch, 5. Aufl. 2012, § 14 Rn. 45; P. Axer, Bonner Kommentar zum GG, Art. 74 Nr. 12 Rn. 28, 39; M. Burgi in v. Mangoldt/Klein/Starck, GG Bd. 3, 6. Aufl. 2010, Art. 87 Rn. 61.

22 BVerfGE 113, 167, 203; 75, 108, 148; P. Axer, in v. Maydell/Ruland/Becker (Hrsg.), Sozialrechtshandbuch, 5. Aufl. 2012, § 14 Rn. 59; F. Kirchhof, HdBStR Band III, 3. Aufl. 2013, § 125 Rn. 40.

nicht allgemeine Staatsaufgaben finanziert werden, sondern Maßnahmen, die der Absicherung des konkret versicherten Risikos dienen. Sollen dagegen allgemeine Staatsaufgaben finanziert oder die Allgemeinheit begünstigt werden, so sind solche Maßnahmen aus der Gemeinlast der Steuer zu finanzieren[23]. Das gilt auch, wenn die Aufgabenerfüllung in die Organisation der Sozialversicherungsträger eingebunden wird.

Problematisch ist die Bestimmung der Grenze, ab der eine konkrete Leistung nicht mehr als Leistung der jeweiligen Sozialversicherung anzusehen ist, also die inhaltliche Zweckbindung überschreitet und damit eine für die Krankenversicherung als Sozialversicherung fremde Leistung ist. Dass es solche versicherungsfremden Leistungen gibt, zeigen die Existenz des § 221 SGB V und das verfassungsrechtlich vorgesehene Finanzierungsinstrument des Bundeszuschusses nach Art. 120 Abs. 1 S. 4 GG. Die inhaltliche Fremdheit einer Leistung ist im konkreten Einzelfall schwierig zu bestimmen[24]. Im Grundsatz liegt sie dann vor, wenn entweder die Gesamtbevölkerung oder das Individuum selbst stärker Verantwortung für die jeweilige Aufgabe tragen als die in der Krankenversicherung zusammengeschlossenen Sozialversicherten[25]. Wann eine solche Verantwortungsverschiebung vorliegt, kann über das Prinzip der Subsidiarität gelöst werden, das aber im Einzelfall nicht immer zu eindeutigen Zuordnungen führt[26]. Das Subsidiaritätsprinzip kann u.a. in zwei Fallgruppen einschlägig sein: Erstens, wenn der Grund für die Sozialleistung der Verursachungssphäre der gesamten Gesellschaft zuzuordnen ist und zweitens, wenn die Dimension der gestellten Aufgabe so beschaffen ist, dass die kleinere Einheit der Versichertengemeinschaft bzw. der Sozialversicherungsträger mit der Erfüllung dauerhaft überfordert wäre[27].

(2) Zweckbindung bezüglich der Adressaten

Die aus Art. 3 Abs. 1 GG, Art. 2 Abs. 1 GG sowie aus der Kompetenznorm des Art. 74 Abs. 1 Nr. 12 GG resultierende Zweckbindung der Verwendung der Sozialversicherungsbeiträge bezieht sich neben der Aufgabe auch auf die Begünstigten, für die die Beiträge verwendet werden. Die Adressaten müssen der Versichertengemeinschaft

---

23 Das ist über das Finanzierungsinstrument des Bundeszuschusses möglich, § 221 SGB V, Art. 120 Abs. 1 S. 4 GG.

24 Vom Fehlen einer empirischen oder normativ umrissenen Abgrenzung zwischen versicherungsfremd oder gesamtgesellschaftlich geht Schmehl in H. Sodan, HdB KV, 2. Aufl. 2014, § 39 Rn. 122 aus.

25 H. Butzer, Fremdlasten in der Sozialversicherung, 2001, S. 651.

26 Vgl. H. Butzer, Fremdlasten in der Sozialversicherung, 2001, S. 651 f.

27 H. Butzer, Fremdlasten in der Sozialversicherung, 2001, S. 652.

angehören. Nach dem Kriterium des Adressaten ist die Leistung versicherungsfremd, wenn sie aus Beitragsmitteln zumindest teilweise Personen fördert, die weder selbst versichert noch aufgrund der Vorsorgeleistung eines anderen zu begünstigen sind[28].

2. Zweckbindung aus organisationsrechtlicher Sicht

Eine weitere Grenze für die Verwendungsmöglichkeiten der Beiträge zieht Art. 87 Abs. 2 GG. Seine wesentliche Aussage lautet: Die länderübergreifend zuständigen Aufgabenerfüller der Sozialversicherung sind als selbständige Einheiten mit Unabhängigkeit von der unmittelbaren Bundesverwaltung in der Form der mittelbaren Staatsverwaltung zu organisieren[29]. Sozialversicherungsträger sind also der mittelbaren Staatsverwaltung zuzuordnen[30], ein Vollzug der Sozialversicherung durch die unmittelbare Staatsverwaltung ist ausgeschlossen[31]. Für den Begriff der „Sozialversicherung" i.S.d. Art. 74 Abs. 1 Nr. 12 GG ist diese Organisationsform der Sozialversicherungsträger als selbständige Einheiten ebenso konstitutiv, wie die Finanzierungsform des Beitrags[32]. Daher dürfen Sozialversicherungsbeiträge nicht die unmittelbare Staatsverwaltung finanzieren. Sozialversicherungsbeiträge sind damit zweckgebunden für die Finanzierung der Aufgabenerfüllung durch in mittelbarer Staatsverwaltung organisierte selbständige Versicherungsträger. So schützt auch Art. 87 Abs. 2 GG das Beitragsaufkommen vor der Verwendung für allgemeine Staatsaufgaben[33].

IV. Finanzierung der Prävention in Lebenswelten und Vergütung der BZgA als zweckbindungswidrige Verwendung der Krankenversicherungsbeiträge

Wird diese freiheitsrechtliche, gleichheitsrechtliche und organisationsrechtliche Zweckbindung der Verwendung von Sozialversicherungsbeiträgen mit der Finanzierung der Lasten für Primärprävention nach dem PrävG eingehalten?

---

28 F. Hase, Versicherungsprinzip und sozialer Ausgleich, 2000, S. 296.

29 Der Begriff der Körperschaft des öffentlichen Rechts meint dabei „Rechtsträger der mittelbaren Staatsverwaltung", so P. Axer, in: Wallerath (Hrsg.), Fiat iustitia, FS für P. Krause zum 70. Geburtstag, Berlin 2006, S. 79, 87; Burgi, in v. Mangoldt/Klein/Starck, GG Bd. 3, 6. Aufl. 2010, Art. 87 Rn. 61.

30 BVerfGE 63, 1, 36.

31 P. Axer, in: Wallerath (Hrsg.), Fiat iustitia, FS für P. Krause zum 70. Geburtstag, Berlin 2006, S. 79, 88.

32 BVerfGE 75, 108, 146; 11, 105, 112.

33 P. Axer, in v. Maydell/Ruland/Becker (Hrsg.), Sozialrechtshandbuch, 5. Aufl. 2012, § 14 Rn. 59.

Speziell sind hier die Lasten der Krankenkassen für die Prävention in den Lebenswelten[34] und die Lasten aufgrund der Zahlungen an die BZgA[35] zu untersuchen.

1. Primärprävention in den Lebenswelten

Mit Blick auf die Präventionsaufgaben in den Lebenswelten stellt sich die Frage, ob Risikovorsorge in Lebenswelten – in Abgrenzung zur verhaltensbezogenen Primärprävention nach § 20 Abs. 5 SGB V – eine durch Steuermittel zu finanzierende allgemeine Staatsaufgabe und damit eine versicherungsfremde Leistung darstellt, weil sie entweder inhaltlich kein Risiko in der Sphäre der Versichertengemeinschaft abdeckt oder hinsichtlich ihres Adressatenkreises Nicht-Mitglieder der Versichertengemeinschaft begünstigt.

a) Inhaltliche Zweckbindung

Der spezielle Bereich der Prävention in den Lebenswelten hat keinen ausreichenden inhaltlichen Zusammenhang mit dem versicherten Risiko der Krankheit. Vielmehr ist er eine gesamtgesellschaftliche Aufgabe, die nicht speziell der Versichertengemeinschaft obliegt. Die Verwendung der Beiträge für diese Aufgabe verstößt deshalb gegen die verfassungsrechtliche inhaltliche Zweckbindung der Krankenversicherungsbeiträge. Dies folgt aus den folgenden Erwägungen:

(1) Grenzenlosigkeit der Lebenswelten

Das Ziel der Primärprävention in den Lebenswelten ist die Verminderung und Verhinderung bloßer Krankheitsrisiken, wobei insbesondere die Angleichung der Gesundheitschancen erreicht werden soll[36]. In § 20a Abs. 1 SGB V werden als Beispiele für Lebenswelten für die Gesundheit bedeutsame soziale Systeme des Wohnens, des Lernens, des Studierens, der medizinischen und pflegerischen Versorgung sowie der Freizeitgestaltung einschließlich des Sports genannt[37]. So sind offensichtlich alle sozialen Räume, in denen man sich gewöhnlich bewegt, „für die Gesundheit" bedeutsam, weil z.B. mit dem Einschluss der Freizeitgestaltung und des Wohnens übergreifende

---

34 § 20a Abs. 1 und 2 SGB V.

35 § 20a Abs. 3 und 4 SGB V.

36 § 20 Abs. 1 S. 2 und 3 SGB V.

37 Mit dieser Gesetzessystematik werden die bislang im Setting-Ansatz verfolgten Primärpräventionsleistungen der GKV übersetzt.

Welten erfasst werden[38]. Es werden also Leistungen in sämtlichen sozialen Kontexten ohne Bezug zu einem konkret individualisierbaren Gesundheitsrisiko eines Versicherten deckend in der Fläche und deckend in allen denkbaren Risikobereichen angeboten. Die Ziele der Leistungen werden dadurch diffus.

(2) Fehlender Zusammenhang mit dem versicherten Risiko der Krankheit

Die Formulierung „für die Gesundheit bedeutsam" schafft keinen konkreten Zusammenhang dieser Lebenswelten mit dem versicherten Risiko der Krankheit oder dem Ziel der Gesundheitsförderung, weil die Lebenswelten alle denkbaren sozialen Räume umfassen und so das gesamte Lebensumfeld des Einzelnen betreffen. Das wird auch gestützt durch die Formulierung in § 20 Abs. 3 Nr. 4 SGB V, die das „Gesundheitsziel" der „Lebenskompetenz" als Unterziel des Ziels „gesund aufwachsen" benennt. Unter dem Ziel „gesund aufwachsen" oder „gesund älter werden"[39] sowie unter „Souveränität der Patientinnen und Patienten stärken" als Unterziel der Erhöhung der gesundheitlichen Kompetenz[40] können extrem breite Themengebiete subsumiert werden, so dass die Primärprävention tatsächlich sämtliche Maßnahmen zur Verbesserung der Lebensbedingungen mit auch nur einem äußerst geringen Bezug zur Gesundheit erfassen würde.

Die Gesundheitsrelevanz des Lebensumfelds, wie des Wohnens, der Ernährungsmöglichkeiten oder des Bildungsgrades, soll nicht abgestritten werden. Die Verminderung sozial bedingter Ungleichheit von Gesundheitschancen in Lebenswelten ist aber keine ausreichend spezifische Aufgabe der speziellen Solidargemeinschaft der gesetzlich Krankenversicherten. Es handelt sich um rein gesundheitspolitische Ziele, die keine Krankenversicherungsziele sind. Der Begriff der Risikoverhinderung und insbesondere die Aufgabe der Herstellung von Chancengleichheit bezüglich der Gesundheit in den Lebenswelten sind unkonkret und potentiell uferlos. Die Verminderung und Verhinderung bloßer allgemeiner Lebensrisiken liegt aber nicht in der Verantwortung der Versicherten. Anderes gilt für die Leistungen zur verhaltensbezogenen Prävention nach § 20 Abs. 4 Nr. 1 und Abs. 5 SGB V, die auf einer Empfehlung aufgrund einer Gesundheitsuntersuchung oder einer anderen individuellen ärztlichen Empfehlung beruhen. Hier besteht ein konkretes, individuell medizinisch bestimmbares Gesundheitsrisiko, dem mit bestimmten, passgenauen Maßnahmen begegnet werden kann.

---

38 Die einzig fehlende Welt der Betriebe wird separat bei der betrieblichen Gesundheitsförderung eingebaut, § 20b SGB V.

39 § 20 Abs. 3 Nr. 7 SGB V.

40 § 20 Abs. 3 Nr. 5 SGB V.

Die Verbesserung der alle sozialen Bereiche umfassenden Lebenswelten mit den Zielen „gesund älter werden“[41] oder „Souveränität der Patienten stärken“[42] oder „Lebenskompetenz“[43] liegt in der Verursachungssphäre der gesamten Gesellschaft und gerade nicht in der der Versichertengemeinschaft der GKV. Die Ursachen für soziale Lebensbedingungen, für die Bildungschancen auch mit Blick auf die „Gesundheitsbildung“ oder für die gesellschaftlichen Strukturen, die zu geringeren Gesundheitschancen für einzelne Bevölkerungsgruppen führen, stehen in der Verursachungsverantwortung der gesamten Gesellschaft. Zusätzlich ist die diffuse Aufgabe der Verbesserung der Gesundheitschancen durch Verbesserung der allgemeinen Lebensumstände in den Lebenswelten eine Aufgabendimension, die allein von der Gruppe der Krankenversicherten nicht zu bewältigen ist, sondern der gesamten Gesellschaft aufzuerlegen ist. Diese beiden Fallgruppen (Risikosphäre und Aufgabendimension)[44] sind gerade die Auslöser der Subsidiarität, die die Verantwortlichkeit für das Risiko aus der Sphäre der Krankenversicherung herausnimmt und damit einen „versicherungsfremden“ Bereich betrifft.

Es sei betont: Verminderung und Verhinderung von Krankheitsrisiken sind nicht per se versicherungsfremde Leistungen. Werden sie aber in sämtlichen sozialen Kontexten ohne spezifischen und engen Zusammenhang mit der Gesundheit angeboten, werden sie zu einer allgemeinen Maßnahme zur Verbesserung der Lebensführung. Sie stehen dann in der Verantwortung der Allgemeinheit, nicht in der Verantwortung der Versichertengemeinschaft. Die Verbesserung der Lebensqualität ist zwar auch Aufgabe der Leistungsträger des SGB V, allerdings stets im Zusammenhang mit dem Zustand der Krankheit[45].

(3) Keine weite Auslegung des „Zusammenhangs“

Zwar ist der Begriff der Sozialversicherung ein „weitgefasster Gattungsbegriff“[46] und der Gesetzgeber hat einen weiten Spielraum, welche Lebenssachverhalte in

---

41 § 20 Abs. 3 Nr. 7 SGB V.

42 § 20 Abs. 3 Nr. 5 SGB V.

43 § 20 Abs. 3 Nr. 4 SGB V.

44 Vgl. oben III. 1. c) (1); H. Butzer, Fremdlasten in der Sozialversicherung, 2001, S. 652.

45 So in § 20 Abs. 3 Nr. 2 SGB V als Gesundheitsziel der Gesundheitsförderung und Prävention beim Krankheitsbild des Brustkrebs, § 35 Abs. 1b S. 2, § 35b Abs. 1 S. 3 SGB V für die Kriterien der Nutzenbewertung von Arzneimitteln. In § 34 Abs. 1 S. 7 SGB V wird dann auch die Erstattungsfähigkeit von Arzneimitteln zur Steigerung der allgemeinen Lebensqualität ohne Bezug zur Verbesserung von krankhaften Zuständen ausgeschlossen.

46 BVerfGE 75, 108, 146.

das Gesamtsystem der Sozialversicherung einbezogen werden. Allerdings müssen die Leistungen in ihren wesentlichen Strukturelementen, insbesondere auch mit Blick auf die abzudeckenden Risiken, der klassischen Sozialversicherung entsprechen[47]. Das mit der Gesundheitsförderung in Lebenswelten abgesicherte Risiko der Krankheit entspricht zunächst diesem klassischen Bild der Sozialversicherung, da die Krankenversicherung zum Kern der Sozialversicherung gehört. Jedoch muss zusätzlich auch ein Zusammenhang der konkreten Leistung zu diesem klassischen Sozialversicherungsrisiko bestehen.

Die Rechtsprechung des Bundessozialgerichts verwendet hierzu einen sehr weiten, ja konturenlosen Maßstab. Das Gericht grenzt nicht danach ab, ob Leistungen versicherungstypisch oder „versicherungsfremd" im Sinne von „gesamtgesellschaftlich" sind. Dies sei eine rein politische Entscheidung und obliege dem Gesetzgeber[48]. Ob Leistungen zur Sozialversicherung gehören, sei nicht nach dem Versicherungsprinzip, sondern formal zu bestimmen[49]. Gestützt wird diese Argumentation mit dem Hinweis auf die Entscheidung des Bundesverfassungsgerichts zum Einbezug der Kindererziehungszeiten im Rentenversicherungsrecht[50], wobei das Bundesverfassungsgericht hier die Begründung mit drei Sätzen sehr knapp hält und allein die Aussage trifft, dass sich aus dem Umstand, dass sich die Kindererziehungszeiten auf den Rentenanspruch auswirken, eine sachliche Zuordnung zur Rentenversicherung ergebe[51]. Das Bundessozialgericht trifft aber mit seinem pauschalen Ausschluss der „versicherungsfremden" Leistung im Sinne einer gesamtgesellschaftlichen Aufgabe und mit dem rein formalen Kriterium der Aufgabeneinbeziehung eine deutlich weitergehende Aussage.

Diese Argumentation des Bundessozialgerichts ist nicht überzeugend. Zwar trifft es zu, dass die Sozialversicherung nicht ausschließlich am Versicherungsprinzip ausgerichtet ist, sondern u. a. durch das Prinzip des sozialen Ausgleichs modifiziert wird[52]. Damit sind allerdings nur Umverteilungen innerhalb der Gruppe der Versicherten zu rechtfertigen, nicht aber die Finanzierung von Aufgaben, die keinen spezifischen Bezug zum versicherten Risiko und zur versicherten Gruppe aufweisen und daher als gesamtgesellschaftliche Aufgaben

---

47 BVerfGE 75, 108, 146; 87, 1, 34.
48 BSGE 110, 161, 174; 81, 276, 285.
49 BSGE 110, 161, 174; 81, 276, 282.
50 BVerfGE 87, 1.
51 BVerfGE 87, 1, 34.
52 So betont von BSGE 110, 161, 174.

eingestuft werden müssen[53]. Folgte man der Auffassung des Bundessozialgerichts, wären dem Gesetzgeber keinerlei Grenzen gesetzt bei der Ausgestaltung dessen, was er zur Sozialversicherung rechnen möchte, solange er die Aufgabenerfüllung in die Organisation der Sozialversicherungsträger einbindet und durch Beiträge finanzieren lässt. Gerade diese Beitragsfinanzierung ist aber aus den genannten verfassungsrechtlichen Vorgaben nicht ohne Grenzen möglich. Damit würden die Grenzen sowohl für die Kompetenz aus Art. 74 Abs. 1 Nr. 12 GG als auch für die Beitragsverwendung zu weit ausgedehnt. Soll der Begriff der Sozialversicherung und der Zweckbindung der Beiträge noch irgendeine Funktion behalten, so kann nicht jeder Lebensbereich, der in irgendeinem sehr losen Zusammenhang mit der Gesundheit zu tun hat, unter diesen Kompetenztitel gefasst werden. Wendete man einen solch weiten Maßstab für das versicherte Risiko der Krankheit an, so kann aus jeder erdenklichen Regelungsmaterie ein Zusammenhang zur Gesundheit hergestellt werden, da sich sehr viele Sachbereiche, wie die sozialen Lebensbedingungen, die finanzielle Ausstattung von Familien und Individuen, Lärmbelastungen, der Zustand der Umwelt, die Sicherheit im Land, die Produktsicherheit, die Anlagensicherheit und unzählige Bereiche mehr, auf die Gesundheit der Bevölkerung auswirken können.

Dem weiten Ansatz des Bundessozialgerichts ist daher nicht zu folgen, da mit ihm sowohl jede begrenzende Funktion des Kompetenztitels des Art. 74 Abs. 1 Nr. 12 GG als auch jede schützende Funktion der Freiheitsgrundrechte im Zusammenhang mit Zwangsmitgliedschaft und Beitragszwang verloren geht. Art. 74 Abs. 1 Nr. 12 GG kann nicht als Freibrief für die Kompetenzverschaffung des Bundesgesetzgebers und damit auch für die Finanzierung durch Beiträge unter Schonung des staatlichen Haushalts missbraucht werden. Daher ist daran festzuhalten, dass zwischen den Aufgaben des speziellen Versicherungszweigs und der durch Beiträge finanzierten Aufgabe, ein konkreter Zusammenhang bestehen muss, damit die Beitragsfinanzierung den verfassungsrechtlichen Zweckbindungen entspricht. Dieser Zusammenhang ist, wie oben ausgeführt, bei der Prävention in den Lebenswelten zu unkonkret.

(4) Zwischenfazit

Mit der Finanzierung der Leistungen zur Gesundheitsförderung in den Lebenswelten wird der allgemeine Finanzbedarf des Staates für die vielfältigen Aufgaben gestillt, die die Angleichung von Gesundheitschancen stellen, nämlich die Angleichung

53 R. Wernsmann, Die Finanzierung der Sozialversicherung durch Beiträge und Steuern aus der Sicht der Deutschen Verfassung, DRV 2001, 67, 73.

bestimmter sozialer Verhältnisse, die Angleichung von Bildungsniveaus in Gesundheitsfragen oder die Abmilderung anderer Ursachen für unterschiedliche Gesundheitschancen. Die Zahlungen aus Beiträgen für diese der Allgemeinheit obliegenden Aufgaben stellen keinen Aufwand für „eigene" Aufgaben der Krankenversicherung dar[54]. In der uferlosen Fassung der Lebenswelten und der Verbesserung bloßer Gesundheitschancen als Präventionsziel entfernt sich die Beitragsverwendung von ihrem eigentlichen Verwendungszweck. Die Einordnung der Prävention in den Lebenswelten als Versicherungsleistungen und damit ihre Tauglichkeit für die Beitragsfinanzierung führt zu einem potentiell nicht mehr abgrenzbaren Aufgabenspektrum der gesetzlichen Kassen und damit zu einer potentiell uferlosen Finanzierungspflicht der Versicherten. Die Leistungen zur Primärprävention in den Lebenswelten nach § 20a Abs. 1 SGB V sind als versicherungsfremd einzustufen. Sie können verfassungsrechtlich nicht über Krankenversicherungsbeiträge finanziert werden, sondern sind als Aufgabe der gesamten Gesellschaft aus Steuermitteln zu finanzieren.

b) Zweckbindung bezüglich der Adressaten der Leistung

Die Primärprävention in Lebenswelten nach § 20a Abs. 1 SGB V ist auch aus der Perspektive des Adressatenkreises als potentiell versicherungsfremd einzustufen. So ist die Leistung nach dem Kriterium des Adressaten versicherungsfremd, wenn sie ganz oder teilweise aus Beitragsmitteln Personen fördert, die weder selbst versichert noch aufgrund der Vorsorgeleistung eines anderen zu begünstigen sind[55]. Die Präventionsprogramme der Kassen in den Lebenswelten kommen zwangsläufig auch nicht versicherten Personen zugute. Z. B. nehmen auch die Kinder, die nicht in der gesetzlichen Krankenversicherung versichert sind, an den Ernährungsprogrammen in Schulen teil. Auch die Primärpräventionsleistungen an Multiplikatoren wie Lehrer/-innen oder Erzieher/-innen in Kindergärten machen nach der gerade beabsichtigten Weitervermittlung an die Schüler und Kinder ebenfalls nicht an der Versichertengrenze halt[56]. Die Beschränkung der Wirkung der Primärpräventionsleistungen ist von vornherein nicht gewollt[57]. Die Zielgruppe ist daher von

54 Die Formulierung ist der des BSG in BSGE 110, 164 Rn. 42 entlehnt, in der die Beitragsfinanzierung des Eingliederungsbeitrags in der Arbeitslosenversicherung für zulässig erachtet wurde.

55 F. Hase, Versicherungsprinzip und sozialer Ausgleich, 2000, S. 296.

56 Präventionsbericht 2014 des GKV-Spitzenverbands und des Medizinischen Dienstes des Spitzenverbandes Bund der Krankenkassen, S. 59.

57 Vgl. den Hinweis der Stellungnahme der Bundespsychotherapeutenkammer vom 07.04.2015 zum Gesetzentwurf BT-Drs. 18/4282 im Rahmen der Anhörung vor dem Ausschuss für Gesundheit, Ausschuss-Drs. 18(14)0099(2), S. 9.

vornherein auch außerhalb der Versichertengemeinschaft zu sehen. So werden aus Beitragsmitteln Risiken von Personen gemindert, die weder selbst versichert noch aufgrund der Vorsorgeleistung eines anderen zu begünstigen sind.

Dagegen lässt sich vorbringen, dass auch andere Leistungen der Gesetzlichen Krankenkassen, wie z. B. die Sicherstellung der ärztlichen Versorgung in der Fläche, Nicht-Versicherten zugutekommen, dass also auch in anderen Bereichen sog. Overspill-Effekte auftreten. Der Unterschied liegt aber bei den Leistungen zur Primärprävention in den Lebenswelten darin, dass dieser Overspill-Effekt konzeptionell angelegt ist, weil die Definition der Lebenswelten sämtliche sozialen Bereiche erfasst. Der versichertenbezogene Ansatz des SGB V wird aufgegeben, weil sich die Lebenswelten nicht an der Zugehörigkeit zu einer bestimmten Kasse oder an den einzelnen Versicherten orientieren[58]. Sollten die Leistungen in der Praxis tatsächlich final und ohne Begrenzung auch den Nicht-Versicherten in den Lebenswelten zugute kommen, läge bei einer Finanzierung durch Beitragsmittel eine Zweckentfremdung der Mittel vor.

2. Vergütung der BZgA

Der zweite interessante Ausgabenblock im Rahmen der Aufgaben zur Primärprävention ist die Summe von ca. 32 Mio. Euro jährlich[59], die der Spitzenverband Bund der Krankenkassen an die Bundeszentrale für Gesundheitliche Aufklärung quartalsweise im Voraus bezahlen muss[60].

a) Gesetzliche Regelung

Sie ist das in der Höhe gesetzlich fixierte Entgelt[61] für den nach § 20a Abs. 3 S. 1 SGB V gesetzlich zwingend vorgeschriebenen Auftrag des Spitzenverbands an die BZgA zur Entwicklung, Implementierung und wissenschaftlichen Evaluation der Art und der Qualität kassenübergreifender Leistungen. Die Einzelheiten des Auftrags müssen bis 30.11.2015 in einer Vereinbarung zwischen dem Spitzenverband Bund der Krankenkassen und der BZgA geregelt werden. Im Fall des Scheiterns einer Vereinbarung bis zu diesem Datum wird die Bundesbehörde trotzdem mit der Folge der gesetzlich fixierten Vergütungsansprüche tätig, wobei sie neben den vom

58 E. Schneider, SGb 2015, 599, 601.

59 Der Gesetzgeber geht in BT-Drs. 18/4282, S. 2, 26 bei einem damals noch geplanten Satz von 0,50 € von 35 Mio. € aus, so dass sich nach dem jetzt geltenden Satz von 0,45 € eine Reduzierung um ca. 10% ergibt.

60 § 20a Abs. 3 S. 5 SGB V.

61 § 20a Abs. 3 S. 4 SGB V.

Spitzenverband festgelegten Handlungsfeldern und den Rahmenvereinbarungen nach § 20f SGB V lediglich den Wirtschaftlichkeitsgrundsatz nach § 12 SGB V als lenkende Direktive zu beachten hat. Die BZgA hat dabei sicherzustellen, dass die bezahlte Vergütung nur für die Durchführung des Auftrags eingesetzt wird[62]. Die Kontrollmöglichkeiten des Auftraggebers Spitzenverband Bund der Krankenkassen werden mit dem Verweis auf § 89 Abs. 3–5 SGB X geregelt[63]. Danach bestehen Informationspflichten und Rechenschaftspflichten seitens der BZgA sowie Informationsrechte seitens des Spitzenverbands Bund der Krankenkassen. Dabei sind nach § 89 Abs. 5 SGB X zur Ermöglichung der Bindung des Auftragnehmers an den Auftrag nach überwiegender Ansicht neben der Steuerung durch Richtlinien auch Einzelweisungen möglich[64].

b) *Fehlende Präzisierung der Stellung und der Aufgaben der BZgA*

Der Gesetzgeber regelt die Frage, welche Stellung die BZgA in dieser Auftragskonstruktion erhält, trotz des Verweises auf § 89 SGB X nur unklar. Deutlich ist, dass keine explizite Aufgabenübertragung an die BZgA stattfindet, so dass sie nicht zum Sozialversicherungsträger wird. Der zunächst augenfällige Konflikt zu Art. 87 Abs. 2 GG besteht damit nicht unmittelbar. Jedoch wirken die Konstruktionen eines Zwangsrechtsverhältnisses zwischen einem Sozialversicherungsträger und einer Bundesbehörde unter Einschluss der Zwangsbeauftragung, deren Inhalt der Träger letztlich nicht selbst bestimmen kann, und der Zwangsfinanzierung einer Bundesbehörde durch Beitragsmittel gegen den Zweck des Art. 87 Abs. 2 GG, eine von der unmittelbaren Staatsverwaltung getrennte und damit auch von den Einflussrechten der Exekutive maximal geschützte Organisationsstruktur zu erreichen. Dass es eine Sperre des Beitragsflusses von den Kassen zur unmittelbaren Staatsverwaltung gibt[65], wird mit der Konstruktion des Auftragsverhältnisses ausgehebelt.

Die eigentliche Aufgabe und die konkreten Handlungsformen der BZgA werden ebenfalls nicht näher spezifiziert. In der Gesetzesbegründung liest man die sehr allgemeine Aufgabenbeschreibung der Konzeption lebensweltbezogener

---

62 § 20a Abs. 3 S. 7 SGB V.

63 § 20a Abs. 4 S. 4 SGB V.

64 O. Seewald, in Kasseler Kommentar zum Sozialversicherungsrecht, Stand Juni 2015, § 89 Rn. 41; K. Engelmann, in v. Wulffen/Schütze (Hrsg.) SGB X, 8. Aufl. 2014, § 89 Rn. 9.

65 BVerfGE 113, 167, 205 Rn. 101: „Ein Transfer von Sozialversicherungsbeiträgen zwischen einer Krankenkasse und der unmittelbaren Staatsverwaltung kommt ohnehin nicht in Betracht.“

Interventionsansätze und Materialien sowie adäquater Qualitätssicherungsverfahren, aber auch die – bereits mehr nach eigenständigem, operativen Handeln klingende – Unterstützung der Implementation dieser Konzeptionen[66]. Es ist nicht gesetzlich festgelegt, wie das Auftragsverhältnis im Einzelnen ausgestaltet sein muss.

c) *Fehlende Unterordnung der BZgA als Hilfsbehörde*

Die BZgA müsste auf die Rolle eines bloßen Zuarbeiters beschränkt sein, damit das Auftragsverhältnis nicht in Konflikt mit Art. 87 Abs. 2 GG gerät und damit die Entlohnung der BZgA nicht die Grenzen der Beitragsfinanzierung überschreitet. Diese aus Art. 87 Abs. 2 GG zwingend vorausgesetzte Letztverantwortlichkeit der Krankenkassen für die Aufgabenerfüllung ist aber im Gesetz nicht vorgegeben. Vielmehr folgt aus der Systematik des PrävG, dass eine solche Rolle der BZgA als bloßer Zuarbeiter nicht zwingend vorgesehen ist. Erstens zeigt die gesetzlich festgelegte Höhe der Vergütung in § 20a Abs. 3 S. 4 SGB V auf, dass gerade keine von den Kassen gestaltbare „Unterstützungs-Behörde BZgA" eingerichtet werden soll, sondern eine vom Einfluss der Kassen unabhängige Einbeziehung der BZgA in das Geflecht der Zuständigkeiten für die Präventionsleistungen erfolgt. Zweitens zeigt die Möglichkeit der BZgA, auch ohne Abschluss der Auftragsvereinbarung tätig zu werden, dass sie nicht bloße „Handlangerin" der Kassen sein soll. Sie kann in diesem Fall nur durch den – sehr vagen – Wirtschaftlichkeitsgrundsatz begrenzt und unter Beachtung der nach § 20 Abs. 2 S. 1 SGB V festgelegten Handlungsfelder und Kriterien und der Rahmenvereinbarungen nach § 20f SGB V eigenständig im Präventionsbereich handeln, was auch ein außenwirksames Handeln gegenüber den Versicherten nicht per se ausschließt. Letzteres würde aber gegen Art. 87 Abs. 2 GG verstoßen. Drittens ist die Verhandlungsmacht bei der Vereinbarungsverhandlung zugunsten der BZgA verteilt, die auf den Abschluss des Auftrags nicht angewiesen ist, weil sie auch ohne Vereinbarung tätig werden kann und in gesetzlich fixierter Höhe finanziert werden muss[67].

Konzeptionell sieht also das PrävG die BZgA nicht als weisungsabhängige, bloß unterstützende Behörde an, sondern etabliert mit ihr eine kontinuierliche, in fester Höhe finanzierte Einheit im Bereich der Gesundheitsprävention, die im Zweifel auch ohne individuell vereinbarten Auftrag seitens der Kassen im Präventionsbereich tätig werden kann. § 20a Abs. 3 PrävG sichert nicht bestimmt genug ab, dass die BZgA auf eine Hilfeleistungsfunktion unter der Weisung und Bestimmungsmacht des Spitzenverbands Bund der Krankenkassen tätig werden muss. So scheint

---

66 BT-Drs. 18/4282, S. 35.

67 § 20a Abs. 4 S. 2, Abs. 3 S. 4 SGB V.

alles vom konkreten Inhalt der Vereinbarung nach § 20a Abs. 4 SGB V abzuhängen. Die Vorgaben dazu sind aber vom Gesetzgeber nicht hinreichend bestimmt geregelt. Zum Beispiel wird als Folge der Beauftragung der BZgA ein zusätzlicher Personalaufwand erwartet[68]. Ob hier der Auftraggeber bezüglich der Anzahl und der Auswahl des Personals ein Mitspracherecht hat, bleibt offen, obwohl hier ein erhebliches Steuerungsinstrument für den Auftraggeber besteht.

Sollte die Vereinbarung scheitern, verstieße die dann folgende Tätigkeit der BZgA gegen Art. 87 Abs. 2 GG. Sollte die Vereinbarung zustande kommen, aber nicht die eindeutige Weisungs- und Organisationshoheit des Spitzenverbands Bund der Krankenkassen festschreiben, läge ebenfalls ein Verstoß gegen Art. 87 Abs. 2 GG vor. Was bleibt, ist ein gewisses Misstrauen gegenüber der gewählten Konstruktion, die sich vernünftigerweise nicht anders erklären lässt, als dass die Einflussmöglichkeiten der Exekutive des Bundes auf die Aufgabenerfüllung nach dem PrävG gesichert werden sollen. Dies bleibt allerdings Spekulation, da die wahren Motive aus der Gesetzesbegründung nicht ersichtlich sind.

Das PrävG hinterlässt an dieser Stelle den Eindruck, dass die Tendenz zur Zentralisierung nicht nur die Zentralisierung der Aufgaben bei den Krankenkassen und die Zentralisierung der Finanzierung bei den Beitragszahlern, sondern auch den Beginn einer Zentralisierung der Präventionssteuerung beim Bund bezwecken soll. Anders ist das Einschalten der BZgA wohl nicht zu erklären.

V. Fazit

Die Finanzlasten für Primärprävention in den Lebenswelten nach § 20a Abs. 1 SGB V überschreiten die verfassungsrechtlichen Grenzen der Beitragsfinanzierung. Diese in ihrer Legitimität nicht anzuzweifelnde Präventionsform muss aus Steuermitteln finanziert werden. Die Vergütung für die Hilfeleistung der BZgA im Bereich der Primärprävention überschreitet dann die Grenzen der Beitragsfinanzierung, wenn entweder die Vereinbarung nach § 20a Abs. 4 S. 1 SGB V nicht zustande kommt oder ihr Inhalt nicht eindeutig die Stellung der BZgA als weisungsabhängiges, nur nach innen wirkendes Hilfsorgan des Spitzenverbands Bund der Krankenkassen festschreibt.

68 BT-Drs. 18/4282, S. 5.

Klaus Mathis

Verhaltenssteuerung durch Aufklärung, Anreize und „Nudging“: Prävention im Gesundheitswesen aus verhaltensökonomischer Perspektive*

Economic theory can provide useful insights for the analysis of preventative medicine from both the traditional neoclassical economics as well as the modern behavioural economics approach. From this perspective, it is the concept of choice architecture and the analysis of the nudging tool, which are particularly insightful.

I. Einleitung

Die ökonomische Theorie kann zum Thema Prävention im Gesundheitswesen sowohl aus der Sicht der traditionellen *neoklassischen Ökonomie* („Rational-Choice-Theorie“)[1] als auch mithilfe der Erkenntnisse der modernen Verhaltensökonomie („Behavioural Economics“)[2] wertvolle Beiträge zur Analyse der Verhaltenssteuerung leisten. Gemäß der neoklassischen Theorie und ihres Modells des *homo oeconomicus* kann das Verhalten der Menschen systematisch durch Anreize beeinflusst werden. Zahlreiche empirische Studien haben jedoch gezeigt, dass die Annahmen der neoklassischen Theorie in der Realität oft nicht zutreffen.

---

* Ich danke meinen Assistenten Thomas Patrick Leu, MLaw, und Moritz Pachmann, MLaw, für ihre wertvolle Mitarbeit.

1 Siehe hierzu mit eingehender Kritik *Klaus Mathis*, Effizienz statt Gerechtigkeit? Auf der Suche nach den philosophischen Grundlagen der Ökonomischen Analyse des Rechts, 3. Aufl., Berlin 2009, S. 21 ff. (engl. Ausgabe: Efficiency Instead of Justice? Searching for the Philosophical Foundations of the Economic Analysis of Law, Dordrecht/Heidelberg/London/New York 2009); *ders.*, Utility Maximization, in: David S. Clark (Hrsg.), Encyclopedia of Law and Society – American and Global Perspectives, Thousand Oaks/London/New Delhi 2007, Bd. 3, S. 1542 ff.

2 Siehe *Klaus Mathis*, Behavioral Economics, in: David S. Clark (Hrsg.), Encyclopedia of Law and Society – American and Global Perspectives, Thousand Oaks/London/New Delhi 2007, Bd. 1, S. 118 ff.; zu Anwendungen im Recht siehe *ders.* (Hrsg.), European Perspectives on Behavioural Law and Economics, Cham/Heidelberg/New York/Dordrecht/London 2015.

Durch die moderne *Verhaltensökonomie* wird in erster Linie die Rationalitätsannahme hinterfragt. Im Mittelpunkt des Interesses stehen dabei die verschiedenen kognitiven Verzerrungen, denen die Menschen bei ihren Entscheidungen unterliegen. Um den Menschen zu helfen, bessere Entscheidungen zu treffen, schlagen Richard H. Thaler und Cass R. Sunstein deshalb vor, die *Entscheidungsarchitektur* („choice architecture") der Individuen so auszugestalten, dass sie in die „richtige" Richtung „gestupst" werden.[3]

In diesem Aufsatz wird die Verhaltenssteuerung im Gesundheitswesen sowohl im Lichte der traditionellen neoklassischen Ökonomie als auch der modernen Verhaltensökonomie analysiert.

II. Neoklassische Ökonomie

1. Die Rational-Choice-Theorie

Die neoklassische Ökonomie geht vom Modell des rationalen, den Eigennutzen maximierenden *homo oeconomicus* aus. Dabei wird menschliches Verhalten als *rationale Auswahl* („rational choice") aus verschiedenen Alternativen unter der Bedingung der *Knappheit* verstanden. In diesem Rational-Choice-Modell wird die Entscheidungssituation des Individuums im Wesentlichen durch zwei Elemente beschrieben: Präferenzen und Restriktionen. Die Präferenzen bezeichnen die inneren Motive des Menschen, die Restriktionen dessen äußere Anreize. Das ökonomische Verhaltensmodell versucht, *Verhaltensänderungen als Reaktion auf äußere Anreize, also auf Restriktionsänderungen zu erklären.* Die Präferenzen sind zwar auch wichtig für die Erklärung menschlichen Verhaltens, sie werden aber zumindest kurzfristig als unveränderlich angenommen.[4]

2. Verhaltenssteuerung durch Anreize

Im Rational-Choice-Modell werden nicht nur Verhaltensänderungen als Reaktion auf Restriktionsänderungen erklärt, sondern man geht zugleich davon aus,

---

3 Siehe *Richard H. Thaler/Cass R. Sunstein*, Nudge. Wie man kluge Entscheidungen anstößt, 4. Aufl., Berlin 2014 (englische Originalausgabe: Nudge. Improving Decisions about Health, Wealth and Happiness, London 2008); zu Anwendungen im Recht siehe *Alberto Alemanno/Anne-Lise Sibony* (Hrsg.), Nudge and the Law. A European Perspective, Oxford/Portland 2015 sowie *Klaus Mathis/Avishalom Tor* (Hrsg.), Nudging – Possibilities, Limitations and Applications in European Law and Economics, Cham/Heidelberg/New York/Dordrecht/London 2016.

4 *Mathis*, Effizienz statt Gerechtigkeit? (Fn. 1), S. 22 ff.

dass man das Verhalten der Individuen durch Anreize *(„incentives“)* systematisch beeinflussen kann. Dies geschieht hauptsächlich durch eine Veränderung der sog. relativen Preise, d.h. durch Erhebung von Abgaben oder Gewährung von Subventionen, womit bestimmte Güter oder Aktivitäten verteuert oder verbilligt werden. Eine systematische Beeinflussung der Präferenzen dürfte hingegen zumindest kurzfristig schwierig sein. Dies ist auch plausibel: Der Fahrzeugverkehr etwa lässt sich durch eine Erhöhung des Treibstoffpreises wirksamer und schneller reduzieren als durch den Appell, weniger Auto zu fahren.[5]

III. Verhaltensökonomie

1. Kritik am neoklassischen Modell

Empirische Erkenntnisse, die Sozialpsychologen in den letzten dreißig Jahren aus Experimenten und Feldstudien gewonnen haben, widersprechen zum Teil der Rational-Choice-Theorie. Unter dem Titel *Verhaltensökonomie* („Behavioural Economics“) werden diese Erkenntnisse für die ökonomische Theorie fruchtbar gemacht. Menschen treffen daher oftmals Entscheidungen, die weder in ihrem eigenen Interesse liegen, noch die gesellschaftliche Wohlfahrt maximieren.[6] Diese Befunde haben das traditionelle Erklärungsmodell der Ökonomie unterminiert, wie Richard A. Posner trefflich feststellt:

> „What is called ‚behavioral economics‘ [...] has undermined the economic model of man as a rational maximizer of his self-interest and helped to expose the rampant exploitation by business of consumer psychology. Businesses know, and economists are learning, that consumers are easily manipulated by sellers into making bad choices – choices they would never make if they knew better [...].“[7]

Das Ziel der Verhaltensökonomie ist, die psychologischen Grundlagen der Ökonomie kritisch zu hinterfragen und realitätsnäher auszugestalten. Mit einer besseren psychologischen Fundierung soll dabei die Erklärungskraft der ökonomischen Modelle erhöht werden.[8]

---

5 *Mathis*, Effizienz statt Gerechtigkeit? (Fn. 1), S. 27.

6 *Klaus Mathis/Ariel David Steffen*, From Rational Choice to Behavioural Economics. Theoretical Foundations. Empirical Findings and Legal Implications, in: Klaus Mathis (Hrsg.), European Perspectives on Behavioural Law and Economics, Cham/Heidelberg/New York/Dordrecht/London 2015, S. 31 ff., S. 31.

7 *Richard A. Posner*, Why is There no Milton Friedman Today?, in: Econ Journal Watch, Bd. 10 (2013), S. 210 ff.

8 *Mathis*, Effizienz statt Gerechtigkeit? (Fn. 1), S. 44.

Grundsätzliche Kritik erfuhr zuerst die *Rationalitätsannahme*. Bereits in den 1970er Jahren stellte Herbert A. Simon dieser das Konzept der *beschränkten Rationalität* („bounded rationality“) gegenüber:

> „There can no longer be any doubt that the micro assumptions of the theory – the assumptions of perfect rationality – are contrary to fact. It is not a question of approximation; they do not even remotely describe the processes that human beings use for making decisions in complex situations.“[9]

Einen Meilenstein stellt ferner die *Prospect Theory* von Daniel Kahneman und Amos Tversky dar, bei der im Anschluss an Simon die Rationalitätsannahme weiter relativiert wird. Ihre Theorie gründet auf empirischen Beobachtungen und beschreibt bspw., wie Individuen ihre Gewinne und Verluste wahrnehmen. Kahneman und Tversky stellten außerdem fest, dass die meisten Menschen eine sog. *Verlustaversion* („loss aversion“) haben. Entsprechend empfinden sie z. B. eine Einbuße von 1.000 Euro intensiver als einen Gewinn von 1.000 Euro.[10] Zudem stellten sie fest, dass Menschen Wahrscheinlichkeitsurteile aufgrund bestimmter Indikatoren (sog. *Anker*) fällen, die häufig willkürlich und folglich unzulänglich an die tatsächlichen Bedingungen angepasst sind.[11] In einer Studie wurden Studenten aufgefordert, den Anteil afrikanischer Staaten in der UNO zu schätzen. Vor der Schätzung drehten die Versuchspersonen an einem Glücksrad, das „zufällig“ bei der Zahl 65 oder 10 stehen blieb. Bei der Gruppe mit der Glückszahl 65 schätzten die Studenten den Anteil afrikanischer Staaten in der UNO im Mittel auf 45%, bei der Gruppe mit der Glückszahl 10 betrug der geschätzte Wert im Mittel 25%. Der völlig willkürliche Wert des Glücksrades hatte also einen erheblichen Einfluss auf die Schätzung der Probanden, indem er ihnen als Anker diente.[12]

Von der Verhaltensökonomie wird ferner auch das *Eigennutztheorem* in Frage gestellt. Dabei wird untersucht, inwieweit z. B. Fairness eine Rolle im Verhalten der Menschen spielt. Tatsächlich verhalten sich die meisten Menschen nicht ausschließlich eigennützig. Es gibt zudem Anzeichen, dass die Berücksichtigung

---

9 *Herbert A. Simon,* Rational Decision Making in Business Organizations, in: American Economic Review, Bd. 69 (1979), S. 493 ff.

10 *Daniel Kahneman/Amos Tversky,* Prospect Theory: An Analysis of Decision under Risk, in: Econometrica, Bd. XVLII (1979), S. 263 ff.

11 *Kahneman/Tversky,* Prospect Theory (Fn. 10), S. 263 ff.

12 *Amos Tversky/Daniel Kahneman,* Judgment under Uncertainty: Heuristics and Biases, in: Science, New Series, Bd. 185 (1974), S. 1124 ff., S. 1128; siehe auch *Klaus Mathis/Fabian Diriwächter,* Is the Rationality of Judicial Judgements Jeopardized by Cognitive Biases and Empathy?, in: Klaus Mathis (Hrsg.), Efficiency, Sustainability, and Justice to Future Generations, Dordrecht/Heidelberg/London/New York 2011, S. 55 ff., S. 61.

von Fairness und gegenseitiger Begünstigung für bilaterale Verhandlungen und das Funktionieren von Märkten wichtig sind.[13] Neuere verhaltensökonomische Untersuchungen versuchen deshalb zu erklären, wie gesellschaftliche, ökonomische und rechtliche Bedingungen die Neigung zu reziprokem Verhalten, d.h. zu gegenseitiger Begünstigung, beeinflussen.[14]

Schließlich setzt das neoklassische Modell des menschlichen Verhaltens stillschweigend die höchst unrealistische Annahme der *unbegrenzten Willenskraft* („willpower“) voraus. Ökonomen betrachten das Verhalten lediglich als einfachen Entscheidungsvorgang, bei dem zwischen verschiedenen Alternativen gewählt wird. Die Umsetzung der Entscheidung wird ausgeblendet bzw. es wird angenommen, dass diese problemlos verläuft. In Tat und Wahrheit müssen wir uns jedoch meistens motivieren, um eine gewünschte Verhaltensweise zu realisieren, oder es tritt ein Konflikt zwischen widerstrebenden Motiven auf. So erliegen Menschen vielfach der Versuchung kurzfristiger Genüsse auf Kosten langfristiger Ziele, wenn sie z.B. das Rauchen trotz guter Vorsätze nicht aufgeben können.[15]

2. Kognitive Heuristiken und Verzerrungen

Das Bild des *homo oeconomicus* muss hauptsächlich hinsichtlich der Rationalitätsannahme modifiziert werden. In seinem Buch „Thinking, Fast and Slow“[16] unterscheidet Kahneman in diesem Zusammenhang zwei Systeme des menschlichen Denkens:

> „System 1 operates automatically and quickly, with little or no effort and no sense of voluntary control.“[17]

---

13 *Mathis*, Behavioural Economics, (Fn. 2), S. 120.

14 *Ernst Fehr/Urs Fischbacher*, Why Social Preferences Matter – The Impact of Non-selfish Motives on Competition, Cooperation and Incentives, in: The Economic Journal, Bd. 112 (2002), S. C1 ff.; *Herbert Gintis et al.* (Hrsg.), Moral Sentiments and Material Interests. The Foundation of Cooperation in Economic Life, Cambridge 2005.

15 *George Loewenstein,* Willpower: A Decision Theorist's Perspective, in: Law and Philosophy, Bd. 19 (2000), S. 51 ff.

16 *Daniel Kahneman*, Thinking, Fast and Slow, New York 2011. Bereits in ihrem 1974 erschienenen Aufsatz „Judgment under Uncertainty: Heuristics and Biases“ (Fn. 12) stellten Amos Tversky und Daniel Kahneman fest, dass Menschen in komplexen Entscheidungssituationen auf sog. mentale Heuristiken zurückgreifen (dieser Aufsatz ist auch im Anhang des Buches „Thinking, Fast and Slow“ wiedergegeben).

17 *Kahneman,* Thinking, Fast and Slow (Fn. 16), S. 20.

Es handelt sich um den intuitiven Denkmodus, bei dem Urteile schnell und unwillentlich gefällt werden.

> „System 2 allocates attention to the effortful mental activities that demand it, including complex computations. The operations of System 2 are often associated with the subjective experience of agency, choice, and concentration."[18]

Hierbei handelt sich um den rationalen Denkmodus, bei dem Urteile aufgrund gründlicher Überlegungen, die eine gewisse Zeit erfordern, gefällt werden.

Beide Denkmodi haben entsprechende Vor- und Nachteile: Das rationale Überlegen des *Denkmodus 2* ermöglicht uns, ein Problem gründlich zu analysieren und wohlbedachte Entscheidungen zu treffen. Allerdings erfordert dies Konzentration und Zeit. *Denkmodus 1* hat den Vorteil, dass er kaum Zeit benötigt und geradezu mühelos abläuft. Dabei bedient sich dieser Modus einer Art kognitiver Faustregeln, sog. *Heuristiken* („heuristics"), die grundsätzlich nützlich, wenn nicht sogar notwendig sind, um komplexe Situationen im Alltag ohne großen Zeitaufwand zu meistern. Manchmal führt deren Anwendung aber zu schwerwiegenden *systematischen Fehlern* („biases").[19] So wie optische Wahrnehmungsverzerrungen Fehleinschätzungen der Realität bewirken können, haben mentale Heuristiken unter Umständen falsche Beurteilungen zur Folge.[20]

Im Folgenden werden die wichtigsten Heuristiken und die damit einhergehenden Verzerrungen, die – nebst der bereits erwähnten *Verlustaversion* – hinsichtlich der Prävention im Gesundheitswesen eine wichtige Rolle spielen, kurz erklärt. Häufig sind diese Verzerrungen gekoppelt mit mangelnder Willenskraft, was die Problematik noch verschärft.

a.) Unrealistischer Optimismus

Menschen überschätzen tendenziell ihre eigenen Fähigkeiten und die Möglichkeit, Einfluss auf bestimme Ereignisse zu nehmen, und unterschätzen systematisch die Wahrscheinlichkeit, dass sie von einem negativen Ereignis betroffen werden.[21] So schätzen bspw. die meisten Menschen die Wahrscheinlichkeit, einen Autounfall zu erleiden, deutlich tiefer ein, als sie für den durchschnittlichen Autofahrer

---

18 *Kahneman*, Thinking, Fast and Slow (Fn. 16), S. 21.

19 *Tversky/Kahneman*, Judgment under Uncertainty (Fn. 12), S. 1124.

20 *Chris Guthrie/Jeffrey J. Rachlinski/Andrew J. Wistrich*, Inside the Judicial Mind, in: Cornell Law Review, Bd.86 (2001), S. 777 ff., S. 780.

21 *Christine Jolls*, Behavioral Law and Economics, in: Alain Marciano (Hrsg.), Law and Economics, New York 2009, S. 71 ff.

tatsächlich ist.[22] Dieser *unrealistische Optimismus* („overoptimism") führt dazu, dass Menschen die Wahrscheinlichkeit positiver Ereignisse systematisch als zu hoch und das Eintreten negativer Ereignisse systematisch als zu tief einschätzen.

Ein weiteres Beispiel für den unrealistischen Optimismus stellt die Selbsteinschätzung von Studenten bei Befragungen zum individuellen Krankheitsrisiko dar: So gehen Studenten gemäß einer Studie davon aus, dass die Wahrscheinlichkeit, einen Herzinfarkt oder eine Krebserkrankung zu erleiden oder alkoholabhängig zu werden, bei ihnen selber bedeutend geringer ist als bei ihren Kommilitonen.[23] Dasselbe konnte man bei Rauchern feststellen: Sie kennen zwar die gesundheitlichen Risiken ihres Verhaltens, glauben jedoch, dass die Wahrscheinlichkeit, eine Lungen- oder Herzkrankheit zu bekommen, nicht höher oder sogar tiefer als bei Nichtrauchern ist.[24]

b.) Hyperbolisches Diskontieren

Beim *hyperbolischen Diskontieren* („hyperbolic discounting")[25] messen die Menschen den Konsequenzen gegenwärtiger Entscheidungen, die erst in der entfernten Zukunft eintreten, ein zu geringes Gewicht bei, was zu zeitinkonsistenten Präferenzen führen kann.[26] Diese Kurzsichtigkeit führt dazu, dass zu einem früheren Zeitpunkt getroffene Entscheidungen später bereut werden. Der Konsum von Süßigkeiten oder das Rauchen einer Zigarette dient der unmittelbaren Bedürfnisbefriedigung. In der langen Frist führen diese Verhaltensweisen jedoch oft zu unerwünschten Ergebnissen wie Fettleibigkeit sowie Lungen- und Kreislauferkrankungen.

Das Phänomen des hyperbolischen Diskontierens bietet eine Erklärung dafür, weshalb viele Menschen ihre Gesundheit schädigen, bspw. durch Rauchen[27] oder ungesunde Ernährung, oder weshalb sie aus eigenem Antrieb unzureichend für das Alter sparen.[28] Besonders akut ist die Problematik beim Suchtverhalten: Verschiedene Studien haben gezeigt, dass Drogenabhängige die langfristigen Folgen des Drogenkonsums im Vergleich zu Nichtabhängigen besonders stark

---

22 *David M. DeJoy*, The Optimism Bias and Traffic Accident Risk Perception, in: Accident Analysis and Prevention, Bd. 21 (1989), S. 333 ff.

23 *Thaler/Sunstein*, Nudge (Fn. 3), S. 53.

24 *Thaler/Sunstein*, Nudge (Fn. 3), S. 53.

25 Grundlegend *David Laibson*, Golden Eggs and Hyperbolic Discounting, in: The Quarterly Journal of Economics, Bd. 112 (1997), S. 443 ff.

26 *Thaler/Sunstein*, Nudge (Fn. 3), S. 107 ff.

27 *Jonathan Gruber*, Smoking's ‚Internalities', in: Regulation, Bd. 25 (2002), S. 52 ff., S. 54 f.

28 *Thaler/Sunstein*, Nudge (Fn. 3), S. 107 ff.

vernachlässigen und den gegenwärtigen Nutzen des Drogenkonsums gegenüber den möglichen Gesundheitsschäden in der Zukunft massiv überschätzen.[29]

c.) Status-Quo-Bias

In Entscheidungssituationen ist in der Regel die Beibehaltung des bisherigen Zustands eine der möglichen Optionen. Menschen neigen häufig zu dieser Option („status quo bias").[30] Dieser Effekt wird bspw. mit der Widerspruchslösung bei der postmortalen Organspende ausgenützt: Alle Menschen sind nach ihrem Tod grundsätzlich Organspenderinnen und Organspender, außer sie sprechen sich zu Lebzeiten ausdrücklich dagegen aus. Eine solche Regelung kann im Vergleich zur Zustimmungslösung, bei der eine Organentnahme nur bei ausdrücklicher Zustimmung möglich ist, zu erheblich mehr Spenderorganen führen. Viele Menschen erheben keinen Widerspruch, obwohl die Transaktionskosten für eine entsprechende Erklärung meist sehr gering sind.[31]

Als Ursache des *Status-Quo-Bias* werden verschiedene Ursachen aufgeführt. Eine mögliche Erklärung für den Status-Quo-Bias stellt der sog. *Besitzeffekt* („endowment effect") dar. Dieser besagt, dass Menschen den Wert einer Sache höher bewerten, wenn sie diese besitzen, als wenn sie sie nicht haben.[32] Ein weiteres, eng mit dem Besitzeffekt verwandtes Phänomen ist die bereits erwähnte *Verlustaversion*. Diese besagt, dass Individuen Verluste höher gewichten als Gewinne.[33] Eine wichtige Rolle spielt auch das sog. *Unterlassungsvorurteil* („omission bias"): Menschen stufen negative Ereignisse als gravierender ein, wenn sie durch

---

29 *Warren K. Bickel/Matthew W. Johnson*, Delay Discounting: A Fundamental Behavioral Process of Drug Dependence, in: George Loewenstein/Daniel Read/Roy F. Baumeister (Hrsg.), Time and Decision, New York 2003, S. 419 ff.; *Rudy E. Vuchinich/Cathy A. Simpson*, Hyperbolic Temporal Discounting in Social Drinkers and Problem Drinkers, in: Experimental and Clinical Psychopharmacology, Bd. 6 (1998), S. 292 ff.; *Gregory J. Madden/Nancy M. Petry/Warren.K. Bickel/Gary J. Badger*, Impulsive and Self-control Choices in Opiate-dependent Patients and Non-drug-using Control Participants: Drug and Monetary Rewards, in: Experimental and Clinical Psychopharmacology, Bd. 5 (1997), S. 256 ff.

30 *William Samuelson/Richard J. Zeckhauser*, Status Quo Bias in Decision Making, in: Journal of Risk and Uncertainty, Bd. 1 (1988), S. 7 ff.

31 *Cass R. Sunstein/Richard H. Thaler*, Libertarian Paternalism Is Not an Oxymoron, in: The University of Chicago Law Review, Bd. 70 (2003), S. 1159 ff., S. 1187 f.

32 *Daniel Kahneman/Jack L. Knetsch/Richard H. Thaler*, Experimental Tests of the Endowment Effect and the Coase Theorem, Journal of Political Economy, Bd. 98 (1991), S. 1325 ff.

33 *Kahneman/Tversky*, Prospect Theory (Fn. 10), S. 263 ff.

eine aktive Handlung verursacht wurden, als wenn sie von einer Unterlassung herrühren.[34] So empfinden es Eltern in der Regel als schlimmer, wenn ihr Kind durch eine Impfung krank wird, als wenn es eine Krankheit kriegt, die mit einer Impfung hätte verhindert werden können.[35]

d.) Verfügbarkeitsverzerrung

Die *Verfügbarkeitsverzerrung* („availability bias“) besagt, dass die subjektiv wahrgenommene Wahrscheinlichkeit für ein Ereignis umso größer ist, je leichter oder schneller man in der Lage ist, sich entsprechende Ereignisse vorzustellen oder in Erinnerung zu rufen.[36] So ist es möglich, dass das Urteil über die Wahrscheinlichkeit eines Verkehrsunfalls davon abhängt, wie lebhaft man sich ein solches Ereignis vorstellen kann. Dabei stehen eigene Erlebnisse im Vordergrund. Jemand, der kürzlich Zeuge eines schweren Verkehrsunfalls geworden ist, schätzt die Wahrscheinlichkeit derartiger Unfälle deutlich höher ein als jemand, der schon lange keinen Unfall mehr gesehen hat.[37] Zur individuellen kognitiven Verfügbarkeit kommt die allgemeine kognitive Präsenz von Verkehrsunfällen hinzu. Hierbei spielen die Medien eine zentrale Rolle. Der Umstand etwa, dass über Todesfälle im Zusammenhang mit Autounfällen eher berichtet wird als über Todesfälle als Folge von Krebserkrankungen, fördert die Vorstellung, dass mehr Menschen an den Folgen eines Verkehrsunfalls sterben als an Krebs. In Tat und Wahrheit ist es jedoch umgekehrt.[38]

e.) Darstellungseffekt

Zahlreiche Experimente haben gezeigt, dass die Art der Formulierung einer Aussage entscheidend sein kann, obwohl der Informationsgehalt beider Aussagen identisch ist („framing effect“).[39] Erklärt bspw. der Arzt dem Patienten, dass 90 von 100 Patienten, die sich einer bestimmten Operation unterziehen,

---

34 *Ilana Ritov/Jonathan Baron*, Status-Quo and Omission Biases, in: Journal of Risk and Uncertainity, Bd. 5 (1992), S. 49 ff., S. 59.

35 *Iliana Ritov/Jonathan Baron*, Reluctance to Vaccinate: Omission Bias and Ambiguity, in: Journal of Behavioral Decision Making, Bd. 3 (1990), S. 263 ff., S. 275.

36 *Tversky/Kahneman*, Judgment under Uncertainty (Fn. 12), S. 1127; *Jolls*, Behavioral Law and Economics (Fn. 21), S. 77.

37 *Helmut Jungermann/Hans-Rüdiger Pfister/Katrin Fischer*, Die Psychologie der Entscheidung. Eine Einführung, 3. Aufl., Heidelberg 2010, S. 173.

38 *Jungermann/Pfister/Fischer*, Die Psychologie der Entscheidung (Fn. 37), S. 174.

39 *Thaler/Sunstein*, Nudge (Fn. 3), S. 57.

nach fünf Jahren noch leben (positive Formulierung), führt dieser *Darstellungseffekt* zu einer höheren Operationsrate als bei der (inhaltlich identischen) Aussage des Versterbens von 10 von 100 Patienten im gleichen Zeitraum (negative Formulierung). Die Formulierung der Aussage hat mit anderen Worten einen Einfluss auf die Entscheidung des Patienten, sich dieser Operation zu unterziehen oder nicht.

3. Begrenzte Willenskraft

Im Bereich der Gesundheit wird die Problematik häufig noch verstärkt durch die *begrenzte Willenskraft* („bounded willpower"). In diesem Zusammenhang ist der berühmte Marshmallow-Test zu erwähnen: Vierjährigen Kindern wurde ein sog. Marshmallow (eine Süßigkeit) vorgesetzt mit der Möglichkeit, dieses gleich zu essen oder ein zweites Stück zu erhalten, wenn sie einige Minuten mit dem Konsumieren warten konnten. Die Fähigkeit zum Belohnungsaufschub bzw. die Impulskontrolle der Kinder stellte dabei einen zuverlässigen Indikator für deren späteren schulischen Erfolg dar.[40] Willenskraft spielt insbesondere auch im Bereich der Gesundheit eine wichtige Rolle: Infolge begrenzter Willenskraft werden oft gute Vorsätze nicht eingehalten, z. B. die Vorsätze, sich künftig gesünder zu ernähren, mit dem Rauchen aufzuhören oder mehr Sport zu treiben.

IV. Möglichkeiten der Verhaltenssteuerung

1. Übersicht

Grundsätzlich kommen verschiedene Methoden der Verhaltenssteuerung in Betracht. Eine erste Möglichkeit, Individuen vor suboptimalen Entscheidungen zu schützen, sind Gebote und Verbote. Eine zweite, weniger drastische Maßnahme, betrifft finanzielle Anreize. Eine dritte Möglichkeit stellt das sog. „Nudging" dar, bei dem das Verhalten des Individuums sanft in eine bestimmte Richtung „gestupst" wird.[41] Weitere Maßnahmen sind Information und Aufklärung sowie das Monitoring, bei dem das Verhalten der Menschen lediglich beobachtet und überwacht wird (siehe nachstehende Abbildung).

---

40 *Walter Mischel*, Der Marshmallow-Test. Willensstärke, Belohnungsaufschub und die Entwicklung der Persönlichkeit, 2. Aufl., München 2015.

41 *Thaler/Sunstein*, Nudge (Fn. 3), S. 106 ff.

Abbildung: Maßnahmen nach Interventionsgrad[42].

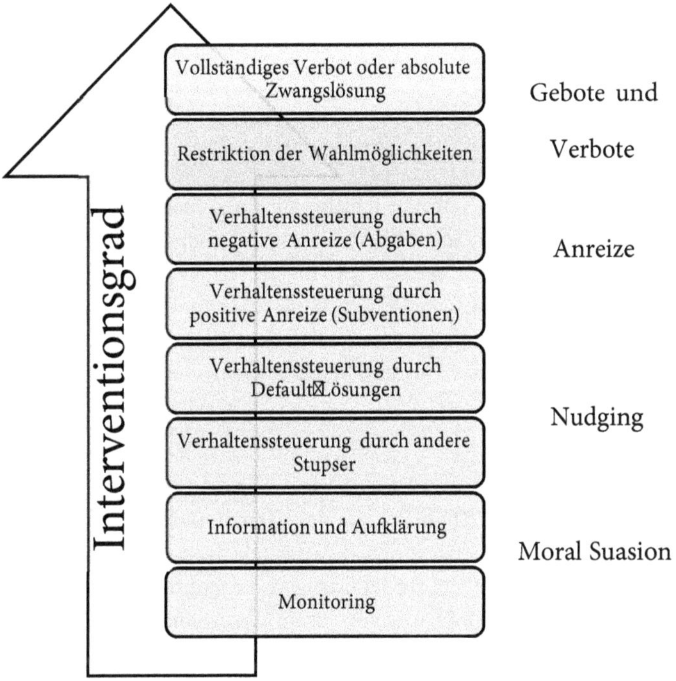

Verhaltenssteuernde Maßnahmen verändern die sog. *Entscheidungsarchitektur* („choice architecture“)[43] des Individuums. Richard H. Thaler und Cass R. Sunstein verstehen darunter die Rahmenbedingungen, unter denen eine konkrete Entscheidung getroffen wird.[44] Der Staat als *Entscheidungsarchitekt* soll die Architektur so ausgestalten, dass die Menschen für sich und die Gesellschaft möglichst optimale Entscheidungen treffen. In den Materialien zum deutschen Präventionsgesetz ist

42 Modifizierte Version einer Abbildung in: *Local Government Association*, Changing Behaviours in Public Health. To Nudge or to Shove?, S. 3; siehe: http://www.local.gov.uk/documents/10180/11463/Changing+behaviours+in+public+health+-+to+nudge+or+to+shove/5ae3b9c8-e476-495b-89b4-401d70e1e2aa (zuletzt abgerufen am 15. Januar 2016).

43 *Thaler/Sunstein*, Nudge (Fn. 3), S. 118 ff.

44 Dieses Instrument kann jedoch auch dazu verwendet werden, um das Individuum in eine politisch gewünschte Richtung zu lenken, was gegebenenfalls über eine bloße Entzerrung hinausgeht.

von einer „*Prävention in Lebenswelten*“[45] die Rede. Diese Zielsetzung lässt sich verhaltensökonomisch als bewusste Ausgestaltung der Entscheidungsarchitektur interpretieren, die dem Ziel dient, die Gesundheit der Bevölkerung zu verbessern.

2. Die einzelnen Instrumente

a.) Gebote und Verbote

Mit *Geboten und Verboten* können irrationale Entscheidungen von Anfang an unterbunden werden.[46] Im Gesundheitswesen stellt bspw. die Statuierung eines Impfzwangs für bestimmte Berufsgruppen (z.B. für Ärzte und Pflegepersonal) ein solches Gebot dar. Häufiger jedoch sind Verbote: Gefährliche Stoffe oder Produkte werden gar nicht zugelassen, weil einige Konsumenten, die das Gefährdungsrisiko infolge ihres unrealistischen Optimismus unterschätzen, sie erwerben würden.

b.) Anreize

Gemäß der neoklassischen Theorie kann das Verhalten der Menschen durch *Anreize* (Veränderung von Restriktionen, d.h. der relativen Preise und des Einkommens) beeinflusst werden (z.B. Besteuerung von alkoholischen Getränken und Tabakwaren oder Subventionierung von Fitnessabonnementen). Die Verhaltenssteuerung durch Anreize geht vom Modell des rationalen, eigennützigen Menschen aus, der bei Preisveränderungen sein Verhalten neu optimiert. Tendenziell werden teurer gewordene Güter weniger und günstiger gewordene Güter mehr konsumiert *(Substitutionseffekt).*

Wie stark Anreize durch Beeinflussung der relativen Preise tatsächlich wirken, hängt von der Preiselastizität der Nachfrage ab. Je preiselastischer die Nachfrage, desto wirksamer sind Preisänderungen. Bei Suchtpatienten ist die Preiselastizität der Nachfrage für die entsprechenden Substanzen in der Regel sehr gering. Ein besonderes Phänomen stellt außerdem der sog. *Verdrängungseffekt* („crowding out effect“) dar: Ein Anreiz als extrinsischer Motivationsfaktor kann die intrinsische Motivation der Menschen zerstören. Dieser Effekt kann bspw. eintreten, wenn für Blutspenden finanzielle Anreize geschaffen werden. Menschen, die aus Hilfsbereitschaft kostenlos gespendet haben, könnten ihre

---

45 Siehe: http://www.bmg.bund.de/fileadmin/dateien/Downloads/P/Praeventionsgesetz/141217_Gesetzentwurf_Praeventionsgesetz.pdf (zuletzt abgerufen am 15. Januar 2016).

46 *Jeffrey J. Rachlinski*, The Uncertain Psychological Case of Paternalism, in: Northwestern University Law Review, Bd. 97 (2003), S. 1165 ff., S. 1168.

innere Motivation verlieren und künftig nicht mehr oder nur noch gegen angemessene Bezahlung spenden.[47]

c.) Nudging

Eine Maßnahme gilt als „*Stupser*" („nudge"), wenn sie – falls überhaupt – nur vernachlässigbare Kosten für die betroffene Person verursacht und einen wesentlichen Einfluss auf deren Verhalten hat.[48] Stupser stellen bspw. sog. *Default-Regeln* dar wie z. B. die erwähnte Widerspruchslösung bei der postmortalen Organspende. Aber auch bei der Zustimmungslösung können Stupser eingesetzt werden: So konnte gemäß einer Studie die Bereitschaft, sich in eine Organspenderliste eintragen zu lassen, von 2,3% auf 2,9% gesteigert werden, wenn erwähnt wurde, dass sich bereits viele Tausende von Personen eingeschrieben hatten.[49]

Weitere Beispiele für Stupser sind Maßnahmen wie etwa die Platzierung gesunder Nahrungsmittel an gut sichtbaren Stellen in Kantinen oder das Anbringen von Fliegen-Stickern in Pissoirs zur Erhöhung der Hygiene.[50] Gemäß einer Studie konnte in einem Krankenhaus der Konsum von mit roten Labels gekennzeichnete Mahlzeiten wie z. B. Hamburgern um 20% verringert werden, währenddem bei den mit grünen Labels gekennzeichneten Nahrungsmitteln ein Konsumanstieg von 46% festgestellt werden konnte.[51] Um den Salzkonsum zu reduzieren, hat man in Kantinen Salzstreuer mit vielen kleinen statt wenigen großen Löchern zur Verfügung gestellt.[52] Um Individuen vor ihren eigenen irrationalen Entscheidungen zu schützen oder ihre kognitiven Schwächen gezielt zu nutzen, um sie in ihrem Verhalten in eine bestimmte Richtung zu lenken, stehen hauptsächlich zwei Strategien zur Verfügung: *Debiasing* und *Rebiasing*.

---

47 *Richard M. Titmuss*, The Gift Relationship. From Human Blood to Social Policy, hrsg. von Ann Oakley/John Ashton, 2. Aufl., New York 1997.

48 *Thaler/Sunstein*, Nudge (Fn. 3), S. 19.

49 *Benjamin G. Voyer*, ‚Nudging' Behaviours in Healthcare: Insights from Behavioural Economics, in: British Journal of Healthcare Management, Bd. 21 (2015), S. 130 ff.

50 *Olivier Oullier/Robert Cialdini/Richard H. Thaler/Sendhil Mullainatha*, Improving Public Health Prevention with a Nudge, in: Olivier Oullier/Sarah Sauneron (Hrsg.), Improving Public Health Prevention with Behavioural, Cognitive and Neuroscience, Paris 2010, S. 38 ff., S. 43.

51 *Anne Thorndike/Jason Riis/Lilian Sonnenberg/Douglas Levy*, Traffic-Light Labels and Choice Architecture, in: American Journal of Preventive Medicine, Bd. 46 (2014), S. 143 ff.; *Voyer*, ‚Nudging' Behaviours in Healthcare (Fn. 49), S. 10.

52 *Local Government Association*, Changing Behaviours in Public Health (Fn. 42), S. 8 (zuletzt abgerufen am 15. Januar 2016).

Durch *Debiasing*[53] wird versucht, mittels geeigneter Maßnahmen die kognitiven Anomalien abzuschwächen. Das Ziel ist dabei, den Menschen zur Möglichkeit rationaler Entscheidungsfindung zu verhelfen. Ein Beispiel stellt die Warnung auf gefährlichen Produkten dar. Aufgrund des unrealistischen Optimismus unterschätzen Konsumenten tendenziell das Risiko, das von gefährlichen Produkten ausgeht.[54] Komplizierte Packungsbeilagen, die zwar sachlich korrekt, aber in unübersichtlicher Weise die Risiken beschreiben, sind wenig geeignet, dem unrealistischen Optimismus-Bias entgegenzuwirken. Viel effektiver ist es, mit intuitiv verständlichen Symbolen zu arbeiten.[55] Es ist aber auch möglich, die kognitiven Defizite der Menschen gezielt zu nutzen, um dadurch ihr Verhalten in eine bestimmte Richtung zu lenken. Ein solches Vorgehen wird als *Rebiasing* bezeichnet. Irrationale Verhaltensweisen werden genutzt, um bestimmte gesellschaftliche Ziele zu erreichen.

Weil das Gehirn dem einfach Verfügbaren gegenüber dem schwierig Zugänglichen eine höhere subjektive Eintrittswahrscheinlichkeit zuordnet, kann der unrealistische Optimismus durch das Ausnützen der *Verfügbarkeitsverzerrung* erfolgreich eingedämmt werden.[56] Dies kann dadurch geschehen, dass der Gesetzgeber Unternehmungen dazu verpflichtet, beim Bewerben ihrer Produkte nicht nur die positiven, sondern auch – und ganz besonders – die negativen Eigenschaften herauszuheben.[57] Somit werden diese rascher abrufbar und dringen einfacher in das Bewusstsein vor, wodurch die negativen Eigenschaften nicht durch die positiven verdrängt werden, was dem Konsumenten ein ausgeglicheneres Urteil ermöglicht. In der Schweiz und in Deutschland bspw. müssen sowohl Warnungen als auch abschreckende Bilder auf Tabakprodukten angebracht werden (z. B. „Rauchen verursacht tödlichen Lungenkrebs" in Kombination mit einem Bild einer gesunden weißen sowie einer rauchgeschädigten schwarzen Lunge).[58] Damit kein Abnutzungseffekt eintritt und sich die Konsumenten nicht an die Warnungen und Bilder gewöhnen, sollten diese von Zeit zu Zeit ausgewechselt werden.[59]

---

53 Grundlegend *Christine Jolls/Cass R. Sunstein*, Debiasing Through Law, in: Journal of Legal Studies, Bd. 35 (2006), S. 199 ff.; zur Möglichkeit des *Debiasing* kognitiver Verzerrungen bei richterlichen Entscheidungen siehe *Mathis/Diriwächter*, Is the Rationality of Judicial Judgements Jeopardized by Cognitive Biases and Empathy? (Fn. 12), S. 63 ff.

54 *Jolls/Sunstein*, Debiasing Through Law (Fn. 53), S. 208.

55 *Jolls/Sunstein*, Debiasing Through Law (Fn. 53), S. 207 ff.

56 *Jolls/Sunstein*, Debiasing Through Law (Fn. 53), S. 209 f.

57 *Jolls/Sunstein*, Debiasing Through Law (Fn. 53), S. 216.

58 *Mathis/Steffen*, From Rational Choice to Behavioural Economics (Fn. 6), S. 43.

59 *Samuel Craig/Brian Sternthal/Clark Leavitt*, Advertising Wearout: An Experimental Analysis, in: Journal of Market Research, Bd. 13 (1976), S. 365 ff.

Der *Darstellungseffekt* gilt als einer der stärksten Einflüsse auf menschliche Entscheidungen.[60] Mit der Verlustaversion als Basis kann der Darstellungseffekt zusätzlich zur Verfügbarkeitsheuristik dazu genutzt werden, dem unrealistischen Optimismus entgegenzuwirken, indem die Formulierung eines bestimmten Sachverhalts möglichst konkret und persönlich den Schwerpunkt – statt auf mögliche Gewinne – auf die potenziellen Verluste legt. Tatsächlich hat eine Studie über Brustkrebsprophylaxe durch Selbstuntersuchung gezeigt, dass die Betonung der negativen Effekte bei Nichtdurchführung der Selbstprophylaxe eine signifikant höhere Verhaltensänderung bewirkt als die Betonung der positiven Effekte bei deren Durchführung.[61] Auf diese Weise kann sich der Darstellungseffekt in Verbindung mit der Verlustaversion besonders stark entfalten.

Je konkreter und persönlicher die Schilderung des Verlusts, desto größer ist der Darstellungseffekt.[62] Die private Antiraucher-Kampagne der American Legacy nutzt den Darstellungseffekt geschickt aus, indem sie authentische Abschiedsbriefe von Rauchern abdruckt: „To my children, I don't want you to be sad! Remember me, and forgive me for leaving you so soon. When it's over, mom will just be sleeping."[63] Durch das persönliche, emotionale Genre des Abschiedsbriefs, der das Negative unzweideutig herausstreicht, wird der Verlust emotional erfahrbar gemacht und der unrealistische Optimismus reduziert. Eine narrative, den Darstellungseffekt nutzende Kampagne hat den zusätzlichen Vorteil, dass das Gehirn ihr eine höhere (subjektive) Eintrittswahrscheinlichkeit zuordnet, da konkrete Tatsachenberichte einfacher merk- und abrufbar sind als Statistiken.[64]

d.) Moral Suasion

Ein wichtiges Mittel der Prävention im Gesundheitswesen ist die *Information und Aufklärung*, bspw. mittels Broschüren oder Plakatkampagnen. Dieser Maßnahme geht in der Regel ein *Monitoring* voraus, um die Informationsdefizite der Bürgerinnen und Bürgern zu eruieren. Kann ein solches Informationsdefizit festgestellt

---

60 *Ayanna K. Thomas/Peter R. Millar*, Reducing the Framing Effect in Older and Younger Adults by Encouraging Analytic Processing, in: The Journals of Gerontology, Series B: Psychological Sciences and Social Sciences, Bd. 67B (2011), S. 139 ff.

61 *Beth E. Meyerowitz/Shelly Chaiken*, The Effect of Message Framing on Breast Self-Examination: Attitudes, Intentions, and Behavior, in: Journal of Personality and Social Psychology, Bd. 52 (1987), S. 500 ff., S. 505.

62 *Jolls/Sunstein*, Debiasing Through Law (Fn. 53), S. 199 ff.

63 Siehe: http://women.americanlegacy.org/about/ads.cfm (zuletzt abgerufen am 15. Januar 2016).

64 *Mathis/Steffen*, From Rational Choice to Behavioural Economics (Fn. 6), S. 43.

werden, sollte sich die Behörde darauf beschränken, möglichst neutral zu informieren. Eine Information ist jedoch nie völlig neutral, da sprachlich immer eine Auswahl getroffen werden muss und der Darstellungseffekt zum Tragen kommt.[65] Aus diesem Grund können Informationen auch einen Nudging-Aspekt enthalten. Wenn der Staat zudem Informationen kostenlos zur Verfügung stellt, senkt dies die Informationskosten für diejenigen, die von der Information profitieren. Wenn sie die Kostenstrukturen verändern, können Informationen deshalb auch ein Anreizelement enthalten.

V. Libertärer Paternalismus

Das Instrument des Nudging wird gemeinhin unter dem Stichwort „*libertarian paternalism*" diskutiert. Das paternalistische Element dieses Konzepts besteht darin, die Entscheidungen von Individuen zu ihrem eigenen Wohl zu beeinflussen, weil sie ansonsten aufgrund der kognitiven Verzerrungen ihre eigenen Interessen nicht optimal wahren würden.[66] Der *libertäre Aspekt* ist darin zu sehen, dass es bei den eingesetzten Maßnahmen den Individuen prinzipiell freistehen soll, eine andere Option als die vom Gesetzgeber vorgesehene zu wählen.[67] Da beim Nudging das Individuum nicht zu einem bestimmten Verhalten gezwungen wird, handelt es sich um eine Form des weichen Paternalismus. Kritiker bemängeln allerdings, dass das Instrument *intransparent* und *manipulativ* sei.[68]

Befürworter des Nudging führen dagegen an, dass mit diesem Instrument der Nutzen nicht nur auf individueller, sondern auch auf gesellschaftlicher Ebene erhöht werden kann. Nudging stellt zudem ein *mildes Mittel* dar,[69] weil das Individuum weiterhin selber entscheiden kann.[70] Die Veränderung der

---

65 *Jolls/Sunstein*, Debiasing Through Law (Fn. 53), S. 232.

66 *Sunstein/Thaler*, Libertarian Paternalism Is Not an Oxymoron (Fn. 31), S. 1162.

67 *Sunstein/Thaler*, Libertarian Paternalism Is Not an Oxymoron (Fn. 31), S. 1161; *Cass R. Sunstein*, Why Nudge?, Yale 2014.

68 Siehe hierzu *Mark D. White*, The Manipulation of Choice – Ethics and Libertarian Paternalism, New York 2013; *ders.*, The Crucial Importance of Interests in Libertarian Paternalism, in: Klaus Mathis/Avishalom Tor (Hrsg.), Nudging – Possibilities, Limitations and Applications in European Law and Economics, Cham/Heidelberg/New York/Dordrecht/London 2016.

69 Siehe hierzu *Mark Schweizer*, Nudging and the Principle of Proportionality: Obliged to Nudge?, in: Klaus Mathis/Avishalom Tor (Hrsg.), Nudging – Possibilities, Limitations and Applications in European Law and Economics, Cham/Heidelberg/New York/Dordrecht/London 2016.

70 *Mathis/Steffen*, From Rational Choice to Behavioural Economics (Fn. 6), S. 44.

Entscheidungsarchitektur auf individueller Ebene ist deshalb der Eliminierung von Wahlmöglichkeiten (Verbot) in der Regel vorzuziehen.[71] In einem Rechtsstaat ist dabei darauf zu achten, dass staatliches Handeln auf einer *gesetzlichen Grundlage* zu beruhen hat und *transparent* sein muss. Nudging-Maßnahmen sind rechtlich außerdem aufgrund ihrer Wirkungsweise und Eingriffsintensität und mit Blick auf das tangierte Rechtsgut im Einzelfall zu beurteilen. Es kommt bildlich gesprochen darauf an, ob der „Stupser" aus dem Hinterhalt erfolgt, mit welcher Heftigkeit er verabreicht wird und in welche Richtung er zielt.[72] Fraglich ist dabei insbesondere, ob beim Nudging der *Grundrechtsschutz* zum Tragen kommt. Das Problem dürfte in der Regel darin bestehen, dass aufgrund der Milde der Maßnahme die Schwelle für die Bejahung eines Eingriffs in Grundrechte meist gar nicht erreicht wird.

Ferner gilt es zu bedenken, dass das durch kognitive Verzerrungen induzierte beschränkt rationale Verhalten in vielen Situationen möglicherweise ein geringes Übel darstellt und die Kosten ihrer Vermeidung die Höhe der Wohlfahrtseinbuße rasch übersteigen.[73] Wenn man zudem berücksichtigt, dass die Korrektur kognitiver Verzerrungen über das Ziel hinausschießen kann, ist dies nicht unwahrscheinlich. Eine Entzerrung durch das Recht sollte folglich nur geprüft werden, wenn der potenzielle Nutzengewinn auf individueller und gesellschaftlicher Ebene groß ist.[74] Zudem können Menschen ihre Fehler durch *Lernprozesse* häufig selber korrigieren.[75]

Schließlich muss daran erinnert werden, dass Behördenmitglieder nicht allwissend sind und weder über die tatsächlichen Präferenzen der Bürger genau Bescheid wissen noch selbst vor Eigennützigkeit oder Verzerrungen gefeit sind.[76] Insbesondere besteht die Gefahr, dass sich der Staat ein Wissen anmaßt, das er nicht hat.[77] Man könnte deshalb argumentieren, dass die verhaltensökonomisch

---

71 *Rachlinski,* The Uncertain Psychological Case of Paternalism (Fn. 46), S. 1224.

72 *Johannes Reich,* Verhaltensökonomische Revolution im europäischen und nationalen Verwaltungsrecht? – Potenziale und Grenzen des ‚Nudging', in: Giovanni Biaggini/Oliver Diggelmann/Christine Kaufmann (Hrsg.), Polis und Kosmopolis. Festschrift für Daniel Thürer, Zürich/St. Gallen 2015, S. 627 ff., S. 633 f.

73 *Jolls/Sunstein,* Debiasing Through Law (Fn. 53), S. 225 und S. 234.

74 *Jolls/Sunstein,* Debiasing Through Law (Fn. 53), S. 230.

75 *Jolls/Sunstein,* Debiasing Through Law (Fn. 53), S. 226; *Rachlinski,* The Uncertain Psychological Case of Paternalism (Fn. 46), S. 1206 ff.

76 *Sunstein,* Why Nudge? (Fn. 67), S. 158.

77 Vor diesem Problem warnte im Allgemeinen bereits Friedrich August von Hayek in seinem Vortrag „The Pretence of Knowledge" anlässlich der Verleihung seines Wirtschaftsnobelpreises am 11. Dezember 1974.

motivierte Steuerung einen Rückschritt vor die Zeit von Public Choice darstellt, in welcher der Staat noch als *wohlwollender Diktator* angesehen wurde. Der traditionelle Rational-Choice-Ansatz kann hier wertvolle Erkenntnisse liefern und stellt die Notwendigkeit und Zweckmäßigkeit staatlicher Maßnahmen grundsätzlich in Frage. Zu beachten ist jedoch, dass die staatliche Rahmenordnung die Entscheidungsarchitektur der Individuen immer beeinflusst und sie deshalb *nie neutral* ist, unabhängig davon, ob damit eine bestimmte Absicht verfolgt wird oder nicht.[78]

VI. Schlussfolgerungen

Aus der Sicht der traditionellen neoklassischen Ökonomie, die vom Modell des rationalen, eigennützigen *homo oeconomicus* ausgeht, kann das Verhalten der Menschen vor allem über *Anreize* beeinflusst werden. Man geht davon aus, dass die Individuen auf Veränderung der relativen Preise mit einer entsprechenden Verhaltensänderung reagieren, d.h. bei Preissteigerungen ihre Nachfragemenge reduzieren und bei Preissenkungen ihre Nachfragemenge nach dem jeweiligen Gut erhöhen. Entsprechend kann der Staat auf das Verhalten der Menschen durch die Erhebung von Abgaben oder die Gewährung von Subventionen Einfluss nehmen.

Die moderne Verhaltensökonomie hinterfragt insbesondere die Rationalitätsannahme des neoklassischen Modells und fokussiert auf die kognitiven Anomalien der Menschen. Durch eine bewusste Ausgestaltung der *Entscheidungsarchitektur*, d.h. den Bedingungen, unter denen die Menschen ihre Verhaltensweisen wählen, kann der Staat das Verhalten seiner Bürgerinnen und Bürger beeinflussen; sie werden in eine bestimmte Richtung „gestupst" (*Nudging*). Dabei kann einerseits versucht werden, die kognitiven Verzerrungen der Menschen zu korrigieren (*Debiasing*), oder es können andererseits die kognitiven Defizite ausgenutzt werden, um die Menschen in eine gewünschte Richtung zu lenken (*Rebiasing*).

Nudging kann dazu verwendet werden, die Rationalität der individuellen Entscheidungen zu erhöhen, um auf diese Weise sowohl den individuellen Nutzen als auch die gesellschaftliche Wohlfahrt zu erhöhen. Das Instrument kann jedoch auch dazu benutzt werden, um die Menschen zu einem gesellschaftlich gewünschten Verhalten zu bewegen, selbst wenn sie dies gar nicht wollen oder es nicht in ihrem Interesse ist. Infolge dieser Paternalismus-Problematik handelt es sich beim Instrument des Nudging um ein *zweischneidiges Schwert.*

---

78 *Mathis/Steffen*, From Rational Choice to Behavioural Economics (Fn. 6), S. 44 f.

Gert G. Wagner*

Kommentar: Verhaltenssteuerung durch Aufklärung, Anreize und „Nudging“: Prävention im Gesundheitswesen aus verhaltensökonomischer Perspektive

Compared to neoclassical economics, nudging can rather be regarded as a newfangled hype with minor importance (I.). Nevertheless, nudging encounters us in various ways (II.). This leads to the question whether we really know how to deal with disease prevention and health or medical treatments to justify nudging (III.). The paper concludes by recommending to improve the competence of the people regarding their healthcare behavior instead of focusing on nudging (IV).

I. Einleitung

Die „Theorie“ des Nudging[1] ist – im Vergleich zum Mainstream der Volkswirtschaftslehre, der neoklassischen Ökonomie – als ein Hype[2] anzusehen (I.). Denn „ge-nudged“ wird schon immer und in vielen Lebensbereichen begegnen „Nudges“ uns täglich auf die unterschiedlichste Art und Weise (II.). Daraus ergibt sich die Frage, was wir eigentlich im Hinblick auf gesundheitliche Prävention und gesundheitliche oder medizinische Behandlungen wissen, um staatliches Nudging oder Nudging durch gesetzliche Krankenkassen zu rechtfertigen (III.). Der Beitrag schließt mit der Empfehlung die Kompetenz der Menschen hinsichtlich gesundheitsförderlichen Verhaltens zu verbessen statt mehr zu nudgen (IV.).

---

* Großer Dank gilt *Jonas Bördner*, der den Tonbandmitschnitt des Kommentares exzellent zusammengefasst und um Literaturhinweise ergänzt hat. Der Beitrag wurde vom Autor im Anschluss gründlich überarbeitet. *Jonas Bördner* ist Wissenschaftlicher Mitarbeiter am Institut für Europäische Gesundheitspolitik und Sozialrecht (ineges) der Goethe Universität Frankfurt am Main.

1 Zum Begriff des Nudging: *R. Thaler, C. Sunstein,* Nudge – Improving Decisions About Health, Wealth, and Happiness 2009.

2 So auch *K. Mathis,* Verhaltenssteuerung durch Aufklärung, Anreize und „Nudging“ – Prävention im Gesundheitswesen aus verhaltensökonomischer Perspektive, in diesem Band.

II. Welche Rolle spielt Psychologie in der (neoklassischen) Ökonomie

Neoklassische Ökonomie ist der Mainstream der Volkswirtschaftslehre. Fast alles, was wir an Wirtschaftsanalysen täglich in der Zeitung lesen können, basiert auf diesem Ansatz, der die Bedeutung von Flexibilität, zum Beispiel von Löhnen und Güterpreisen, zur Findung von wirtschaftlichen Gleichgewichten betont.

Die Neoklassik betont, dass sie die Welt auf Basis rationalen menschlichen Handelns erklären kann. Für „Nudging" gibt es weder Platz noch eine Notwendigkeit. Schaut man genau hin, steckt allerdings auch eine ganze Menge an Psychologie im neoklassischen Paradigma. Dies wird der Kommentar im Folgenden zeigen – und damit wird die ökonomische Basis für die *grundsätzliche* Sinnhaftigkeit von Nudging gelegt. Wobei Juristen als Zuhörer des Vortrags und Leserinnen selbst am besten wissen: wenn etwas grundsätzlich möglich ist, muss es nicht auch erfolgen und es muss schon gar nicht die Regel werden.

Die Rationalitätsannahme der neoklassischen Theorie ist ohne Zweifel ein psychologisches Konzept. Und weitere große Anteile an Psychologie stecken in den grundlegenden Annahmen der Volkswirtschaftslehre. Etwa in der Annahme des sogenannten „abnehmenden Grenznutzens". Dabei wird unterstellt, und das ist in den meisten Fällen auch empirisch sinnvoll, dass der Nutzen, den wir aus einem Gut oder einer Dienstleistung ziehen, umso kleiner wird, je mehr wir von diesem Gut bereits zur Verfügung haben. Ein Standardbeispiel aus den Grundstudiumsvorlesungen ist der Nutzen alkoholhaltiger Getränke. So ist für den Konsumenten der Nutzen der ersten fünf Biere – es ist Ihnen überlassen, ob es sich dabei um große oder kleine handelt – in der Regel positiv. Ab einer bestimmten Anzahl von Bieren nimmt jedoch der Grenznutzen ab und fällt irgendwann ins Negative. Frankfurter Apfelwein ist freilich ein Getränk, bei dem der Grenznutzen erst einmal ansteigt, denn in der Regel schmecken die ersten beiden Gläser nicht. Man muss schon ein paar Gläser getrunken haben, bis man sich an den sauren Geschmack gewöhnt hat und zum Genuss übergehen kann. Die Schlussfolgerung daraus lautet also: das Konzept des Grenznutzens ist kein abstraktes, sondern ein empirische gesättigtes. D.h. reines theoretisieren hilft nicht weiter, sondern man muss wissen, ob beispielsweise über Bier oder Apfelwein geredet wird, um den Verlauf der Nutzenentwicklung beschreiben zu können.

Im Zusammenhang dieses Kommentars ist es aber wichtiger zu wissen, dass man aus dem abnehmenden Grenznutzen auch risikoscheues Verhalten ableiten kann, das für die meisten Menschen zutrifft: substanzielle Risiken werden eher gescheut als gesucht, denn ein riskanter möglicher Zugewinn wird weniger Grenznutzen bringen als ein gleich großer Verlust an Nutzverlust bringt.

Versicherungen und Sozialversicherungen beruhen auf dieser risikoscheuen Einstellung.

Wenn also viele Ökonomen gerne behaupten, dass sie eine harte Wissenschaft betreiben, die nichts mit Psychologie zu tun habe, entspricht dies nicht einer nüchternen Betrachtung. Ökonomik im Allgemeinen und der neoklassische Ansatz im Besonderen basieren auf massiven Annahmen über die psychologische Ausstattung von Menschen; der abnehmende Grenznutzen ist wahrscheinlich die prominenteste Annahme und auch eine sehr gewichtige und empirisch vielfach bestätigte Annahme. Eine im Zusammenhang dieser Tagung relevante Frage ist nun inwieweit eine weitere Annahme der Neoklassik empirisch zutrifft, nämlich die Rationalität menschlichen Handelns beim Umgang mit knappen Ressourcen.

III. Nudging im Alltag

Was ist nun eigentlich das besondere an Nudging? Ist es nicht so, dass, egal was der Staat an Regelungen vorgibt, er einen immer in eine bestimmte Richtung stupst? Auch wenn der Staat nicht aktiv stupst, dann stupst er passiv. Man kann das auch „Freiheit“ nennen.

Nuding soll das empirisch bekannte Problem verkleinern, dass Menschen sich nicht unbedingt gerne für eine Option entscheiden, die ihnen kurzfristig Nutzen kostet und nur mittel- oder langfristig einen höheren Grenznutzen bringt. Denn der Nutzenverlust ist real, der künftige Nutzengewinn fraglich. Unabhängig von der Frage, ob diese „Gegenwartspräferenz“ nun rational oder irrational ist (wie Ökonomen faktisch vielfach unterstellen), stellt sich die Frage wie man als Staat damit umgeht, wenn klar ist, dass es unumgänglich ist, dass Menschen für die Zukunft vorsorgen. Wenn der Staat keine Vorsorgepflicht einführen will (was er für gesetzlich Versicherte tut), dann kann er, ohne die Entscheidungsfreiheit zu beschneiden, in die „richtige“ Richtung stupsen. Etwa durch die Subventionierung der Beiträge zur Riester-Rente, die wichtig ist, um für Klein- und Mittelverdiener künftige Altersarmut vorzubeugen (warum der Staat dies nicht durch eine Ausweitung der Vorsorgepflicht im Rahmen der gesetzlichen Rentenversicherung tut, ist eine naheliegende interessante Frage, die aber hier nicht zur Debatte steht).

Mit anderen Worten: private Altersvorsorge in Deutschland ist freiwillig; aber es wird mit Hilfe von Zuschüssen und steuerlichen Anreizen in Richtung privater Riester-Altersvorsorge „genudged“. Die relevante Frage ist nicht, ob genudged wird, sondern ob der Stups – gemessen am Ziel, eine möglichst flächendeckende Riester-Penetration zu erreichen, um Altersarmut zu verhindern – ausreicht?

Will man systematisch(er) darüber nachdenken, dann muss man fragen, was eigentliche das Nudging ausmacht? Offensichtlich liegt der Kern darin, dass bestimmte Ziele erreicht werden sollen, die bislang nicht erreicht werden, so wie es sich der Nudgende vorstellt. Dabei verzichtet der staatliche Nudger auf gesetzliche Zwangs- bzw. Pflicht-Maßnahmen; so wie beim „riestern". Die Alternative wäre ja eine Versicherungs-Pflicht. Aber Pflichten – um den Begriff „Zwang" nicht zu gebrauchen – sind heutzutage ja nicht populär. Der Gesetzgeber stupst lieber – jedenfalls sagt er das gerne.

Der Begriff Nudge ist sehr populär, er wird auch vom Bundesjustizminister im Hinblick auf Verbraucherschutz benutzt. Aber die Beispiele sind immer dieselben. Allein das sollte bezüglich der Wirksamkeit weiteren Nudgings zu denken geben. Die Fliege auf der Herrentoilette, die dazu da ist, dass eine bestimmte Stelle anvisiert wird, wird gerne als erfolgreicher Stups genannt. Eine noch besser zielgerichtete Abwandlung davon ist das kleine Fußballtor mit Ball an einer Schnur im Becken. Offenbar auch ein Nudge.

Dass ein derart merkwürdiges Beispiel in der Literatur immer wieder gebracht wird, die Fliege bzw. das Tor und der Ball, den Mann treffen soll, macht das ganze schon verdächtig. Gibt es keine besseren Beispiele als die, die es längst gibt, aber nicht als Nudge bezeichnet werden? Etwa steuerliche Anreize vielfältigster Ausprägungen.

Gefühlt genauso oft wie das Toiletten-Beispiel wird als Beispiel für Nudging die Organspende angeführt.[3] Es sollten per Nudge Anreize für mehr Spenden gesetzt werden. Doch es gilt: egal wie man die Spendeneinwilligung ausgestaltet, genudged wird immer! Die herrschende Zustimmungslösung ist ein Nudge, nämlich ein kräftiger Stups keine Organe zu spenden. Der Widerspruchslösung (nur wer einen Ausweis mit sich trägt, der sagt, dass man nicht spenden will, wird ggf. nach dem Hirntod nicht zu einer Spende herangezogen) wäre ein Nudge in die andere Richtung. Wir lernen: was man als Nudge bezeichnet hängt davon ab, was die Gesellschaft will. Wenn sie mehr Organspenden will, dann wählt sie die Widerspruchslösung und man kann das als Nudge bezeichnen. Wenn der Gesellschaft Organspenden nicht so wichtig sind, dann wählt sie die Zustimmungslösung – dies hat aber, vermutlich weil es bereits immer so war, bislang aber noch niemand als Nudge bezeichnet. Klar ist freilich: in beiden Fällen wird eine gesellschaftliche Norm vorgegeben.

Noch einmal: Im Hinblick auf eine unübersehbare Fülle von menschlichen Entscheidungen wird vom Gesetzgeber – wenn er keinen Zwang anwendet – genudged. Insoweit scheint es unverständlich, warum so ein Hype um den Begriff Nudging entstanden ist. Vielleicht deswegen, weil er englisch ist und die allermeisten nicht so genau wissen, was Nudging eigentlich bedeutet. Unterstrichen wird die Bedeutungsschwere, wenn dann noch zusätzlich der Begriff *behavioral economics* fällt (statt Verhaltensökonomie – was auch immer das ist – zu sagen).

3 Vgl. dazu *K. Mathis* [Fn. 2].

IV. Nudging im Gesundheitswesen?

Stellt man nun die Frage nach Nudging im Bereich des individuellen Gesundheitsverhaltens, sollte man erst einmal im Anschluss an *Hajek*[4] die Frage stellen, wieviel Wissen wir uns als Gesellschaft eigentlich anmaßen können, wenn wir anfangen wollen anders zu nudgen als das gegenwärtig im Gesundheitswesen der Fall ist. Bislang dürfen wir noch ungestraft zur Süßspeise in der Kantine greifen und der gesunde Obstsalat wird nicht in allen Kantinen günstiger platziert als Süßigkeiten (um ein weiteres beliebtes Beispiel aus der Nudging-Literatur zu nennen). Wissen wir wirklich, dass Süßspeisen als Nachtisch die Arbeitnehmer krank machen?

Das Kernproblem – völlig unabhängig vom neumodischen Begriff Nudging – liegt im Bereich des Gesundheitswesens und insbesondere in der Prävention in der Frage: Was ist präventiv gut für unsere Gesundheit? Können wir das immer wissen? Falls nein, ist es schwer zu legitimieren, ein bestimmtes Verhalten durch „nudging“ zu erreichen. Nachfolgend dazu ein paar ausgewählte Beispiele.[5]

1. Body-Mass-Index (BMI)

Wenn wir das Ausmaß des Volksleidens „Übergewicht“ wegnudgen wollen, müssen wir zuerst einmal wissen was das optimale Körpergewicht ist. Was also das individuelle Gewicht ist, um sich wohl zu fühlen und möglichst lange gesund zu bleiben? Dazu heran gezogen wird gerne der einfach messbare BMI (Body-Mass-Index).[6] Das ist das individuelle Gewicht in Kilogramm dividiert durch das Quadrat der Körpergröße in Metern. Welcher BMI es anzustreben gilt, hat im Laufe der Zeit einen Wandel erlebt.

Lag der anzustrebende Maximalwert vor einiger Zeit noch bei 28 bzw. 30, wird inzwischen ein Wert zwischen 20 bis 25 vielfach empfohlen. Welcher Wert nun der gesündere ist, bleibt umstritten. Für Menschen im gehobenen Alter ist ein wenig Übergewicht – gemessen an den Radikalvorstellungen – wohl gut, da sie dann zuzusetzen haben, wenn es ernst wird.

Im Zusammenhang mit dem Präventionsgesetz geht es aber nicht in erster Linie darum, dass die Leute gesünder werden, sondern es geht darum, dass Kosten im Gesundheitswesen gespart werden. Selbst wenn man sich nur auf dieses

---

4 *Friedrich August von Hayek*, österreichischer Ökonom und Sozialphilosoph.

5 Die Beispiele stammen von *Gerd Gigerenzer*, Direktor der Abteilung „Adaptives Verhalten und Kognition“ sowie Direktor des Harding Zentrum für Risikokompetenz, beide am MPI für Bildungsforschung, Berlin.

6 Vgl zum Beispiel: http://www.edeka.de/rezepte-ernaehrung/tests-rechner/bmi-koeper gewicht-pruefen/index.jsp, zuletzt abgerufen am 17.01.2016.

instrumentelle Ziel (Kosten im Gesundheitswesen, das kollektiv organisiert ist) einlässt, bleibt die Frage bestehen, was „wirklich" der optimale Body-Mass-Index für Männer und Frauen in einem bestimmten Alter ist? Zu welchem genauen Ziel hin soll also genudged werden?

2. Bluthochdruck

Es gibt in den USA eine neue Studie, die besagt, dass der optimale Bluthochdruck für Risikopatienten bei dem oberen Wert auf unter 120 gedrückt werden sollte.[7] Die klinische Studie wurde sogar abgebrochen, weil die statistischen Ergebnisse so eindeutig seien, dass es nicht mehr verantwortbar sei, Leute in dieser klinischen Studie mit einem Blutdruck von 140 ohne Therapie riskant vor sich hin leben zu lassen. Was bedeutet dies für die Prävention im Hinblick auf einen optimalen und im Krankheitsfall „gut eingestellten" Blutdruck? Und für Nudging, das den Menschen helfen soll gesund zu leben.

Gemessen an den Empfehlungen der Medizin ist der maximal zulässige Blutdruckwert in den letzten Jahrzehnten deutlich nach unten gegangen.[8] Was wirklich für die Lebensfreude und die Lebenserwartung und das Minimieren von Kosten im Gesundheitswesen der optimale Blutdruck ist, weiß man aber nach wie vor nicht. Viele Ärzte tolerieren einen Blutdruck von 140 zu 90 (während maximal 130 zu 80 als optimal angesehen wird). Dass die Weltgesundheitsorganisation (WHO) Grenzwerte „verbindlich" festlegt, heißt nicht automatisch, dass diese Grenzwerte auch wirklich vernünftig sind.[9] Sollte vorsichtshalber in Richtung von 120 Millimeter systolischer (oberer Wert) Blutdruck, der nicht überschritten werden sollte, genudget werden? Oder wäre das verantwortungslos?

3. Präventive Untersuchungen

Ärzte und viele Verbände nudgen kräftig in Richtung präventiver Untersuchungen, um Krankheiten zu vermeiden oder frühzeitig bekämpfen zu können. Freilich: viele präventive Untersuchungen, die gemacht werden, sind nutzlos bis schädlich. Bei anlasslosen Präventionsuntersuchungen (etwa Prostata- und Brustkrebs) wird in der Regel (empirisch gut untermauert) argumentiert, dass durch die Untersuchungen das Risiko zu erkranken halbiert wird oder es zumindest um ein Viertel oder ein Drittel sinkt. Das hört sich nach viel an. Es sind aber in der Regel

---

7 Vgl. zu den Blutdruckwerten: https://www.blutdruckdaten.de/lexikon/blutdruckwerte-tabelle.html, zuletzt abgerufen am 17.01.2016.

8 Ebd.

9 Ebd.

Krankheiten, die ganz selten vorkommen; bei der eine oder bis etwa fünf Personen aus 1000 im Laufe des Lebens daran erkranken. Reduziert man durch präventive Untersuchungen die Zahl der Todesfälle um ein oder zwei Fälle, dann kann das durchaus eine 50 prozentige Reduzierung des *relativen* Risikos darstellen. Faktisch stirbt dann aber beispielsweise nur ein Mensch aus 1000 an dieser Krankheit statt zweier Tode, die es ohne präventive Untersuchung gegeben hätte. Die Reduktion des *absoluten* Risikos ist also wenig eindrucksvoll. Hinzu kommt das Problem, dass alle diese Untersuchungen für den Untersuchten riskant sind, da Fehler gemacht werden können. D. h. dass der präventive Test fälschlich eine Krankheit anzeigt und Nachfolgeuntersuchungen durchgeführt werden. Bis hin zu überflüssigen therapeutischen Eingriffen, die durch falschen Alarm ausgelöst werden. So ist das präventive Entfernen der Gebärmutter beispielsweise ein massiver chirurgischer Eingriff in den weiblichen Körper – mit allen damit verbundenen Gefahren. Bei *Gerd Gigerenzer* findet man noch mehr Beispiele, die belegen, dass Fehlalarme aufgrund präventiver Untersuchungen und anschließende überflüssige Eingriffe – seien es operative Eingriffe oder das lebenslange Einnehmen von Medikamenten, was auch wieder Nebenwirkungen verursachen kann – mehr Menschenleben und Lebensqualität kosten als die eigentliche Krankheit, um die es geht.[10] Wie sinnvoll ist Nuding in Richtung derartiger präventiver Untersuchungen?

4. Fazit

Um im eigenen Interesse liegende Verhaltensänderungen begreifen zu können, braucht man keine Nudges. Viel wichtiger sind ein Minimum an statistischer Ausbildung und Vorstellung.

Das wichtigste, was man als Mensch und potentieller Patient begreifen muss ist, dass die *relativen* Risiken, wie sie in der medizinischen Literatur und vielen Ratgebern zu finden sind, im Grunde an der lebenswirklichen Entscheidung, die wir zu treffen haben, komplett vorbei gehen. Die meisten Krankheiten kommen selten vor, die meisten ganz schlimmen Krankheiten kommen ganz selten vor.[11] Und bei den (extrem) seltenen Krankheiten ist selbst eine enorme Reduktion des relativen

10 Vgl. dazu *G. Gigerenzer* [Fn. 5].

11 Nebenbemerkung: Dass extrem gravierende Krankheiten selten vorkommen, insbesondere in jungen Jahren, die für die Fortpflanzung genutzt werden, kann man gut statistisch bzw. evolutionsbiologisch erklären. Die ganz schlimmen Krankheiten bzw. die, die Anlagen für die ganz schlimmen Erbkrankheiten getragen haben, haben sich im Laufe der Evolution weniger fortgepflanzt. Die gravierendsten Krankheiten sind ausgestorben, während die Alterskrankheit „Krebs“ zunimmt, da kein Selektionsdruck für deren Aussterben gesorgt hat.

Krankheitsrisikos wenig wert, eben weil die Krankheiten so selten vorkommen (minimales *absolutes* Risiko). Und unter Umständen ist das Ergebnis sogar negativ, weil die Vorsorgeuntersuchung selbst Nebenwirkungen haben kann und überflüssige medizinische Eingriffe und/oder Medikamentierungen nach der Vorsorgeuntersuchung noch viel gravierendere negative Folgen haben können. *Gigerenzer* geht beispielsweise davon aus, dass etwa zwei Drittel der Gebärmutterentfernungen komplett überflüssig sind, aber jede Menge negative Auswirkungen für die Frauen haben, die sich dieser Operation unterzogen haben.[12] Zu denen sagt der Arzt natürlich: „Seien Sie doch froh, hätten wir das nicht gemacht, wären Sie daran gestorben". Oder gar „Stellen Sie sich nicht so an, wenn Sie jetzt dieses und jenes Problem haben. Immerhin leben Sie noch." Zur Ehrenrettung der Ärzteschaft muss man freilich auch sagen: die meisten Ärzte haben nie erklärt bekommen, was der Unterschied zwischen einem relativen und einem absoluten Risiko ist. Das macht das Ärgernis eines schädlichen nudgens Richtung Vorsorgeprävention jedoch nicht kleiner.

So bleibt am Schluss die Frage: Wieviel wissen wir eigentlich im Bereich des Gesundheitswesens, um überhaupt verantwortlich Anreize – darunter sanfte „Nudges" – in Richtung Prävention zu setzen? Wissen wir nicht vergleichsweise wenig und das, was wir wissen, wird wiederum noch vielfach nahezu irreführend dargestellt? Wäre – anstelle eines neuartigen Nudgings – nicht eine neue, nämlich bessere Statistikausbildung in der Schule – und übergangsweise gezielte Erwachsenenbildung – sinnvoll? Etwa via Internet; wie der neugebildete Sachverständigenrat für Verbraucherfragen,[13] dem u.a. *Gerd Gigerenzer* und *Gert G. Wagner* angehören, vorschlagen (Januar 2016).[14] Damit wäre man selbst in der Lage sich gut über den aktuellen Stand des Wissens (der sich durchaus öfters ändern kann) zu informieren und abgewogene Entscheidungen für eine bessere persönliche Gesundheit, insbesondere durch Prävention, zu treffen.

---

12 Vgl. dazu *G. Gigerenzer* [Fn. 5].

13 Der Sachverständigenrat für Verbraucherfragen (SVRV) ist ein Beratungsgremium des Bundesministeriums der Justiz und für Verbraucherschutz. Er wurde 2014 vom Bundesminister der Justiz und für Verbraucherschutz, Heiko Maas, eingerichtet. Der Sachverständigenrat ist unabhängig und hat seinen Sitz in Berlin. http://www.svr-verbraucherfragen.de/svrv/der-sachverstaendigenrat-fuer-verbraucherfragen/, zuletzt abgerufen am 18.01.2016.

14 Gerd Gigerenzer, Kirsten Schlegel-Matthies und Gert G. Wagner, Digitale Welt und Gesundheit. eHealth und mHealth - Chancen und Risiken der Digitalisierung im Gesundheitsbereich, Veröffentlichung des Sachverständigenrates für Verbraucherfragen, Berlin 2016, http://www.svr-verbraucherfragen.de/wp-content/uploads/2016/01/Digitale-Welt-und-Gesundheit.pdf, zuletzt abgerufen am 02.02.2016.

Jan Henrik Klement

Primärprävention gegen Gesundheitsrisiken als Freiheitsrisiko: Prävention und Paternalismus

Public health prevention, e.g. information campaigns, is to a large extent compatible with the German constitution. The Prevention Act 2015 is, however, not justifiable under the welfare state principle. Public health prevention aiming to implement predefined values has to be funded by tax money rather than health insurance contributions.

I. Einleitung

Wir kennen die Gesundheit als instabilen Zustand[1], der nur durch ständige Leistung und auch durch sie niemals ganz erhalten werden kann. Das Gesetz zur Stärkung der Gesundheitsförderung und Prävention vom 17. Juli 2015[2] gibt dem schwächlichen Menschen nun wenigstens etwas Kräftigung und Halt. Die damit verwirklichte Reform des fünften Buches des Sozialgesetzbuches konkretisiert die schon bisher im Gesetz angelegten Ziele der Abwehr von Krankheit und der Vermeidung von Gesundheitsrisiken und akzentuiert außerdem die *Förderung* der Gesundheit. Deutlicher als zuvor wird damit ein gradueller Gesundheitsbegriff normiert: Die Krankheit ist nur der letzte dramatische Akt[3] eines schleichenden Prozesses. Gesundheit ist nicht nur die Abwesenheit von Krankheit, sondern die regulative Idee der Wellness. Zu finanzieren ist diese Politik von den gesetzlichen Krankenkassen und damit von den Beitragszahlern, deren Verhalten letztlich positiv beeinflusst werden soll.

Das gesetzliche Leitbild der Fitnessgesellschaft wird im neuen § 20 Abs. 3 SGB V formuliert. Der Idealmensch raucht nicht und trinkt nicht. Von Kindesbeinen an wird er gesund und maßvoll ernährt und bewegt sich viel. Er bildet „Kompetenzen“ in Sachen Leben und Gesundheit heraus, entscheidet als Patient souverän, altert gesünder und kann schließlich, so will es scheinen, nur durch einen dummen Zufall den Tod finden. Dieser Mensch verkörpert, wovon kostenbewusste Gesundheitspolitiker träumen und was dem Gesetz nach alle Menschen sein wollen sollen.[4] Doch muss der vernunftbegabte Mensch nicht *von alleine*

---

1 *Karl Kötschau,* Vorsorge oder Fürsorge? Auftakt einer Gesundheitslehre, 1954, S. 26.

2 BGBl. I-1368.

3 *Werner Altpeter,* Was ist Lebensreform?, 1939, S. 36 f.

4 Vgl. Bundesminister *Hermann Gröhe,* BT Plenarprotokoll 18/95, S. 9058.

wollen? Liegt es nicht an ihm, in der ständigen gesellschaftlichen Begegnung der verschiedenen Lebensentwürfe Einsicht in die Vorteile eines gesunden Lebensstils zu gewinnen oder eben auch nicht? Was gibt dem Staat das Recht, die Freiheit der Menschen nicht nur zu koordinieren, sondern, wie es der Bundestagsabgeordnete Rudolf Henke ohne den leisesten kritischen Unterton formulierte, ihre Lebensentwürfe „um[zu]bauen“[5]? Wir müssen uns diese spitzen Fragen nicht nur stellen, um Argumente für die juristische Auseinandersetzung zu sammeln, sondern auch, um rechtspolitische Orientierung zu gewinnen und nicht blind einen Schritt nach dem nächsten auf dem Weg in eine schöne neue Lebenswelt zu gehen.

Im Folgenden ist zunächst das Präventionskonzept des Präventionsgesetzes auszuleuchten (II.). Im Anschluss ist dem Verhältnis von Freiheit und Paternalismus unter dem Grundgesetz nachzugehen. Es ist zu zeigen, wie die Verfassung das Selbstbestimmungsrecht des Einzelnen vor staatlicher Bevormundung schützt, ohne aber ein absolutes Verbot paternalistischen Handelns zu statuieren (III.). Die Überlegungen münden in die im letzten Abschnitt zu beantwortende Frage, ob und in welchem Maße die Freiheitsgrundrechte das selbstbestimmte Leben gegen das Präventionsgesetz und die es vollziehenden Akte schützen (IV.).

II. Prävention und Gesundheitsförderung im SGB V

Das Ziel des fünften Buches des Sozialgesetzbuches lag von Beginn an nicht allein darin, erkrankten Menschen durch Leistungen der Solidargemeinschaft dabei zu helfen, nach ihrem Willen möglichst schnell und nachhaltig wieder gesund werden zu können. Seit Inkrafttreten des Gesetzes im Jahr 1988 ist es vielmehr gemäß § 1 Satz 1 unmittelbar die Aufgabe der Krankenversicherung, die Gesundheit der Versicherten zu erhalten, wiederherzustellen oder ihren Gesundheitszustand zu bessern. Es geht also zum einen nicht allein um (finanzielle) Unterstützung in der Not, sondern direkt um das Ideal der Gesundheit selbst, das Krankenversicherungen wie Versicherten positiv vorgegeben wird. Zum anderen erhebt das Gesetz den Anspruch, das Leben der Gesunden zu beeinflussen, dass sie so lange wie möglich gesund bleiben. Das SGB V hat diesen Anspruch im Laufe der Jahre mit wechselndem Nachdruck verfolgt und den Leistungen im Krankheitsfall ein System der Gesundheitsprävention vorgeschaltet. Das Präventionsgesetz intensiviert die Bemühungen in diese Richtung nun deutlich. Um das Gesetz besser zu verstehen, ist zwischen den Zielen, Modalitäten und Instrumenten der Gesundheitsprävention zu unterscheiden.

---

5 *Rudolf Henke*, MdB, BT Plenarprotokoll 18/112, S. 10773.

1. Ziele

Die der Erkennung und Heilung von Krankheiten vorausliegenden Ziele des Gesetzes nennt der neugefasste § 20 Abs. 1 Satz 1 SGB V. Einerseits geht es um die Verhinderung und Verminderung von Krankheitsrisiken (primäre Prävention) und andererseits um die Förderung eines selbstbestimmten gesundheitsorientierten Handelns der Versicherten (Gesundheitsförderung). Die primäre Prävention lässt sich weiter danach ausdifferenzieren, ob sie entweder die Gefahr einer bestimmten Erkrankung beziehungsweise eines schlechten Krankheitsverlaufs bannen oder aber den Einfluss gesundheitsgefährdender Faktoren auf das Leben des Einzelnen zurückdrängen soll. Im ersten Fall können wir von krankheitsbezogener Prävention sprechen, im zweiten Fall von risikobezogener Prävention. Die in § 20 Abs. 3 SGB V – nicht abschließend – formulierten Gesundheitsziele enthalten Konkretisierungen beider Unterarten, wobei die Grenzen naturgemäß fließend sind. Die Reduktion des Tabakkonsums und des Alkoholkonsums (§ 20 Abs. 3 Nr. 3, 8 SGB V) wirkt wie ein „Breitbandmedikament" zugunsten eines gesünderen Lebens und ist daher trotz einiger besonders deutlicher Korrelationen nicht spezifisch auf die Abwehr bestimmter Krankheiten bezogen. Ein noch klareres Beispiel für eine risikobezogene Prävention ist § 20 Abs. 3 Nr. 4 SGB V, der das allgemeine Ziel formuliert, Kindern ein gesundes Aufwachsen zu ermöglichen. Demgegenüber sehen § 20 Abs. 3 Nr. 1, 2 und 6 SGB V eine Vorsorge gegen die Volkskrankheiten Diabetes, Brustkrebs und Depression vor. Der Gesetzgeber hat gerade diese Krankheiten offenbar auch deshalb aufgegriffen, weil es ihm hier möglich erscheint, mit vergleichsweise geringem Aufwand relativ sichere Präventionserfolge zu erzielen.

Beide Arten der Prävention sind keine Erfindungen des Präventionsgesetzes. Sie gehen auf die Vorschriften über Gesundheitsförderung und Krankheitsverhütung zurück, die schon in der Urfassung des SGB V aus dem Jahr 1988[6] enthalten waren. In § 20 Abs. 1 SGB V hieß es damals: „Die Krankenkassen haben ihre Versicherten allgemein über Gesundheitsgefährdungen und die Verhütung von Krankheiten aufzuklären und darüber zu beraten, wie Gefährdungen vermieden und Krankheiten verhütet werden können". In Abs. 3 erlaubte es die genannte Vorschrift den Krankenkassen, in ihrer Satzung „Ermessensleistungen zur Erhaltung und Förderung der Gesundheit und zur Verhütung von Krankheiten" vorzusehen. Spezialgesetzliche Vorschriften zur krankheitsbezogenen Prävention sind seit jeher der Anspruch der Versicherten auf Schutzimpfungen (§ 20i SGB V) und auf medizinische Vorsorgeleistungen (§ 23 SGB V). Auch die risikobezogene

6 BGBl. I, S. 2477.

Prävention etwa durch Kurse zur Raucherentwöhnung oder Ernährungsberatung oder durch die Verhütung arbeitsbedingter Gesundheitsgefahren gehört zum Leistungskatalog der Gesetzlichen Krankenkassen, wobei dieses Präventionsziel wegen der oft wenig klaren und verallgemeinerungsfähigen Kausalzusammenhänge zwischen Risikofaktoren und Krankheiten nie unumstritten war und in der Praxis deshalb bisher zumeist mit kostenbewusster Zurückhaltung verfolgt wurde.

Ebenfalls nur auf den ersten Blick neu ist schließlich die durch das Gesetz nunmehr ausdrücklich neben die primäre Prävention gestellte Gesundheitsförderung. Zwar meint der – wie gesagt – seit 1988 unveränderte § 1 Satz 1 SGB V mit der Besserung des Gesundheitszustands ersichtlich eine Besserung im Zustand der Krankheit, wenn eine Wiederherstellung der Gesundheit nicht möglich ist. Schon der eben zitierte § 20 Abs. 3 der Urfassung des SGB V hat den Dualismus aus Krankheit und Gesundheit dann aber überwunden, wenn er von Leistungen nicht nur zur Erhaltung, sondern auch zur Förderung der Gesundheit spricht. Das Antlitz einer Innovation hat das neue Präventionsgesetz in dieser Hinsicht nur deshalb, weil das Ziel der Gesundheitsförderung dem SGB V zwischenzeitlich abhandengekommen war. Im Jahr 1996 hatte der Gesetzgeber die Klausel des § 20 Abs. 3 SGB V vollständig gestrichen, weil er die Nähe mancher Angebote der Krankenkassen zur „reinen Freizeitgestaltung“ für inakzeptabel hielt.[7] Für kurze Zeit – nämlich vom 1. Januar 1997 bis zum 31. Dezember 1999 – gestattete das Gesetz damit nur die in speziellen Vorschriften geregelten Formen der krankheitsbezogenen Primärprävention wie beispielsweise Schutzimpfungen sowie einige wenige Instrumente der risikobezogenen Primärprävention.[8] Zum 1. Januar 2000 wurde die genannte Einschränkung der Leistungsmöglichkeiten der Krankenkassen korrigiert. Das Gesetz ermöglichte seitdem wieder in einer allgemeinen Bestimmung Maßnahmen der primären Prävention (§ 20 Abs. 1 Satz 1 SGB V in der Fassung des Gesetzes vom 22.12.1999). Dabei erwähnte es zwar das nach heutigem gesetzlichem Sprachgebrauch von der Prävention zu unterscheidende Ziel der Gesundheits*förderung* nicht mehr ausdrücklich (Ausnahme: die

---

7 Bundesregierung, Begründung des Entwurfs eines Gesetzes zur Entlastung der Beiträge in der gesetzlichen Krankenversicherung, BT Drucks. 13/4615, S. 9. Neben den in der Gesetzesbegründung genannten Acrobic-Kursen, dem Indoor-Climbing und dem Bauchtanz ist hier allerdings auch an weniger Lebensfreude verbreitende Kursangebote zur Raucherentwöhnung, zur gesunden Ernährung oder zur Stressbewältigung zu denken (diese Beispiele schon bei Bundesregierung, Begründung des Entwurfs des Gesundheits-Reformgesetzes von 1988, BR Drucks. 200/88, S. 167).

8 Arbeitsbedingte Gesundheitsgefahren gemäß § 20 Abs. 1 SGB V 1997 sowie Förderung von Selbsthilfegruppen und Kontaktstellen gemäß § 20 Abs. 3 SGB V 1997.

betriebliche Gesundheitsförderung, § 20a SGB V 1999). Dafür fasste es jedoch den Präventionsbegriff entsprechend weiter. Gemäß § 20 Abs. 1 Satz 2 SGB V sollten Leistungen der primären Prävention den „allgemeinen Gesundheitszustand verbessern". Der Begriff der Prävention schloss seinerzeit also ein, was nach heutiger Terminologie der Gesundheitsförderung zuzuordnen wäre. Schon in der Vergangenheit wurden deshalb die inzwischen fast schon zur Alltagskultur gehörenden Yoga-Kurse und ähnliche Leistungen von Krankenkassen als erstattungsfähig anerkannt. Zu berücksichtigen ist in diesem Zusammenhang schließlich auch, dass der Grat zwischen Krankheitsvermeidung und Gesundheitsförderung ohnehin ein äußerst schmaler ist. Krankheitsrisiken lässt sich schwerlich entgegenwirken, ohne dadurch zugleich die Gesundheit zu fördern. Umgekehrt wirkt die Förderung der Gesundheit unvermeidlich Krankheitsrisiken entgegen (vgl. schon § 20 Abs. 1 Satz 2 SGB V a.F.).[9] Die Reduktion des Tabakkonsums lässt sich als unspezifischer Beitrag zur Erhaltung und Verbesserung somatischer Funktionen begreifen, aber auch als Vorsorge gegen Lungenkrebs. Im Ergebnis ist die abermalige Neubesetzung der Begriffe „primäre Prävention" und „Gesundheitsförderung" durch das Präventionsgesetz also wohl nur ein Glasperlenspiel, das der politischen Symbolpflege dienen mag, rechtlich aber nichts verändert. Mit etwas Wohlwollen wird man immerhin sagen können, dass das SGB V noch deutlicher als zuvor einen graduellen Gesundheitsbegriff normiert. Das Recht vollzieht damit endgültig nach, was sich in der deutschen Gesellschaft im Zuge der Popularisierung der Lebensreformbewegung[10] herausgebildet hat: Das Ausbrechen einer Krankheit ist der letzte dramatische Akt[11] eines schleichenden Prozesses. Gesundheit ist nicht die Abwesenheit von Krankheit, sondern das Ideal der Wellness, das zu erreichen der Mensch sich stets strebend bemüht.

2. Modalitäten

Das Gesetz kennt drei modale Grundansätze der Prävention. Die „verhaltensbezogene Prävention" (§ 20 Abs. 4 Nr. 1, Abs. 5 SGB V) ist der unmittelbar vom Gesetz oder den durch das Gesetz hierzu ermächtigten Krankenkassen an den

---

9 Zur Abgrenzung von Primärprävention und Gesundheitsförderung vgl. *Felix Welti,* in: Ulrich Becker/Thorsten Kingreen (Hrsg.), SGB V, 4. Aufl. 2014, § 20 Rn. 7; *Nina-Annette Reit,* in: Christian Rolfs u.a. (Hrsg.), Online-Kommentar Sozialrecht, Stand: 1. Juni 2015, § 20a SGB V Rn. 5.

10 Ausführlich *Florentine Fritzen,* „Gesünder Leben". Die Lebensreformbewegung im 20. Jahrhundert, 2006.

11 *Altpeter* (Fn. 3), S. 36 f.

Versicherten ausgesendete Impuls zu einem gesünderen Leben, insbesondere durch Kostenerstattungsansprüche für krankheitsabwehrende oder gesundheitsfördernde Verhaltensweisen wie beispielsweise die schon erwähnten Yoga-Kurse. Die betriebliche Gesundheitsprävention (§ 20 Abs. 4 Nr. 3 SGB V) dient dem Aufbau gesundheitsfördernder Strukturen am Arbeitsplatz (§ 20b Abs. 1 Satz 1 SGB V). Auch sie war im Kern schon in der Urfassung des SGB V von 1988 vorgesehen (§ 20 Abs. 2 SGB V 1988). Als echte Neuerung kann allein die Prävention in Lebenswelten bezeichnet werden (§ 20 Abs. 4 Nr. 2, § 20a SGB V). Die Krankenkasse erhalten den Auftrag, den „Aufbau und die Stärkung gesundheitsförderlicher Strukturen" in den Lebenswelten zu fördern (§ 20a Abs. 1 Satz 2 SGB V). Konzeptionell entspricht das dem hinter der betrieblichen Prävention stehenden Gedanken: Die Anreize für ein gesünderes Verhalten des Versicherten werden über die gesellschaftlichen Institutionen vermittelt und verstärkt (sog. Verhältnisprävention). Neu ist aber die Erweiterung dieses Ansatzes auf das gesamte menschliche Leben. Der auf den Phänomenologen Edmund Husserl zurückgehende Begriff der Lebenswelt,[12] den breitere Bevölkerungskreise wohl eher mit Botanik und Zoologie in Verbindung bringen, war dem Gesetz bisher nicht geläufig und muss wohl als Zeichen einer technokratischen Entfremdung des Gesetzgebers von eben jener Lebenswelt gedeutet werden. Gemäß der Legaldefinition sind Lebenswelten „für die Gesundheit bedeutsame, abgrenzbare soziale Systeme insbesondere des Wohnens, des Lernens, des Studierens, der medizinischen und pflegerischen Versorgung sowie der Freizeitgestaltung einschließlich des Sports".[13] Die Menschen sollen dort erreicht werden, wo sie leben, lernen, arbeiten.[14] Der Lebensweltansatz ist damit ausgesprochen weit. Man muss nicht Niklas Luhmann gelesen haben, um zu ahnen, dass sich jeder Lebenszusammenhang als „System" beschreiben lässt. Von der Settingorientierung verspricht sich die Politik, wie im Gesetzgebungsverfahren deutlich wurde, auch solche Menschen ansprechen zu können, die nicht ohnehin schon über ein hohes Gesundheitsbewusstsein verfügen[15] und die durch Broschüren, Flyer und Vorträge nicht erreicht

12 *Edmund Husserl,* Die Krisis der europäischen Wissenschaften und die transzendentale Phänomenologie. Eine Einleitung in die phänomenologische Philosophie, hrsg. von Elisabeth Ströker, 2012 [zuerst 1936], S. 111 ff.

13 § 20a Abs. 1 Satz 1 SGB V.

14 Bundesminister *Hermann Gröhe,* BT Plenarprotokoll 18/95, S. 9059.

15 Siehe *Barbara Steffens,* Ministerin für Gesundheit, Emanzipation, Pflege und Alter des Landes Nordrhein-Westfalen, BR Drucks. 930/33 f.; *Ingrid Fischbach,* Parlamentarische Staatssekretärin beim Bundesminister für Gesundheit, BR Drucks. 930/36 f.; *Hermann Gröhe,* Bundesminister für Gesundheit, BT Plenarprotokoll 18/95, S. 9058.

werden.[16] Dabei wird eine Korrelation mit dem verfügbaren Einkommen der Betroffenen behauptet. Die Prävention in Lebenswelten versteht sich mithin als Beitrag „zur Verminderung sozial bedingter Ungleichheit von Gesundheitschancen" (§ 20 Abs. 1 Satz 2 SGB V).[17]

Die Art und Weise der Wahrnehmung der Aufgabe der Prävention und Gesundheitsförderung wird vom Gesetz nicht näher vorgegeben. Das Präventionsgesetz betreibt in inhaltlicher Hinsicht nur das Agenda-Setting und formuliert vage Ziele (§ 20 Abs. 3 SGB V). Es verpflichtet die Krankenkassen aber in § 20 Abs. 6 SGB V, für jeden Versicherten jährlich einen bestimmten Betrag für Präventionsleistungen aufzuwenden – im Jahr 2016 sind es sieben Euro, von denen mindestens zwei Euro für die Prävention in Lebenswelten und die betriebliche Gesundheitsförderung einzusetzen sind. Die Dynamisierungsklausel in § 20 Abs. 6 Satz 4 SGB V koppelt die Präventionsleistungen für die weitere Zukunft an die Entwicklung der Beitragshöhe in der Krankenversicherung. Zur Übertragung des gesetzlichen Steuerungsimpulses werden die Handlungskompetenzen verschiedener Träger gebündelt und Zuständigkeitsgrenzen kooperativ überlagert. Die Krankenkassen und die übrigen Sozialversicherungsträger sowie ihre Spitzenorganisationen, Bundesbehörden, Länder, kommunale Spitzenverbände, Arbeitgeber, Arbeitnehmer und andere Akteure werden in ein kompliziertes organisatorisches Geflecht eingebunden. Eine plural besetzte nationale Präventionskonferenz erarbeitet und verwaltet eine nationale Präventionsstrategie (§§ 20d, 20e SGB V), die in Landesrahmenvereinbarungen konkretisiert und „umgesetzt" wird (§ 20f SGB V). Private Akteure werden mit der Erwartung konfrontiert, für ihre Lebenswelt „Verantwortung" zu übernehmen,[18] und sollen vertraglich in die Verwirklichung der Strategie eingebunden werden (§ 20a Abs. 1 Satz 3, Abs. 2, § 20b Abs. 1 Satz 2 SGB V). Zur Förderung des Gesundheitszwecks werden die Kanäle der Institutionen genutzt, in die der Mensch eingebunden ist und die sein Leben prägen. Die rechtlichen Gestaltungsmöglichkeiten, die hier aktiviert und zur Erhaltung und Förderung der Gesundheit „zusammengespannt" werden, sind beispielsweise das private Eigentum, das Direktionsrecht des Arbeitgebers, das Hausrecht des

---

16 *Helga Kühn-Mengel*, MdB, BT Plenarprotokoll 18/95, S. 9062.

17 Bundesregierung, Begründung des Entwurfs eines Gesetzes zur Stärkung der Gesundheitsförderung und der Prävention, BT Drucks. 18/4282, S. 35. Siehe zu diesem Zusammenhang auch *Stefan Huster*, Eigenverantwortung im Gesundheitsrecht, Ethik in der Medizin 2010, S. 289 (291).

18 So mit Blick auf die Arbeitgeber, die für die Lebenswelt „Arbeit" Verantwortung tragen sollen, Bundesregierung, Begründung des Entwurfs eines Gesetzes zur Stärkung der Gesundheitsförderung und der Prävention, BT Drucks. 18/4282, S. 35.

Schulleiters oder der Betreuungsvertrag. In einer Qualität, die selbst dem seit jeher in einer Zwischenschicht von Staat und Gesellschaft operierenden Gesundheitsrecht[19] bisher unbekannt war, wird die Verantwortung kollegialisiert, gestuft, gebrochen und verunklart. Der Gesetzgeber spinnt feine Fäden der Verhaltenssteuerung in die Krankenkassen und die Lebenswelten, ohne den Bundeshaushalt zu belasten. Für Beispiele gelungener Prävention wird er sich öffentlich loben lassen; bei Misserfolgen richtet sich der Zeigefinger auf andere Ebenen des Systems.

3. Instrumente

a) Pflicht und negative Sanktion

Die Instrumente der Prävention werden im Gesetz, wie schon angedeutet, nicht ausbuchstabiert. Rechtspflichten zur Gesunderhaltung oder Gesundheitsförderung enthält es ebenso wenig wie entsprechende Ermächtigungsgrundlagen. Einige Normen des SGB V setzen allerdings *ökonomische* Anreize zu einem gesünderen Leben, indem sie die ungesundere Verhaltensvariante mit Kosten belasten. Die neue behördliche Befugnis zum Ausschluss nicht geimpfter Personen aus Gemeinschaftseinrichtungen für Heranwachsende gemäß § 28 Abs. 2 Infektionsschutzgesetz (IfSG) kann Eltern dazu veranlassen, ihre Kinder impfen zu lassen. In ähnlicher Weise wirkt die gesetzlich normierte Möglichkeit, die Sorgeberechtigten, die gegenüber der Betreuungseinrichtung nicht pflichtgemäß nachweisen, dass eine bestimmten Anforderungen genügende ärztliche Beratung über den Impfschutz erfolgt ist (§ 34 Abs. 10a Satz 1 IfSG), zu einem behördlichen Beratungsgespräch zu laden (§ 34 Abs. 10a Satz 2 IfSG) und mit einem Bußgeld zu belegen (§ 73 Nr. 17a IfSG). Die Vorlage des Nachweises ärztlicher Beratung und das Erscheinen beim behördlichen Beratungstermin bringen der Gesundheit des Kindes unmittelbar keine Vorteile. Der Anreiz zur Impfung beruht vielmehr unter anderem auf der Lästigkeit des Beratungsgesprächs, die sich ökonomisch als Kostenfaktor begreifen lässt und ein der gesetzlichen Erwartung entsprechendes Verhalten attraktiver macht.

Die immer wieder einmal diskutierte Idee einer Sanktionierung des ungesunden Lebens von Rauchern, Fettleibigen und Risikosportlern durch höhere Krankenkassenbeiträge findet auch im Präventionsgesetz keine Berücksichtigung. Schon seit längerem ist in § 1 Satz 2, § 2 Abs. 1 Satz 1 SGB V immerhin das politische Schlagwort von der Eigenverantwortung der Versicherten in Gesetzesform

19 Vgl. *Peter J. Tettinger*, Verwaltungsrechtliche Instrumente des Sozialstaats, VVDStRL 64 (2005), S. 199 (224): „prozedural abgestützte Kompetenznetzwerke"; *Thorsten Kingreen*, Governance im Gesundheitsrecht, Die Verwaltung 42 (2009), S. 339 (344 ff.).

gegossen. Methodisch wäre es durchaus möglich und wohl sogar naheliegend, daraus eine gesetzesunmittelbare Pflicht zur Gesunderhaltung und eine Ermächtigung zu einer Einschränkung der Leistungen der Krankenkassen bei ungesunder Lebensweise herauszulesen. In der Rechtswissenschaft besteht gleichwohl überraschende Einigkeit, dass die Eigenverantwortung nur als Akt symbolischer Gesetzgebung ohne rechtsdogmatische Folgen zu verstehen ist.[20] Dahinter steht offenbar die – unausgesprochene und auf nicht erkennbaren Wegen in Rechtsdogmatik übersetzte – Befürchtung, eine ernstgenommene Eigenverantwortung sei ein Schritt zu einem Gesundheitsüberwachungsstaat, der auf der Grundlage unsicherer empirischer Zusammenhänge das Leben der Menschen steuert und die Solidarität in der Gesellschaft schwächt.[21]

b) Leistung und Nudging

Auch unter der Geltung des neuen SGB V werden Prävention und Gesundheitsförderung also im Wesentlichen durch positive (ökonomische) Anreize erfolgen.[22] In erster Linie geht es um Leistungsangebote, die in Einzelfällen gesetzlich vorgeschrieben, zumeist aber von den Krankenkassen satzungsrechtlich zu definieren sind.[23] Der Leistungsansatz wird auch bei der gesundheitsorientierten Gestaltung von Lebenswelten eine zentrale Bedeutung haben. Von der Einbettung des Leistungsanreizes in eine Lebenswelt verspricht sich der Gesetzgeber dabei zu Recht eine erhöhte Wirksamkeit. Während es nämlich bei der Individualprävention der freien Wahl des Einzelnen überlassen bleibt, ob er das Angebot – etwa eine Vorsorgeuntersuchung oder einen Sportkurs – für sich in Anspruch nimmt, kann seine Lebensweise mit Hilfe der Routinen der Lebenswelt sehr viel stärker beeinflusst werden. Auch hier wird es zwar Präventionsmaßnahmen geben, die sich als bloße Angebote an den Versicherten darstellen. Die Installation von Sportgeräten im Pausenhof einer Schule und das Angebot eines Fitnessprogramms am Arbeitsplatz unterscheiden sich nicht wesentlich von der Verhaltensprävention, mag es auch Dank der Mitwirkung der für die Lebenswelt Verantwortlichen gelingen, die individuellen Kosten der Inanspruchnahme der Leistung erheblich zu senken. In anderen Fällen

20 Siehe näher *Jan Henrik Klement,* Verantwortung, 2006, S. 223 ff.

21 Siehe *Huster* [Fn. 17], S. 292 ff.

22 Vgl. exemplarisch § 20 Abs. 1 Sätze 1 und 2, Abs. 2 Sätze 1–3, Abs. 4, Abs. 5 Sätze 1 und 5, § 20a Abs. 1 Satz 1, Abs. 2, Abs. 3, § 20 b Abs. 1 Satz 1, § 20d Abs. 3 Satz 1 SGB V.

23 Vgl. die Bezugnahme auf Leistungen als Steuerungsinstrument etwa in § 20 Abs. 1 Sätze 1 und 2, Abs. 2 Sätze 1–3, Abs. 4, Abs. 5 Sätze 1 und 5, § 20a Abs. 1 Satz 2, Abs. 2, Abs. 3, § 20 b Abs. 1 Satz 1, § 20d Abs. 3 Satz 1 SGB V.

werden die Lebenswelten hingegen von vornherein so gestaltet, dass der Einzelne dem gesunden Leben nicht oder nur mit hohen Kosten entkommen kann. Von besseren Leselampen an staatlichen Schulen profitieren die Schüler auch ohne einen eigenen Willensentschluss. Das Gleiche gilt für einen alternativlos gestalteten gesunden Speiseplan einer Kindertagesstätte. Die Möglichkeit, der Präventionsmaßnahme durch einen Wechsel der Schule oder der Kindertagesstätte oder durch Verweigerung der Nahrungsaufnahme zu entgehen, besteht zumeist nur auf dem Papier. Der Einzelne kann sich der Lebenswelt nicht oder nur mit erheblichen Kosten entziehen und wird es deshalb typischerweise akzeptieren, wenn sein Leben durch sie einen gesundheitsorientierten Rahmen erhält – selbst wenn ihm dieser Impuls bei isolierter Betrachtung unerwünscht ist. Eben deshalb ist der Lebensweltansatz für die Gesundheitsprävention interessant: Die Nutzung der Kompetenzen der für die Lebenswelt verantwortlichen Personen, die in die Präventionslogik eingebunden werden, ermöglicht es, die Präventionsleistungen in einen Entscheidungskontext zu platzieren, in welchem die Akzeptanz der die Vor- und Nachteile anhand der individuellen Präferenzen abwägenden Zielpersonen wahrscheinlicher ist.[24]

Dass die Wirkung hoheitlicher Steuerungsimpulse von der Umgebung abhängt, ist im Grunde eine triviale Einsicht. Wenn der Apfel in der Mensa direkt neben der Kasse platziert ist, während sich der Nahrungssuchende für den Schokoladenpudding erst noch andernorts anstellen muss, wird er zumindest seltener Pudding essen und vielleicht häufiger Obst. Die Wirksamkeit von Gesetzen und allgemein von hoheitlichen Steuerungsimpulsen ist von der Wirklichkeit abhängig, in die sie hinein wirken. Wer den Kausalkontext bestimmt, entscheidet auch über die Wirkungen und in diesem Sinne über die Inhalte des Rechts. Den Begriff des „Nudging", des „Anschubsens" menschlicher Entscheidungen, über den zurzeit so viel gesprochen wird,[25] brauchen wir *dafür* nicht.[26] Es wäre daher insbesondere

---

24 In diesem Sinne Bundesminister *Hermann Gröhe,* BT Plenarprotokoll 18/95, S. 9058: Zwar könne man gesundheitsbewusste Lebensstile nicht einfach anordnen. Aber man könne einen „Rahmen schaffen, der es den Menschen erleichtert, sich dieses Themas anzunehmen, der sie motiviert, etwas für die eigene Gesundheit zu tun".

25 *Richard H. Thaler/ Cass R. Sunstein,* Nudge. Improving Decisions about Health, Wealth, and Happiness, 2008; zur angeblich weltweiten Verbreitung dieses Ansatzes *Mark Whitehead u. a.,* Nudging all over the world, https://changingbehaviours.files.wordpress.com/2014/09/nudgedesignfinal.pdf, zuletzt abgerufen am 16.12.2015; zur Rezeption durch die Bundesregierung *Ulrich Smeddinck,* Der Nudge-Ansatz – eine Möglichkeit wirksam zu regieren?, ZRP 2014, S. 245 f.

26 Skeptisch zum Neuigkeitswert des Begriffs auch *Gunnar Folke Schuppert,* Nudging: nicht wirklich neu und auch – ohne Kontextualisierung – nicht weiterführend, in:

unnötig und irreführend, die Steuerung über Lebenswelten per se als „Nudging" zu bezeichnen. Die dieser Steuerungsform verschriebene, psychologisch inspirierte ökonomische Forschung hat nur insoweit einen gewissen Neuigkeitswert, als sie stärker als die klassischen Theorien des homo oeconomicus berücksichtigt, dass die Rationalität der Menschen zumindest im Alltag beschränkt ist. Diese Rationalitätsdefizite sollte der steuernde Staat, so lautet die Botschaft, bei seinen Entscheidungen berücksichtigen und produktiv nutzen. Beispielsweise hängen die Verkaufszahlen des Schokoladenpuddings angeblich auch davon ab, ob er am Buffet vor oder nach der Hauptspeise angeboten wird und ob er auf Augenhöhe oder nicht auf Augenhöhe des Betrachters steht. Andere Beispiele sind die Nutzung des menschlichen Spieltriebs durch Gesundheits-Apps, das in New York erlassene Verbots des Vertriebs süßer Getränke in mehr als 16 Unzen großen Bechern[27] oder die in Singapur verwirklichte Idee von „Healthier Choice"-Logos für Produkte und Gastronomiebetriebe.[28] Der Begriff des „Nudge" steht also für eine verhaltenswissenschaftlich neu aufgeklärte, das Bild des homo oeconomicus nicht verwerfende, aber verfeinernde Berechnung der Wirksamkeit hoheitlicher Steuerungsinstrumente. Dem Staat wird geraten, bei der Steuerung von vornherein stärker auf irrationale Verhaltensmuster zu setzen und diese anzustoßen, statt zu versuchen, die Restriktionen rationalen Verhaltens zu verändern. Es ist davon auszugehen, dass die verschiedenen Nudging-Instrumente in der nationalen Präventionsstrategie und in den Landesrahmenvereinbarungen eine große Rolle spielen werden. Bei nüchterner Betrachtung sollte man sich allerdings bewusst sein, dass die Grenzen zwischen Nudging und „einfacher" Kontextsteuerung fließend sind.

c) Information

Schon wegen der zwingend für Prävention zu verausgabenden finanziellen Mittel (§ 20 Abs. 6 SGB V) werden sich aller Voraussicht nach auch die Versuche einer Verhaltenssteuerung durch Information einer weiter wachsenden Bedeutung in

---

VerfBlog, 2015/4/16, http://verfassungsblog.de/nudging-nicht-wirklich-neu-und-auch-ohne-kontextualisierung-nicht-weiterfuehrend/, zuletzt abgerufen am 16.12.2015.

27 Der New York Supreme Court hat dieses Verbot zwischenzeitlich aus kompetenzrechtlichen Gründen für rechtswidrig erklärt. Dabei hat das Gericht allerdings ausdrücklich festgehalten: „Within the limits described above, health authorities may make rules and regulations for the protection of the public health and have great latitude and discretion in performing their duty to safeguard the public health." (http://www.courts.state.ny.us/reporter/3dseries/2013/2013_05505.htm, zuletzt abgerufen am 16.12.2015).

28 *Lavinia Low/Yee Yiling*, Using Behavioural Insights to Improve Individual Health Decisions, in: Donald Low (Hrsg.), Behavioural Economics and Policy Design, 2012, S. 127 (140).

der Gesundheitsprävention erfreuen.[29] Dabei ist der Informationsbegriff weit zu verstehen. Eine Information kann das Wissen der Krankenkassen und der übrigen Akteure der Gesundheitsverwaltung über für die Gesundheit relevante Tatsachen und Tatsachenzusammenhänge, aber auch Werturteile über Verhaltensweisen und Lebensentwürfe, zum Gegenstand haben. Eine scharfe Unterscheidung dieser Informationsinhalte zwischen beiden Arten der Information wird in der Praxis der Gesundheitsaufklärung kaum möglich sein. Bei Kampagnen gegen das Rauchen mit Slogans wie „Cool sein ohne Kippe" nimmt der Staat schon seit einiger Zeit für sich in Anspruch, nicht nur über die bessere Tatsachenkenntnis zu verfügen, sondern Lebensstile zu bewerten und in der Gesellschaft durchsetzen zu dürfen. In ähnlicher Weise wird das Gesundheitsamt bei der Pflichtberatung über den Impfschutz nicht nur über die Wahrscheinlichkeit einer Erkrankung und deren Verlauf mit und ohne Impfschutz informieren. Es wird auch seine Überzeugung kundtun, dass ein Leben mit Impfung einem Leben ohne Impfung vorzuziehen ist. Wissensvermittlung, Überzeugungsarbeit und vielleicht sogar Erziehung werden Hand in Hand gehen. Trotz dieser engen Verbindung sollte aber zwischen Wissensvermittlung und Werturteil unterschieden werden. Das Bundesverfassungsgericht entnimmt dem Grundgesetz zwar kein generelles Gebot staatlicher Meinungsneutralität.[30] Dessen unbeschadet muss das staatliche Werturteil über Formen der Ausübung der grundrechtlich geschützten Freiheit in einer Verfassungsordnung, die auf der Unterscheidung von Gesellschaft und Staat gründet,[31] aber doch die rechtfertigungsbedürftige Ausnahme

---

29 Zur Bedeutung hoheitlicher Informationen im Sozialverwaltungsrecht schon *Eberhard Schmidt-Aßmann,* Zur Reform des Allgemeinen Verwaltungsrechts, in: Wolfgang Hoffmann-Riem/Eberhard Schmidt-Aßmann/Gunnar Folke Schuppert (Hrsg.), Reform des Allgemeinen Verwaltungsrechts, 1993, S. 11 (33); verallgemeinernd *Christian Bumke,* Publikumsinformation, Die Verwaltung 37 (2004), S. 3; *Ino Augsberg,* Informationsverwaltungsrecht, 2014, S. 195 ff.; aus wirklichkeitswissenschaftlicher Sicht *Klaus König/Nicolai Dose,* Klassifikationsansätze zum staatlichen Handeln, in: dies. (Hrsg.), Instrumente und Formen staatlichen Handelns, 1993, S. 1 (102 ff.). – Einen Eindruck von der Vielfalt schon heute verwirklichter Informations- und Erziehungskampagnen auf dem Feld der Gesundheitspolitik gibt der vom Bayerischen Staatsministerium für Gesundheit und Pflege herausgegebene Bayerische Präventionsplan aus dem Jahr 2015, abrufbar unter http://www.bestellen.bayern.de/, zuletzt abgerufen am 16.12.2015.

30 Siehe nur zur Informations- und Öffentlichkeitsarbeit der Bundesregierung BVerfG, EuGRZ 2015, S. 83 (Rn. 39 f.).

31 *Ernst-Wolfgang Böckenförde,* Die Bedeutung der Unterscheidung von Staat und Gesellschaft im demokratischen Sozialstaat der Gegenwart, in: *ders.*, Recht, Staat, Freiheit, 1991, S. 209 [zuerst 1972].

sein.[32] Der Staat kann nur insoweit als Instrument in den Händen der Bürger verstanden werden,[33] wie seine Aktivitäten darauf beschränkt sind, die gesellschaftlich gebildeten individuellen Lebensentwürfe äußerlich miteinander vereinbar zu machen. Er bewältigt in den Formen des Rechts die Pluralität der Werturteile und inneren Einstellungen der Menschen, die ihm als solche vorgegeben und seiner Einflussnahme entzogen sind.

4. Fazit

Das Präventionsgesetz geht mit der Etablierung einer flächendeckenden Prävention in „Lebenswelten" einen deutlichen Schritt von einem im Wesentlichen auf die Eigenverantwortung der Versicherten vertrauendem Präventionskonzept zu einer staatlich gelenkten und verwalteten Gesundheitsvorsorge. Auch wenn der für Prävention und Gesundheitsförderung von Gesetzes wegen einzusetzende Geldbetrag wohl kaum für eine grundlegende Umgestaltung aller Lebenswelten ausreichen dürfte, werden sich die gesetzlich Versicherten – und mit ihnen unvermeidlich auch viele nicht gesetzlich Versicherte – doch vermehrt Versuchen zu einer Beeinflussung ihres Verhalten durch Leistungsangebote, aber auch durch eine zieladäquate Umgestaltung der äußeren Bedingungen ihres Alltags ausgesetzt sehen. Zudem wird eine Lawine neuer Informationskampagnen auf die Bürger zurollen.

III. Freiheit und Paternalismus unter dem Grundgesetz

1. Paternalismus als Verfassungsbegriff

Als paternalistisch wird eine Ordnung bezeichnet, die es erlaubt, einem Einzelnen auch ohne oder sogar gegen seinen Willen etwas Gutes zu tun.[34] In den Diskursen der Moderne ist der Begriff des Paternalismus als Negativbegriff geboren. Die

---

32 Siehe hierzu noch unten Fn. 55.

33 *Ernst-Wolfgang Böckenförde,* Der Staat als sittlicher Staat, 1978, S. 12: Staat als „Zweckeinrichtung".

34 Vgl. *Immanuel Kant,* Über den Gemeinspruch: Das mag in der Theorie richtig sein, taugt aber nicht für die Praxis, in: Akademie Textausgabe, Bd. VIII, 1968, S. 290 [zuerst 1793]: „Niemand kann mich zwingen, auf seine Art (wie er sich das Wohlsein anderer Menschen denkt) glücklich zu sein, sondern ein jeder darf seine Glückseligkeit auf dem Wege suchen, welcher ihm selbst gut dünkt, wenn er nur der Freiheit Anderer, einem ähnlichen Zwecke nachzustreben, [...] nicht Abbruch tut"; *John Stuart Mill,* Über die Freiheit, 1974, S. 16 [zuerst engl. 1859]; *Gerald Dworkin,* Paternalism, in: Stanford Encyclopedia of Philosophy, http://plato.stanford.edu/entries/paternalism/, zuletzt abgerufen am 16.12.2015; *Horst Eidenmüller,* Liberaler Paternalismus, JZ 2011, S. 814 (815).

positiven Gegenstücke heißen seit der Aufklärung Freiheit und Selbstbestimmung.[35] Der Wille des Menschen steht für sich, bedarf keiner Begründung und ist der höchste und einzige Zweck jedes Kollektivs. Kein „Pater", keine göttliche Sendung, nicht die Vernunft der Natur, kein über den Einzelnen hinausweisender Sinn des Ganzen rechtfertigt die gesellschaftliche Ordnung und die mit ihr verbundenen Freiheitsbeschränkungen. Die vorrechtliche Verbindlichkeit des Gesellschaftsvertrags, in dem die individuellen Willen zusammenfinden,[36] wurde damit zum Axiom der modernen Staatsphilosophie:[37] Die Menschen vereinen sich aus freien Stücken in einem Verband, gründen einen Staat, unterwerfen sich den Befehlen einer Rechtsordnung, weil sie sich davon, jedenfalls auf das Ganze besehen, individuelle Vorteile und vor allem Frieden[38] erhoffen. Die Ökonomie macht die gleiche normative Prämisse, wenn sie die Effizienz einer Verteilung von Gütern und Chancen anhand der individuell gebildeten Vorlieben beurteilt.[39] Die politische Ethik[40] bewertet nach diesem Maßstab die Moralität gesellschaftlicher Systeme.[41]

Im Recht selbst – also innerhalb der staatlichen Ordnung – wird der Gedanke der Herrschaft des individuellen Willens vor allem im Grundsatz der Privatautonomie fortgeschrieben, mithin in der Selbstgestaltung der Rechtsverhältnisse

35 *Thomas Hobbes,* Leviathan, hrsg. v. Hermann Klenner, 1996, S. 107 [zuerst engl. 1651]; *John Locke,* Zwei Abhandlungen über die Regierung, hrsg. v. Walter Euchner, 1977, S. 265 [zuerst engl. 1690]; *Jean-Jacques Rousseau,* Gesellschaftsvertrag, hrsg. v. Hans Borckard, 1986, S. 6, 10 f., 17 [zuerst franz. 1762]; *Immanuel Kant,* Die Metaphysik der Sitten, in: Akademie Textausgabe, Bd. VI, 1968, S. 213 f., 230 f.; *Friedrich A. von Hayek,* Die Verfassung der Freiheit, hrsg. von Alfred Bosch und Reinhold Veit, 4. Aufl. 2005, S. 13 ff. [zuerst 1971].

36 *Hobbes* [Fn. 35], S. 145; *Locke* [Fn. 35], S. 260 ff., 275; *Rousseau* [Fn. 35], S. 10, 16 ff.; *Kant* [Fn. 34], S. 289 f.; *John Rawls,* Eine Theorie der Gerechtigkeit, 1979, S. 27 ff. [zuerst engl. 1971].

37 Vgl. *Amartya Sen,* Die Idee der Gerechtigkeit, 2010, S. 16, 34 f. [zuerst engl. 2009]. Ausführlich dargestellt von *Wolfgang Kersting,* Die politische Philosophie des Gesellschaftsvertrags, 1994.

38 *Hobbes* [Fn. 35], S. 141, 144 f.; *Locke* [Fn. 35], S. 260; näher *Winfried Brugger,* Gewährleistung von Freiheit und Sicherheit im Lichte unterschiedlicher Staats- und Verfassungsverständnisse, VVDStRL 63 (2004), S. 101 (105 f.).

39 Zur Pareto-Effizienz *Hugh Gravelle/Ray Rees,* Microeconomics, 3. Aufl. 2004, S. 279 f.; *Hans-Bernd Schäfer/Claus Ott,* Lehrbuch der ökonomischen Analyse des Zivilrechts, 5. Aufl. 2012, S. 13 f.; zur Effizienz nach Kaldor-Hicks *Klaus Mathis,* Effizienz statt Gerechtigkeit?, 2006, S. 56.

40 *Nico Scarano,* Metaethik – ein systematischer Überblick, in: Marcus Düwell/Christoph Hübenthal/Micha Werner (Hrsg.), Handbuch Ethik, 2. Aufl. 2006, S. 25 (25).

41 Vgl. *Dietmar von der Pfordten,* Normative Ethik, 2010, S. 316.

durch den Einzelnen nach seinem Willen.[42] Unter Hinweis auf dieses – freilich vielfach durchlöcherte – Grundprinzip wird das Privatrecht als „Magna Charta unserer öffentlichen Freiheit"[43] bezeichnet und dem die Selbstbestimmung des Kollektivs repräsentierenden, den Einzelnen aber bevormundenden öffentlichen Recht entgegengesetzt.[44] In der Tat ist nicht in Zweifel zu ziehen, dass es die Normen des öffentlichen Rechts dem Staat erlauben oder es ihm sogar gebieten, dem Einzelnen auch ohne oder gegen seinen Willen etwas „Gutes" zu tun und damit im Sinne der oben genannten Definition paternalistisch zu handeln. Es ist nämlich zu berücksichtigen, dass schon die dem Paternalismusbegriff zugrundeliegende Unterscheidung von guten und schlechten Wirkungen nur vom Individuum selbst getroffen werden kann und damit für ein aus abstrakt-generellen Normen bestehendes Recht von vornherein nicht tauglich ist. Selbst eine Gefängnisstrafe kann von einem Straftäter als Wohltat empfunden werden, wenn er andernfalls auf der Straße leben müsste. Ein notwendiges Merkmal eines verfassungsrechtlichen Paternalismusbegriffs ist also letztlich nur das Erzeugen einer wie auch immer gearteten Wirkung ohne die Zustimmung des hiervon Betroffenen.

Nicht einmal in der Theorie ist nun aber ein öffentliches Recht vorstellbar, das in allen seinen Normen die Zustimmung aller Betroffenen findet und mithin ein vollkommen „freiheitliches", nicht paternalistisches Recht ist. So dominant die Vertragstheorie zur Legitimation der Hoheitsgewalt und der Herrschaftsform des allgemeinen Gesetzes in der politischen Philosophie und Staatstheorie zu sein scheint,[45] so wenig aussichtsreich wäre es, die Inhalte einzelner Gesetze und hoheitlicher Entscheidungen auf den Willen aller Betroffenen zurückführen zu wollen. Je abstrakter die gesellschaftlichen Regeln gefasst werden, je mehr Kompetenzen sie auf die zukünftige Rechtserzeugung im Einzelfall übertragen, desto leichter ist es, dafür Zustimmung zu erhalten, desto schwächer von der

---

42 *Werner Flume*, Allgemeiner Teil des Bürgerlichen Rechts, Bd. II, 4. Aufl. 1992, S. 1 mit Fn. 1.

43 *Rudolph Sohm*, Redebeitrag zur Ersten Beratung des BGB im Plenum des Reichstages, in: Benno Mugdan (Hrsg.), Die gesammelten Materialien zum Bürgerlichen Gesetzbuch für das Deutsche Reich, Bd. I, S. 905 (909); ähnlich *Franz Böhm*, Privatrechtsgesellschaft und Marktwirtschaft, in: Ernst-Joachim Mestmäcker (Hrsg.), Freiheit und Ordnung in der Marktwirtschaft, 1980, S. 105 (106).

44 Zu der Vorstellung, das Privatrecht sei ein Gegenentwurf zu politischer Unterdrückung, *Wolfgang Zöllner*, Zivilrechtswissenschaft und Zivilrecht im ausgehenden 20. Jahrhundert, AcP 188 (1988), S. 85 (85).

45 Alternativen diskutieren *Charles Taylor*, Irreducibly Social Goods, in: Philosophical Arguments, 1997, S. 127; *Sen* [Fn. 37], S. 98 f.

Zustimmung legitimiert ist allerdings auch der Rechts„vollzug“. Auf der Ebene der Verfassungsgebung mögen sich die Menschen aus freiem Willen einer Fremdbestimmung unterwerfen, damit die unvermeidliche Gemeinschaft mit anderen Menschen[46] friedvoll gestaltet wird. Möglicherweise finden sie sich sogar gerade deshalb im Gesellschaftsvertrag zusammen, weil sie um die Schwäche des eigenen Willens wissen, weil sie „Vater Staat“ mandatieren wollen, sie vor den langfristigen Folgen selbstbestimmten kurzfristigen Genusses zu bewahren. Die Einigkeit über die Institutionen und abstrakten Regeln der Gemeinschaft bedeutet aber noch keine Zustimmung zu allen Entscheidungen, die diese Gemeinschaft hervorbringt.[47] Odysseus ließ sich von seinen Matrosen an den Mast seines Schiffes binden und verbot ausdrücklich, ihn beim Einsetzen des Gesangs der Sirenen loszubinden. Als der Gesang einsetzte, war er als Gefesselter zweifellos ein Bevormundeter, der seinen gegenwärtigen Willen nicht verwirklichen konnte. Nichts anderes gilt selbst für die Parteien eines zivilrechtlichen Vertrags:[48] Freiheit besteht nur im Zeitpunkt des Vertragsschlusses. Danach gilt der Grundsatz „pacta sunt servanda“.

Dass eine staatliche Ordnung notwendigerweise einen Anteil an Fremdbestimmung enthält, wird bei näherem Hinsehen sogar bei den philosophischen Modellen des Gesellschaftsvertrags offensichtlich. Schon der Versuch, auch nur die *Grundsätze* einer gerechten Gesellschaft kontraktualistisch zu rechtfertigen, zwang John Rawls zur Erfindung des berühmten Schleiers des Nichtwissens. Nicht die realen Menschen mit allen ihren Fehlern, ihrer Kurzsichtigkeit und vor allem ihren Unterschieden einigen sich auf die Grundsätze der Gerechtigkeit, sondern nur die von Rawls speziell zu diesem Zweck geschaffenen vernünftigen Normmenschen.[49] In dieser Vernunft spiegelt sich Rawls eigener Gesellschaftsentwurf. Die nicht-paternalistische Herrschaftsordnung wird also letztlich paternalistisch konstruiert.[50] Den gleichen Gedanken formulierte Kant mit den Worten,

---

46 *Kant* [Fn. 34], S. 289: die Menschen, „welche nicht umhin können in wechselseitigen Einfluß aufeinander zu gerathen“.

47 Vgl. schon *Rousseau* [Fn. 35], S. 17: „Darüber hinaus ist die Vereinigung, da die Entäußerung ohne Vorbehalt geschah, so vollkommen, wie sie nur sein kann, und kein Mitglied hat mehr etwas zu fordern […]“.

48 Vgl. *Franz Bydlinski*, Privatautonomie und objektive Grundlagen des verpflichtenden Rechtsgeschäftes, 1967, S. 68 f.

49 Siehe dazu *Wolfgang Kersting*, Theorien der sozialen Gerechtigkeit, 2000, S. 83 ff.; *Franz-Josef Bormann*, Soziale Gerechtigkeit zwischen Fairness und Partizipation, 2006, S. 74 ff.; *Sen* [Fn. 37], S. 106 ff.; *Jan Henrik Klement*, Wettbewerbsfreiheit, 2015, S. 284 f.

50 Vgl. auch *Kersting* [Fn. 49], S. 85, 89.

die bürgerliche Verfassung sei ein Verhältnis freier Menschen, die doch unter Zwangsgesetzen stehen, weil die *Vernunft selbst es so wolle.*[51]

Die These eines der Rechtsordnung notwendigerweise inhärenten Paternalismus könnte mit der Überlegung in Frage gestellt werden, dass das Erzeugen einer Wirkung ohne oder gegen den Willen des Betroffenen nur ein notwendiges, aber noch kein hinreichendes Kriterium eines verfassungsrechtlichen Paternalismusbegriffs ist. Zusätzlich ist erforderlich, dass der Staat die in Rede stehende Wirkung ausschließlich zum Wohl oder Wehe des Betroffenen selbst anstrebt, also bevormundet, ohne außerhalb der betroffenen Person liegende Zwecke zu verfolgen. Auch wenn grundsätzlich selbst eine Gefängnisstrafe ein paternalistischer Akt sein kann, weil eine heteronome Unterscheidung von guten und schlechten Wirkungen nicht möglich ist, bleibt ja eben zu berücksichtigen, dass die Strafe jedenfalls nicht allein den Straftäter um seiner selbst willen bessern soll, sondern auch dem Schutz der Bevölkerung vor weiteren Straftaten und damit einem öffentlichen Zweck dient. Doch ändert die engere Fassung des Paternalismusbegriffs nichts daran, dass die Rechtsordnung ein gewisses Maß an Paternalismus von vornherein nicht vermeiden kann und nicht vermeiden sollte. Ein flächendeckendes Zustimmungserfordernis wäre weder praktikabel noch adäquat, weil das staatliche Handeln in vielen Fällen zu spät käme und es sich zudem nicht immer zielgenau auf die Personen beschränken ließe, die ihre Zustimmung erteilt haben. An einem Beispiel: Wenn eine Krankenkasse in einer Schule über Formen gesunder Ernährung informiert, werden davon auch die Schüler beeinflusst, deren Eltern mit der Informationskampagne nicht einverstanden sind.

2. Das Verfassungsrecht auf Selbstbestimmung

Auch wenn die Verfassung also kein generelles Paternalismusverbot enthalten kann, setzt sie der staatlichen Bevormundung im Gesundheitsrecht doch Grenzen. Die wichtigsten Mittel hierfür heißen Demokratie und Grundrechte. In der Demokratie beschränkt sich der Paternalismus auf die Verbindlichkeit eines Willens, an dessen Konstitution der Einzelne zumindest hätte mitwirken können. An die Stelle des kontraktualistischen Gedankenexperiments zur Herrschaftslegitimation tritt die offene Auseinandersetzung mit Mehrheitsentscheidung. Die Grundrechte definieren Entscheidungen, die nach den Normen des Verfassungsrechts jeder Mensch für sich allein zu treffen hat,[52] in die sich also auch die demokratisch legitimierte Hoheitsgewalt nicht einmischen darf. Indem sich Demokratie

51 *Kant* [Fn. 34], S. 290.

52 Vgl. *Kai Möller,* Paternalismus und Persönlichkeitsrecht, 2004, S. 97.

und Grundrechte wechselseitig beschränken, bewahren sie jeweils für sich einen Teilaspekt des Schutzes der Selbstbestimmung in sich auf, ohne ihn jedoch absolut setzen zu können. Schließlich enthält das Grundgesetz positive Vorgaben für das staatliche Handeln, die sowohl die demokratische als auch die individuelle Freiheit einschränken. Hierher zählen insbesondere die dem Sozialstaatsprinzip zuzurechnenden Normen, die auch die durch Pflichtbeiträge finanzierte Krankenversicherung rechtfertigen.[53]

a) *Verbot paternalistischer Grundrechtseingriffe*

Der staatlichen Sorge um das Wohl des Einzelnen setzt das Grundgesetz ein in der Aufklärung wurzelndes Prinzip entgegen: Das Vertrauen in die gleiche Befähigung aller Menschen zur Vernunft. Der Mensch ist nicht nur ein Kausalfaktor in einer von Naturgesetzen bestimmten Wirkungskette, sondern als Person selbst *Urheber* seiner Handlungen.[54] Die Zwecke, die jeder Einzelne seinem Handeln und Dasein selbstbestimmt setzt, haben daher einen absoluten Wert. Sie bedürfen nicht der Rechtfertigung als Mittel zu einem höheren Zweck, sind nicht durch andere Zwecke ersetzbar und stehen auf gleicher Höhe wie die Zwecke, die andere Menschen ihrer Persönlichkeitsentfaltung setzen. Soweit die Wirkungskraft dieses der verfassungsrechtlichen Ausgestaltung bedürftigen Prinzips reicht, darf der Staat den inneren Wert einer individuellen Zweckverfolgung nicht durch andere Zwecke relativieren. Er darf lediglich äußerlich koordinieren, wenn und soweit die von den Menschen angesichts der Knappheit der Ressourcen und der Erkenntnisgrenzen erdachten Wege in Richtung Glück nicht konfliktfrei nebeneinander verlaufen. Verbote, Gebote und „weiche" Steuerungsformen setzen dem Einzelnen die Schranken, die im Interesse der individuellen Möglichkeiten des Handelns eines anderen erforderlich sind.[55] Dem Freiheitsträger darf Freiheit genommen werden, um einem anderen Freiheit zu geben. Es darf aber nicht unternommen werden,

---

53 BVerfGE 28, 324 (348): Sozialversicherung als „besonders prägnanter Ausdruck des Sozialstaatsprinzips".

54 *Hobbes* [Fn. 35], S. 134 f.

55 Die Idee der Äußerlichkeit des Rechts ist in Immanuel Kants Rechtsbegriff angelegt: „Die Pflichten nach der rechtlichen Gesetzgebung können nur äußere Pflichten sein, weil diese Gesetzgebung nicht verlangt, daß die Idee dieser Pflicht, welche innerlich ist, für sich selbst Bestimmungsgrund der Willkür des Handelnden sei, und, da sie doch einer für Gesetze schicklichen Triebfeder bedarf, nur äußere mit dem Gesetze verbinden kann." (*Kant* [Fn. 35], S. 219). Es kann hier offenbleiben, ob dem Staat jegliche Einflussnahme auf die inneren Präferenzen der Grundrechtsträger verboten ist (so *Ernst-Wolfgang Böckenförde* [Fn. 33], S. 25, 31 f.; a.A. *Uwe Volkmann,* Darf der Staat seine Bürger erziehen?,

einen für defizitär gehaltenen Entwurf der Persönlichkeitsentfaltung durch einen anderen Entwurf zu ersetzen oder durch eine Bestrafung zu sanktionieren.[56]

Die Anerkennung der Fähigkeit zum vernunftgeleiteten Handeln und des absoluten Werts der vom Menschen selbstbestimmt gewählten Handlungszwecke[57] ist die gemeinsame Grundlage sowohl der Menschenwürdegarantie[58] als auch der Freiheitsgrundrechte des Grundgesetzes. Art. 1 Abs. 1 GG garantiert die Unverletzlichkeit der Menschenwürde als eines sich aus der Differenz des zweckschaffenden Menschen zum bloßen Mittel ergebenden Achtungsanspruchs.[59] Die Freiheitsgrundrechte schützen die Selbstbestimmung: die Fähigkeit, den Willen selbstbestimmt zu bilden, die tatsächliche Möglichkeit, dem Willen entsprechend zu handeln, sowie die Verhaltensmöglichkeiten, die der Wahl des Grundrechtsträgers objektiv offenstehen. Sie schützen schließlich auch gewisse äußere Umstände und Verhältnisse, über die der Einzelne typischerweise verfügen muss, um seinen Plan vom Leben tatsächlich verfolgen zu können, etwa das allgemeine Persönlichkeitsrecht, die körperliche Unversehrtheit, die Unverletzlichkeit der Wohnung oder die Integrität des Eigentums. Freiheit im Sinne der Grundrechte ist damit eine negative Freiheit im Dienst einer positiven Freiheit: Die Person setzt sich durch ihr Handeln mit ihrer Umwelt auseinander. Sie wird von ihr geprägt und verändert, wie sie ihrerseits selbst prägend auf die Umwelt einwirkt. Die Summe der Rückwirkungen der Betätigungen des freien Willens auf das Wissen und die Einstellung der Person und auf ihre sozialen Beziehungen heißt Persönlichkeitsentfaltung. Sie ist das höhere Ziel, das hinter den Freiheitsgrundrechten des Grundgesetzes steht. In ihrem Namen ist auch die Freiheit der Entscheidung geschützt, gesund oder gesundheitsschädlich zu leben – im Hier und Jetzt Freude zu haben oder gesund zu sterben. Die Persönlichkeitsentfaltung darf unter dem Grundgesetz nicht zu einer „staatlichen Veranstaltung" werden.

2012, S. 17 ff., 35 f.). Jedenfalls darf die Einflussnahme kein Selbstzweck sein, sondern muss objektiv der Lösung bestimmter äußerer Konflikte dienen.

56 Siehe die abweichende Meinung des Richters *Winfried Hassemer*, BVerfGE 120, 224 (264).

57 Grundlegend *Kant* [Fn. 35], S. 428: „der Mensch und überhaupt jedes vernünftige Wesen existiert als Zweck an sich selbst". Zahlreiche Nachweise zur Rezeption bei *Horst Dreier*, Menschenwürde, in: *ders.*, Idee und Gestalt des freiheitlichen Verfassungsstaates, 2014, S. 71 (87 f.).

58 *Volker Gerhardt*, Selbstbestimmung, 1999, S. 136 f.; *Karl-E. Hain*, Die Grundsätze des Grundgesetzes, 1999, S. 224 f.; *Dreier* [Fn. 57], S. 87.

59 *Christoph Möllers*, Willensfreiheit durch Verfassungsrecht, in: Ernst-Joachim Kampe/Michael Pauen/Gerhard Roth (Hrsg.), Willensfreiheit und rechtliche Ordnung, 2008, S. 250 (260): Menschenwürde als normative Anordnung, uns wechselseitig als willensfreie und damit vernunftfähige Wesen zu verstehen.

In der Grundrechtsdogmatik wird der zunächst nur prinzipielle Schutz der Selbstbestimmung auf der Prüfungsstufe der Verhältnismäßigkeit in hartes Verfassungsrecht übersetzt. Ein staatliches Handeln, das die individuelle Zweckverfolgung selbstzweckhaft beschränkt, dient keinem verfassungsrechtlich legitimen Zweck, denn es steht in Widerspruch zu dem gedanklichen Fundament, auf welchem das Freiheitsgrundrecht selbst steht.[60] Wenn es einen Grundrechtseingriff darstellt, ist das die Selbstbestimmung negierende staatliche Handeln deshalb nicht nur relativ nach Maßgabe einer Abwägung,[61] sondern absolut verboten. Der Staat darf die körperliche Unversehrtheit nicht verletzen (Art. 2 Abs. 2 GG), ebenso wenig darf er den Einzelnen aber ohne einen außerhalb seiner Selbstbestimmung liegenden Zweck dazu zwingen, Sport zu treiben, auf Tabak,[62] Alkohol und Drogen zu verzichten, sich selbst keinen Schaden zuzufügen[63] oder sich vor Gefahren zu schützen.[64] Das strafbewehrte (!) Verbot des Selbstdopings zum Schutz der Gesundheit erwachsener Sportlerinnen und Sportler, sowie des vage gefassten Gemeinschaftsguts der „Fairness und Chancengleichheit bei Sportwettbewerben“ durch § 3 Abs. 1 des neuen Gesetzes zur Bekämpfung von Doping im Sport,[65] ist damit nicht zu vereinbaren.

---

60 Vgl. *Stefan Huster,* Die ethische Neutralität des Staates, 2002, S. 11, 635 f.

61 So *Hans Michael Heinig,* Paternalismus im Sozialstaat, in: Michael Anderheiden u.a. (Hrsg.), Paternalismus und Recht, 2006, S. 157 (171).

62 In diesem Sinne auch *Johannes Masing,* Abweichende Meinung, BVerfGE 121, 317 (385, 387): keine staatliche Inpflichtnahme des Rauchers zu einem „guten Leben“; Schutz des Bürgers vor sich selbst nur „im Blick auf negative Folgen für Dritte oder die Allgemeinheit“.

63 Anders BVerfGE 60, 123 (132); BVerfG, NJW 1999, S. 3399 (3401), zur Organentnahme bei lebenden Personen: Es sei ein „legitimes Gemeinwohlanliegen“, Menschen davor zu bewahren, sich selbst einen größeren Schaden zuzufügen. – Nicht ergiebig ist insoweit die Entscheidung zu den Gesundheitswarnungen auf Zigarettenschachteln. Das BVerfG vertritt hier zwar die Ansicht, dass die Warnung der Verbraucher vor den mit dem Rauchen verbundenen Gesundheitsgefahren zu den legitimen Aufgaben des Staates gehöre (BVerfGE 95, 173 [185]). Die (staatlich veranlasste) Warnung ist jedoch kein Eingriff in die Grundrechte der Gewarnten, siehe dazu unten IV. 1 a) und b) bb).

64 Implizit BVerfGE 59, 275 (279) sowie BVerfG, NJW 1987, S. 180: Ein Kraftfahrer, der nicht angeschnallt oder ohne einen Helm zu tragen verunglücke, schade damit keineswegs nur sich selbst. Die gesetzlichen Vorschriften stellten deshalb keine unzulässige Bevormundung des Bürgers dar. Siehe auch BVerfGE 120, 224 (242 f.).

65 BT Drucks. 18/4898 i.V.m. BR Drucks. 556/15.

b) Der Begriff der Selbstbestimmung – libertärer Paternalismus

Der neuralgische Punkt des Verbots eines selbstzweckhaften Eingriffs in das Selbstbestimmungsrecht ist der Begriff der Selbstbestimmung selbst. Welche Bedingungen erfüllt sein müssen, damit von einer selbstbestimmten Entscheidung die Rede sein kann, haben die Philosophen in langer Debatte bisher nicht abschließend klären können.[66] Auch im Verfassungsrecht ist der Begriff nicht klar definiert.[67] In Art. 6 Abs. 2 GG, der den elterlichen Erziehungsauftrag und das Wächteramt des Staates über das Kindeswohl formuliert, gibt das Grundgesetz immerhin zu erkennen, dass es Kindern die Fähigkeit zur Selbstbestimmung jedenfalls nicht uneingeschränkt zubilligt.[68] Der staatliche Erziehungs*auftrag* in der Schule (Art. 7 Abs. 1 GG) ist ebenfalls ein Mandat zu Paternalismus, wobei sich auch hier oft nicht klar abgrenzen lässt, wo die gesellschaftliche Ordnungsbildung endet und die altruistische Sorge um das Wohl des Zöglings beginnt. Darüber hinaus kann auch bei erwachsenen Personen die freie Selbstbestimmung eingeschränkt sein, wenn sie etwa aufgrund einer Geisteskrankheit nicht in einer dem verfassungsrechtlichen Menschenbild entsprechenden Weise dazu in der Lage sind, die ihnen verfügbaren Informationen planmäßig kognitiv zu verarbeiten sowie Präferenzen und schließlich einen Handlungswillen zu bilden und zu verwirklichen. In diesen Fällen sind Grundrechtseingriffe zum Wohl des Grundrechtsträgers ohne zusätzlichen äußeren Zweck einer verfassungsrechtlichen Rechtfertigung mithin zugänglich.[69]

Die Grenzen der Erkenntnis insbesondere bei der Beurteilung innerer Vorgänge anderer Menschen dürfen dabei allerdings nicht zu Lasten des Grundrechtsträgers gehen. Wenn unsicher ist, ob eine Person in freier Selbstbestimmung handelt, trägt das Risiko einer sich ex post herausstellenden Fehleinschätzung der eingreifende Staat und nicht der Grundrechtsträger.[70] Ein Grundrechtseingriff kann auch nicht allein damit gerechtfertigt werden, dass er dem Zweck diene herauszufinden, ob

---

66 Vgl. nur *Gerhardt* [Fn. 58], S. 131 ff.

67 Vgl. *Möller* [Fn. 52], S. 158 ff.; *Klaus Ulrich Schmolke,* Grenzen der Selbstbindung im Privatrecht, 2014, S. 64 ff.; *Christian Hillgruber,* Das Prinzip der Selbstverantwortung – Verfassungsrechtliche Grundlagen und Grenzen, in: Karl Riesenhuber (Hrsg.), Das Prinzip der Selbstverantwortung, 2012, S. 165 (171).

68 So schon *Mill* [Fn. 34], S. 132.

69 BVerfGE 58, 208 (224 ff.); *Christian Hillgruber,* Der Schutz des Menschen vor sich selbst, 1992, S. 121 f.

70 Vgl. aber *Joel Feinberg,* Legal Paternalism, in: Rolf Sartorius (Hrsg.), Paternalism, 1983, S. 3 (17).

eine Person in freier Selbstbestimmung handelt oder nicht.[71] Die Grundrechte schirmen bestimmte Entscheidungen gegenüber dem Einfluss der Hoheitsgewalt ab. Die Grundrechtswidrigkeit eines hoheitlichen Handelns ist deshalb nicht relativ zu den begrenzten Informationen des eingreifenden Hoheitsträgers, sondern objektiv anhand aller im Zeitpunkt der Beurteilung verfügbaren Informationen zu beantworten. Zu warnen ist außerdem vor einer Materialisierung des Begriffs der Selbstbestimmung, der neben inneren Faktoren der Willensbildung auch äußere Umstände einbezieht.[72] Insbesondere wird die freie Selbstbestimmung nicht durch rein äußere Faktoren wie etwa eine ökonomische „Zwangslage" ausgeschlossen.[73] Auch die Unvollständigkeit der dem Grundrechtsträger verfügbaren Informationen über die Folgen seines Handelns schließt die Freiwilligkeit nicht aus, denn es ist gerade Ausdruck der menschlichen Persönlichkeit, Entscheidungen auf der Grundlage des individuell erworbenen, notwendigerweise unvollkommenen Wissens zu treffen.[74] Die Defizite der menschlichen Erkenntnis nehmen dem Handeln nicht die Selbstbestimmtheit und geben dem Staat mithin kein Recht zur Intervention. Gleichwohl darf der Staat die Grundrechtsträger in vielen Fällen vor Gefahren warnen. Das ergibt sich schon daraus, dass die Warnung als solche – wie noch zu zeigen sein wird – grundsätzlich kein Eingriff in die Grundrechte des Gewarnten ist.

Besondere Aufmerksamkeit verdient an dieser Stelle ein Angriff auf den Begriff der Selbstbestimmung, der in der Nudging-Debatte verborgen liegt. Wie vorhin gesagt, bezeichnet der Begriff des „Nudging" zunächst einmal bestimmte Formen hoheitlicher Steuerung, und zwar insbesondere solche, die gezielt Rationalitätsdefizite menschlicher Alltagsentscheidungen für öffentliche Zwecke nutzbar machen. Der Nudgingbegriff ist aber nicht nur eine deskriptive Kategorie. Mit ihm ist ein normatives Konzept verbunden, das als libertärer Paternalismus

---

71 In der philosophischen Diskussion wird ein sog. schwacher Paternalismus teilweise für zulässig gehalten: Temporäre staatliche Interventionen seien erlaubt um herauszufinden, ob die Entscheidung auf Freiwilligkeit beruhe oder nicht, vgl. *Feinberg* [Fn. 70], S. 9.

72 So aber der Begriff der Selbstbestimmung bei BVerfGE 89, 214 (232) – Bürgschaftsentscheidung: Die Selbstbestimmung des Einzelnen im Rechtsleben sei bei einem strukturellen Verhandlungsungleichgewicht gestört.

73 Anders wohl BVerfG, NJW 1999, S. 3399 (3401 f.), zum Transplantationsgesetz.

74 Die Einschränkung eines auf falschen Tatsachenannahmen beruhenden selbstschädigenden Verhaltens für zulässig haltend hingegen *Dietmar von der Pfordten*, Paternalismus und die Berücksichtigung des Anderen, in: Michael Anderheiden u.a. (Hrsg.), Paternalismus und Recht, 2006, S. 93 (100).

bezeichnet wird.[75] Dieser Ansatz folgt einem Muster, das in der philosophischen Diskussion schon seit vielen Jahren geläufig ist:[76] Es wird ein wahrer Wille des Menschen gegen seinen tatsächlichen Willen ausgespielt.[77] Der schwache Mensch, der es heute Morgen wieder nicht geschafft hat, noch vor der Arbeit im Park joggend seine Schrittzahl zu erhöhen, wird mit seinen eigenen, langfristig angelegten Präferenzen konfrontiert: Er will „eigentlich" steinalt werden, von Krankheiten verschont bleiben, vital bis ans Ende sein. Wenn staatliche Instrumente diesem Menschen helfen, seine guten Vorsätze im Alltag Wahrheit werden zu lassen, dann werden, so sagt man, keine fremden Werte in das Handeln „importiert";[78] die Selbstbestimmung bleibt also unangetastet, ja sie wird sogar noch verbessert. Dem Menschen wird durch eine Korrektur systematischer Rationalitätsdefizite[79] geholfen, die Entscheidung zu treffen, die er „eigentlich" gerne treffen würde.[80] Die Überzeugungskraft des Nudging-Konzepts beruht dabei auch darauf, dass seine normative Komponente sprachlich im Grunde genommen schon durch das Wort „Anschubsen" selbst ausgedrückt wird: die Vorstellung einer Bewegung, die schon begonnen hat und nur kurzfristig erlahmt oder zum Stillstand gekommen ist. „Anschubsen" heißt: nicht die Richtung des Handelns bestimmen, sondern ihm nur neue Energie zuführen, dem Zögernden ans Ziel verhelfen.

Der libertäre Paternalismus sieht sich durchgreifenden Bedenken ausgesetzt.[81] Letztlich werden hier die (angeblichen) Langzeitpräferenzen des Einzelnen gegen seinen tatsächlichen aktuellen Willen durchgesetzt. In der fremdbestimmten Gewichtung der Abwägung von langfristigen Risiken und kurzfristigen Nutzen liegt das paternalistische Element des Konzepts. Ähnlich wie schon bei John Rawls' Schleier des Nichtwissens werden Normmenschen an die Stelle der wahren

---

75 *Cass R. Sunstein/Richard H. Thaler*, Libertarian Paternalism Is Not an Oxymoron, The University of Chicago Law Review 70 (2003), S. 1159; siehe hierzu auch *Eidenmüller* [Fn. 34], S. 819 f.

76 Besonders deutlich *John Kleinig*, Paternalism, 1984, S. 67 ff.; siehe hierzu auch die Analyse von *Heinig* [Fn. 61], S. 167 ff.

77 *von der Pfordten* [Fn. 74], S. 101 f.

78 *Kleinig* [Fn. 76], S. 69; kritisch *Schmolke* [Fn. 67], S. 29.

79 *Eidenmüller* [Fn. 34], S. 814.

80 *Thaler/Sunstein* [Fn. 25], S. 5 f.: „In our understanding, a policy is ‚paternalistic' if it tries to influence choices in a way that will make choosers better off, *as judged by themselves*. [...] in many cases, individuals make pretty bad decisions – decisions they would not have made if they had paid full attention and possessed complete information, unlimited cognitive abilities, and complete self-control." (Hervorhebung im Original).

81 Siehe hierzu auch *Jean-Claude Wolf*, Die liberale Paternalismuskritik von John Stuart Mill, in: Michael Anderheiden u.a. (Hrsg.), Paternalismus und Recht, 2006, S. 55 (59 ff.).

Menschen gesetzt[82] und wird ein „wahrer" Wille gegen einen tatsächlichen Willen ausgespielt. Würde der übergewichtige Nutzer einer Mensa tatsächlich „eigentlich" lieber Obst essen und wird nur durch die Anordnung der Speisen daran gehindert? Hätte der verunglückte Motorradfahrer „eigentlich" gerne einen Organspenderausweis ausgefüllt und war nur zu bequem dazu? Wer hier behauptet, der Staat helfe dem Einzelnen durch „Nudges" bei der Verwirklichung seines Willens, ersetzt nicht nur die von diesem ausweislich seines Handelns nun einmal tatsächlich anders getroffenen Wertungen, sondern maßt sich zugleich das Wissen an, besser als der Grundrechtsträger selbst beurteilen zu können, auf welche Weise Handlungsziele am besten erreicht werden können.

Nichtsdestotrotz haben sich die Wertungen des libertären Paternalismus vereinzelt im juristischen Schrifttum niedergeschlagen. Ein Paternalismus, der dem Grundrechtsträger „unterstützend und ergänzend" bei der Formung seiner Präferenzen zur Seite stehe und ihm helfe, sich rationaler zu entscheiden, sei „nicht per se mit der Idee der Freiheit unverträglich"[83]. Grundrechtseingriffe seien zum Schutz der persönlichen Integrität des Entscheiders ausnahmsweise auch gegen seinen aktuellen Willen zulässig. Die Grenze sei in einer Abwägung des konkreten Interesses an einem bestimmten grundrechtlich geschützten Handeln mit den eigenen langfristigen Werten (Langzeitpräferenzen) des Entscheiders zu bestimmen.[84] Ein begrenzter Einsatz von Zwang sei namentlich dann erlaubt, wenn sich der Einzelne aus Nachlässigkeit in Widerspruch zu seinen eigenen Werten setze.[85] Beispielsweise könne der Staat beim Rauchen höhere, auch über die Volljährigkeit hinausgehende Altersgrenzen festsetzen und die Preise für Alkohol drastisch erhöhen.[86]

c) *Gegenspieler der Selbstbestimmung*

Von diesen Binnenkonflikten im Begriff der Selbstbestimmung zu unterscheiden sind die der Selbstbestimmung verfassungsrechtlich gesetzten äußeren Grenzen. Dass die Grundrechte als Abwehrrechte die paternalistische Sorge um das Wohl des Grundrechtsträgers für sich genommen nicht als legitimen Eingriffszweck akzeptieren, schließt nicht von vornherein aus, dass andere Verfassungsnormen dem Geltungsanspruch der Grundrechte in dieser Hinsicht Grenzen setzen und das

---

82 Zu dieser Parallele auch *Heinig* [Fn. 61], S. 167 f.
83 *Volkmann* [Fn. 55], S. 43 f.
84 *Möller* [Fn. 52], S. 181 ff.; kritisch *Schmolke* [Fn. 67], S. 62 f.
85 *Möller* [Fn. 52], S. 212.
86 *Möller* [Fn. 52], S. 212 f.

paternalistische Handeln mithin im Ergebnis erlauben.[87] Der Ausgleich zwischen dem grundrechtlichen Selbstbestimmungsrecht und dem anderen Verfassungsgrundsatz wäre in einer scharfe Gegenüberstellungen vermeidenden Abwägung zu finden. Das Recht des durch den Gesetzgeber repräsentierten Kollektivs, den Einzelnen wenigstens vor schweren Selbstschädigungen zu bewahren, wäre nicht schon auf der Prüfungsstufe des legitimen Zwecks per se ausgeschlossen.[88] Die grundlegende inhaltliche Bedeutung der Freiheitsgrundrechte, die den Grundsatz der Menschenwürde operationalisieren und damit das Grundgesetz prägen, mahnt allerdings auch gegenüber dieser scheinbar salomonischen Lösung zur Zurückhaltung.

aa) Grundrechtliche Schutzpflichten

Entgegen einer vereinzelt in der Literatur vertretenen Ansicht[89] kann ein paternalistischer Eingriff in das Grundrecht einer Person jedenfalls nicht mit grundrechtlichen Schutzpflichten des Staates gegenüber dieser Person gerechtfertigt werden.[90] Ein Alkoholverbot mag faktisch der Erhaltung der körperlichen Unversehrtheit dienen, wird normativ aber nicht von Art. 2 Abs. 2 Satz 1 GG getragen. Die Schutzpflichten begründen einen Anspruch des Grundrechtsträgers, vom Staat vor Eingriffen Dritter in das grundrechtlich geschützte Gut bewahrt zu werden. Die Verantwortung des Staates wird gegenüber dem Abwehrrecht erweitert; ihr Gegenstand aber, das grundrechtliche Schutzgut, bleibt davon unberührt. Die Schutzpflicht ist ebenso wie das Abwehrrecht auf die individuelle Freiheit als Höchstwert ausgerichtet. Im Fall von Art. 2 Abs. 2 Satz 1 GG wird die körperliche Integrität als vitale Basis der freien Entfaltung der Persönlichkeit geschützt, die sich auch in einer selbstbestimmten Selbstschädigung oder -gefährdung vollziehen kann. Der Entscheidung des Bundesverfassungsgerichts zum Nichtraucherschutz in Gaststätten lässt sich nichts Gegenteiliges entnehmen. Zwar hat das Gericht hier apodiktisch die Ansicht vertreten, dass die Freiwilligkeit der Entscheidung des Einzelnen, sich der Belastung durch fremden Tabakrauch durch den Besuch einer Gaststätte auszusetzen, das „Anliegen

---

87 In diese Richtung BVerfG, NJW 1999, S. 3399 (3401): Der Schutz des Menschen vor sich selbst bedürfe als Rechtfertigungsgrund in Ansehung der durch Art. 2 Abs. 1 GG verbürgten allgemeinen Handlungsfreiheit „grundsätzlich seinerseits einer verfassungsrechtlichen Rechtfertigung".

88 *Volkmann* [Fn. 55], S. 21.

89 A.A. *Volkmann* [Fn. 55], S. 21, 26.

90 *Hillgruber* [Fn. 69], S. 147 f.; *Jürgen Schwabe,* Der Schutz des Menschen vor sich selbst, JZ 1998, S. 66 (69 f.).

des Gesundheitsschutzes“ nicht hinfällig mache.[91] Es ist allerdings zu berücksichtigen, dass das Rauchverbot in Gaststätten zwar in die Grundrechte der Raucher und möglicherweise auch in Grundrechte des Gastwirts eingreift, nicht hingegen in Grundrechte der nichtrauchenden Gäste. Art. 2 Abs. 1 GG schützt die Freiheit, vom Staat nicht am Besuch einer Gaststätte gehindert zu werden. Es gibt aber kein Grundrecht auf verrauchte Luft in Gaststätten. Das Bundesverfassungsgericht vertrat also nicht die Ansicht, dass die Gesundheit der Nichtraucher durch einen gegen sie selbst gerichteten Grundrechtseingriff geschützt werden darf. Es führte lediglich aus, dass der Schutz der Gesundheit der Raucher unbeschadet ihrer „formal“ freiwilligen Entscheidung ein zulässiges Gemeinwohlanliegen für den Eingriff in die Grundrechte der Gastwirte und Raucher war.

bb) Sozialstaatsprinzip

Wenn ein in Grundrechte eingreifender Schutz des Menschen vor sich selbst einer Rechtfertigung zugänglich ist, dann mithin nicht auf der Grundlage der Grundrechte selbst. Als möglicher Gegenspieler wird allerdings das Sozialstaatsprinzip genannt.[92] Überzeugend ist letztlich auch das nicht. Das Thema des Sozialstaatsprinzips, das in Art. 20 Abs. 1 Satz 1, Art. 28 Abs. 1 Satz 1 GG textlich verankert ist, ist die gesellschaftliche Solidarität, die zu fördern und zu organisieren dem Staat auch über die Gewährleistung eines materiellen Existenzminimums hinaus aufgegeben wird. Das Sozialstaatsprinzip rechtfertigt Eingriffe in die Grundrechte derer, die sich solidarisch zu verhalten, die Wohlstand und Macht zu teilen haben,[93] um für andere, die hierzu aus eigener Kraft nicht in der Lage sind,[94] die materiellen Voraussetzungen eines in einem Mindestmaß wirkungs- und sinnvollen Freiheitsgebrauchs zu schaffen.[95] In letzter Konsequenz geht es mithin auch dem Sozialstaatsprinzip um die Gewährleistung

---

91 BVerfGE 121, 317 (349).

92 *Volkmann* [Fn. 55], S. 21.

93 Zur Verbindung des Sozialstaatsprinzips mit dem Ziel sozialer Gerechtigkeit statt vieler *Hans F. Zacher*, Das soziale Staatsziel, in: Josef Isensee/Paul Kirchhof (Hrsg.), Handbuch des Staatsrechts, Bd. III, 3. Aufl. 2004, § 28 Rn. 20 f., mit zahlreichen Nachweisen.

94 Zum Grundprinzip der Eigenverantwortung *Paul Kirchhof*, Armut und Freiheit, in: Festschrift für Hans F. Zacher, 1998, S. 323 (325, 342); *Zacher* [Fn. 93], § 28 Rn. 27, 33; *Heinig* [Fn. 61], S. 162: Idee der Freiheit inhärenter autonomie-ethischer Vorrang der Selbst- vor der Fremdversorgung.

95 *Kirchhof* [Fn. 94], S. 330: Überbrückung der Diskrepanz zwischen Freiheitsrecht und Freiheitsvoraussetzung.

von Freiheit.[96] Das Sozialstaatsprinzip kann es deshalb nicht rechtfertigen, dem Einzelnen sozialstaatliche Leistungen gegen seinen Willen aufzudrängen. Die Entscheidung gegen die Inanspruchnahme der Hilfe der solidarischen Gemeinschaft ist ein Akt der Freiheit, die als Höchstwert Grundrechte und Sozialstaatsprinzip verklammert.[97]

3. Fazit

Der verfassungsrechtliche Kompromiss zwischen Freiheit, Gerechtigkeit und Nützlichkeit ist komplexer, als es die außerhalb des Rechts geführte normative Debatte über die Rechtfertigung des Paternalismus vermuten lässt. Die Verfassung schützt vor Paternalismus, enthält aber kein absolutes Paternalismusverbot. Ein Eingriff in den Schutzbereich eines Freiheitsgrundrechts, der allein dem Zweck dient, einen angeblich defizitären Entwurf der Persönlichkeitsentfaltung des Grundrechtsträgers durch einen anderen Entwurf zu ersetzen oder etwa die negative öffentliche Bewertung der Wertsetzungen des Grundrechtsträgers durch eine Bestrafung zu bestätigen, ist verfassungsrechtlich von vornherein nicht zu rechtfertigen. Der Staat hat auch nicht das Recht, dem Grundrechtsträger durch Eingriff zu helfen, seine eigenen „vernünftigen" Langzeitpräferenzen für ein gesundes Leben gegen die „unvernünftigen" Kurzzeitinteressen an einem vergnüglichen Leben durchzusetzen. Der Eingriff in die Freiheit des Einzelnen aus anderen Gründen (insbesondere aus Gründen des Gemeinwohls, aber auch zugunsten einzelner Dritter) ist hingegen grundsätzlich einer verfassungsrechtlichen Rechtfertigung zugänglich. Das gilt auch in Fällen, in denen ein Grundrechtseingriff zugleich paternalistischen und nicht paternalistische Zwecken dient. Zu guter Letzt gilt die für die weitere Untersuchung wesentliche Einsicht: Staatliches Handeln, das schon nicht in den Schutzbereich eines Freiheitsgrundrechts eingreift, ist auch bei einer rein paternalistischen Zwecksetzung nicht freiheitsgrundrechtlich abwehrbar.

---

96 *Rainer Pitschas,* Die Zukunft der sozialen Sicherungssysteme, VVDStRL 64 (2005), S. 109 (112 f.); *Heinig* [Fn. 61], S. 163, 177, 179 f.; *ders.*, Der Sozialstaat im Dienst der Freiheit, 2008, S. 171 ff.

97 Siehe BVerfGE 58, 208 (225): Es steht „unter der Herrschaft des Grundgesetzes in der Regel jedermann frei, Hilfe zurückzuweisen".

IV. Grundrechtsschutz vor Prävention und Gesundheitsförderung

In den Mittelpunkt rückt damit die Frage, ob die Instrumente der Gesundheitsprävention und -förderung in Grundrechte eingreifen. Bei der Suche nach Antworten ist es hilfreich, zwischen der Prävention und Gesundheitsförderung als solcher (nachfolgend 1.) und der zum Zwecke ihrer Finanzierung erfolgenden Erhebung von Beiträgen zur Gesetzlichen Krankenversicherung zu unterscheiden (2.).

1. Verhaltensanreize und Informationen als Grundrechtsverletzung

a) Schutz der Verhaltensfreiheit

Während die Veteranen der verfassungsrechtlichen Paternalismusdiskussion, etwa die Anschnallpflicht in Kraftfahrzeugen oder das Rauchverbot in Gaststätten, auf der Grundlage des etablierten weiten Verständnisses des Schutzbereichs des Art. 2 Abs. 1 GG[98] zweifellos in Freiheitsgrundrechte eingreifen, liegen die Dinge bei der Gesundheitsprävention weniger klar. Zwar hat das Bundesverfassungsgericht ausdrücklich entschieden, dass der gegenständlich nicht beschränkte Schutz der freien Entfaltung der Persönlichkeit auch ein Verhalten umfasst, „das Risiken für die eigene Gesundheit oder gar deren Beschädigung in Kauf nimmt"[99]. Geschützt ist aber eben nur die Freiheit des *Verhaltens* des nach Entfaltung strebenden Menschen gegen Grundrechtseingriffe. Der klassische Grundrechtseingriff umfasst dementsprechend nur Beschränkungen des rechtlich erlaubten Spektrums des Verhaltens. Der moderne Begriff des Grundrechtseingriffs[100] bildet darüber hinaus auch faktische Beeinträchtigungen des grundrechtlich geschützten Verhaltens ab.[101] Erfasst sind Konstellationen, in denen das Verhalten erlaubt bleibt, aber tatsächlich verunmöglicht oder erschwert wird. Außerdem ist an einen faktischen Grundrechtseingriff zu denken, wenn der Grundrechtsverpflichtete an

98 Grundlegend BVerfGE 6, 32 (36).

99 BVerfG, NJW 2012, S. 1062 (Rn. 17).

100 Zum modernen Eingriffsbegriff statt vieler *Paul Kirchhof,* Verwalten durch „mittelbares" Einwirken, 1977, S. 189 ff.; *Bodo Pieroth/Bernhard Schlink/Thorsten Kingreen/Ralf Poscher,* Grundrechte, 31. Aufl. 2015, Rn. 260 ff.; *Franz-Joseph Peine,* in: Detlef Merten/Hans-Jürgen Papier (Hrsg.), Handbuch der Grundrechte, Bd. III, § 57 Rn. 31 ff.

101 Zur Anwendbarkeit des modernen Eingriffsbegriffs auch bei Art. 2 Abs. 1 GG *Wolfgang Kahl,* Vom engen Schutzbereich zum weiten Gewährleistungsgehalt, Der Staat 43 (2004), S. 167 (187); kritisch etwa *Wolfram Höfling,* in: Karl Heinrich Friauf/Wolfram Höfling (Hrsg.), GG, Bd. 1, Art. 2 Rn. 31 (Stand: Oktober 2000).

das geschützte Verhalten eine für den Grundrechtsträger nachteilige Folge knüpft oder dies zumindest glaubhaft ankündigt.

Die gesetzlich implementierten oder erlaubten Instrumente der Gesundheitsprävention beschränken das rechtliche Dürfen der Grundrechtsträger – wie oben gezeigt – nur ausnahmsweise. Von einem klassischen Eingriff in eine Verhaltensfreiheit kann daher entsprechend selten die Rede sein. Der moderne Eingriffsbegriff hilft ebenfalls nicht entscheidend weiter. Beschränken sich die Präventionsanreize darauf, den Grundrechtsträger über Folgen seines Verhaltens zu informieren oder auf die innere Haltung des Grundrechtsträgers einzuwirken, ist von vornherein keine Einschränkung des tatsächlichen Spektrums sanktionsfrei möglicher *Verhaltens*weisen gegeben.[102] Aber auch die Prävention durch Leistung lässt sich nicht durch die Verhaltensfreiheitsgrundrechte abwehren. Es wäre allerdings zu kurz gegriffen, zur Begründung dieses Ergebnisses darauf zu verweisen, dass Leistungsangebote positive Verhaltensanreize und keine negativen Sanktionen für den Grundrechtsträger setzen. Was negative und was positive Anreize sind, liegt in den Augen des Betrachters; die Grundrechtsdogmatik sollte sich nicht von subjektiven Bewertungen abhängig machen.[103] Entscheidend ist vielmehr, dass dem Grundrechtsträger zwar eine Begünstigung für eine bestimmte „gesunde" Verhaltensweise angeboten, die Begünstigung aber nicht imperativ mit dem gewünschten Verhalten verknüpft wird. Die dem Versicherten für eine gesunde Lebensweise angebotenen Leistungen und Prämien können, aber müssen nicht in Anspruch genommen werden. Der Versicherte kann sich die Kosten für einen Rauchentwöhnungskurs erstatten lassen, aber muss dies nicht. Er kann durch die Inanspruchnahme von Leistungen der Früherkennung von Krankheiten, Schutzimpfungen, Prävention und Gesundheitsförderung den Anspruch auf einen Bonus erwerben (§ 65a SGB V), darf das Bonusangebot von Rechts wegen aber auch zurückweisen. Der Kreis der von staatlicher Reaktion freien Möglichkeiten des Handelns wird durch die Leistungsangebote also nicht verengt, sondern sogar erweitert. Ein Eingriff in die Grundrechte als Verhaltensfreiheiten scheidet deshalb aus.

Nicht anders liegen die Dinge, wenn die Leistungen dem Grundrechtsträger nicht unmittelbar angeboten, sondern über die Lebenswelt vermittelt werden. Es kommt dabei nicht darauf an, ob dem Einzelnen noch eine Entscheidung

---

102 Vgl. *Christoph Gusy*, Die Informationsbeziehungen zwischen Staat- und Bürger, in: Wolfgang Hoffmann-Riem/Eberhard Schmidt-Aßmann/Andreas Voßkuhle (Hrsg.), Grundlagen des Verwaltungsrechts, Bd. II, 2. Aufl. 2012, § 23 Rn. 100 ff.

103 In diese Richtung auch *Ute Sacksofsky*, Anreize, in: Hoffmann-Riem/Schmidt-Aßmann/Voßkuhle [Fn. 102], § 40 Rn. 79 a.E.

zwischen einer gesunden und einer ungesunden Verhaltensvariante innerhalb der Institution verbleibt. Die Freiheitsgrundrechte schützen die Freiheit des Handelns um der Persönlichkeitsentfaltung willen, die in der Interaktion von Individuum und Umwelt stattfindet; sie gewährleisten dem Einzelnen nicht gleichbleibende äußere Bedingungen. Um das Beispiel noch einmal aufzugreifen: Es gibt ein Grundrecht auf den Besuch einer existierenden Gaststätte, aber kein Grundrecht auf verrauchte Luft in derselben. Der Grundrechtsträger muss in der Umwelt frei agieren können, während die Umwelt selbst der freien Veränderung unterliegt. Ebenso wenig gewährleistet etwa die Berufsfreiheit eine Freiheit von Gesundheitsprävention am Arbeitsplatz. Natürlich ist zuzugeben, dass die Grenze zwischen dem grundrechtlich geschützten Handeln und den bloßen Umweltbedingungen, die einer dem Grundrechtsträger nicht mehr zurechenbaren Sphäre zugehören, im Einzelfall schwer zu ziehen ist und dass bestimmte äußere Gegebenheiten in den grundrechtlichen Handlungsbegriff einzubeziehen sind.[104] Dass es eine Grenze zwischen Verhalten und Umwelt geben muss, ist aber eindeutig. Ein die gesamte Umwelt einbeziehender Grundrechtsschutz wäre ubiquitär und unabsehbar. Er wäre damit überfordert und letztlich entwertet.

b) Schutz der Entscheidungsfreiheit

aa) Leistungen und Nudging

Die hoheitliche Beschränkung des Verhaltens wirkt auf die Verhaltensentscheidungen des Grundrechtsträgers zurück. Dementsprechend schließt der grundrechtliche Schutz des Verhaltens einen Schutz vor einer Einflussnahme auf den Willen des Grundrechtsträgers ein. Hat der Schutz der Entscheidungsfreiheit eine darüber hinausgehende eigenständige Bedeutung? Schützen die Grundrechte sogar generell die Freiheit der Wahl selbst vor hoheitlicher Einflussnahme und damit auch vor den Informationen und Anreizen der Gesundheitsprävention? Angesichts des hinter den Grundrechten stehenden Ziels, dem Menschen eine selbstbestimmte Persönlichkeitsentfaltung zu ermöglichen, ist ein eigenständiger Schutz der Entscheidungsfreiheit in gewissem Umfang anzuerkennen. Die Entfaltung der Persönlichkeit vollzieht sich in einer selbstbestimmten Auseinandersetzung des Einzelnen mit seiner Umwelt. Einen „Plan von sich selbst" vermag aber nur zu entwerfen und verwirklichen, wer die von ihm für erforderlich gehaltenen

104 Näher zum sozialen Handlungsbegriff der Grundrechte *Klement* [Fn. 49], S. 348 ff.; am Beispiel der Berufsfreiheit ebd., S. 434 ff.

Informationen über die Umwelt sammeln kann.[105] Wird der Grundrechtsträger vom Staat daran gehindert, seine Sinnesorgane zur Wahrnehmung des äußeren Geschehens einzusetzen, liegt darin deshalb ein Eingriff in das thematisch einschlägige Grundrecht.[106] Noch klarer ist das Urteil, wenn die Fähigkeit zur freien Willensentschließung etwa durch eine medikamentöse Behandlung beeinträchtigt wird.[107]

Bei der Gesundheitsprävention durch Leistungen wird in anderer Weise Einfluss auf die Willensbildung des Grundrechtsträgers genommen. Der Staat verändert hier lediglich Umstände, die für den Grundrechtsträger bei seiner freien Entscheidung bedeutsam sein können. Er setzt der selbstbestimmten Willensbildung äußere Anreize. In der Literatur wird die Ansicht vertreten, der Schutz der Grundrechte müsse auch gegen diese hoheitliche Strategie aktiviert werden, weil Begünstigungen nur anhand subjektiver Bewertungen von Belastungen unterscheidbar und folglich dogmatisch mit diesen gleichzusetzen seien.[108] Die damit verbundene Einschränkung der hoheitlichen Tätigkeit wird zwar gesehen, sie soll aber offenbar nicht durch starre dogmatische Grenzen schon auf Eingriffsebene, sondern erst durch die flexibel handhabbare Verhältnismäßigkeitsprüfung mit dem grundrechtlich geschützten Interesse ausbalanciert werden.[109] Im Ergebnis würde damit auf dem Umweg über einen Schutz der Entscheidungsfreiheit erreicht, was soeben mit Blick auf die Verhaltensfreiheit abgelehnt wurde: Der Grundrechtsschutz würde auf die Umweltfaktoren des menschlichen Verhaltens ausgedehnt.[110] Das wäre eine Fehlentwicklung, weil die Wirkungskraft der Grundrechte von den klaren Konturen ihrer Schutzgüter abhängt. Die Grundrechte dürfen nicht zu einer allgemeinen, voraussetzungslos geltenden Mindestanforderung an die Rationalität hoheitlichen Handelns degradiert und damit als Subjektivierung des Rechtsstaatsprinzips

105 *Klement* [Fn. 49], S. 365 f. Zu diesem Gedanken auch *Wolfram Höfling*, Rechtliche Mittel, Maßstäbe und Schranken der staatlichen Beeinflussung des Ernährungsverhaltens, ZLR 2006, S. 121 (124); *Gusy* [Fn. 102], § 23 Rn. 16.

106 Davon zu unterscheiden ist das Informationszugangsrecht aus Art. 5 Abs. 1 Satz 1 Var. 2 GG.

107 *Jörn Lüdemann*, Edukatorisches Staatshandeln, 2004, S. 112; *Klement* [Fn. 49], S. 367 f.

108 *Sacksofsky* [Fn. 103], § 40 Rn. 79. Nach der oben im Text entwickelten Ansicht liegt der entscheidende Unterschied in der bei Anreizen typischerweise fehlenden imperativen Verknüpfung des Verhaltens des Grundrechtsträgers mit der hoheitlichen Sanktion.

109 Vgl. *Sacksofsky* [Fn. 103], § 40 Rn. 81.

110 Ein Unterschied besteht nur insoweit, als der Schutz der Verhaltensfreiheit konsequenterweise die objektiven Veränderungen der Umwelt umfasst, der Schutz der Entscheidungsfreiheit hingegen die vom Grundrechtsträger subjektiv erkannten oder angenommenen Veränderungen.

letztlich entwertet werden.[111] Die Umwelt eines Verhaltens erfüllt nicht die Mindestbedingungen, die an ein grundrechtliches Schutzgut zu stellen sind. Sie ist prinzipiell unbegrenzt; keine sozial anerkannte individuelle Sphäre des Grundrechtsträgers und ihm folglich nicht als „seine eigene" zurechenbar. Wenn das stimmt, ist es aus der Sicht der Grundrechte letztlich irrelevant, in welcher Weise der Staat auf die Umwelt einwirkt und welches Menschenbild er dabei zugrunde legt. Die Veränderung der ökonomischen Rahmenbedingungen nach klassischem Muster wird von grundrechtlichen Normen zum Schutz der Entscheidungsfreiheit ebenso wenig abgewehrt wie der auf eine irrationale Reaktion abzielende „Nudge".

bb) Vermittlung von Wissen

Noch klarer verhält es sich bei einer Beeinflussung von Entscheidungen durch die Vermittlung von Wissen.[112] Das Vordringen des Staates in den gesellschaftlichen Informationsaustausch ist zwar, wie vorstehend schon deutlich geworden sein dürfte, in mancher Hinsicht staatstheoretisch und rechtsstaatlich prekär. Nicht richtig wäre es auch zu glauben, dass eine Vermehrung des Wissens der Grundrechtsträger stets die Rationalität ihrer Entscheidungen verbessere und schon deshalb nicht grundrechtlich abgewehrt werden könne. Auch wenn sie zutreffend sind, verschieben und vergrößern staatliche Informationen nur das „Wahrnehmungsfenster" des Grundrechtsträgers und tragen mithin dazu bei, dass fortan andere Faktoren in einer weiterhin nicht vollständig informierten Entscheidung maßgeblich sind.[113] Damit können Steuerungswirkungen erzielt werden, deren Legitimität nach den allgemeinen Maßstäben zu beurteilen ist. Staatliche Information ist ebenso wenig per se „gut" oder „schlecht" wie jedes andere staatliche Handeln auch. An dieser Stelle allerdings interessiert nur die Frage nach der Eingriffswirkung von Informationen im Hinblick auf die grundrechtlich geschützte Entscheidungsfreiheit. Diese Frage ist zu verneinen, weil auch das dem Grundrechtsträger von außen gemachte Informationsangebot die innere Freiheit der Entscheidung unberührt lässt. Es gehört gerade zur grundrechtlich geschützten Persönlichkeitsentfaltung, dass der Einzelne die ihm angebotenen Informationen selbstbestimmt filtert.[114] Sogar die falsche hoheitliche Information beeinträchtigt deshalb nicht die Entscheidungsfreiheit.

---

111 Siehe auch *Klement* [Fn. 49], S. 364.

112 Dezidiert kritisch zum hoheitlichen „Informationsinterventionismus" *Höfling* [Fn. 105], S. 125 ff.

113 Vgl. *Klement* [Fn. 49], S. 328 f.

114 Vgl. *Klement* [Fn. 49], S. 366 f.

c) *Schutz des Persönlichkeitsrechts*

Nun schützen die Grundrechte allerdings nicht allein die Freiheit des Handelns und Entscheidens, in dem sich die Persönlichkeitsentfaltung vollzieht. Ihre Sorge gilt vielmehr auch der jeweils schon *vorhandenen* Persönlichkeit sowie dem Interesse des Einzelnen, sie zu bewahren und nur in selbstbestimmtem Maße und in selbstbestimmten Beziehungen in die weitere Interaktion mit der Umwelt einzubringen. Die wichtigste Emanation dieses Schutzgedankens ist das gemeinhin aus Art. 2 Abs. 1 GG i.V.m. Art. 1 Abs. 1 GG hergeleitete allgemeine Persönlichkeitsrecht[115]. Welche inneren und äußeren Zustände der „Sphäre" der Person zugerechnet werden und was als bloße Umwelt der Persönlichkeit außerhalb des grundrechtlichen Schutzes steht, lässt sich dabei abstrakt kaum griffig definieren. Das Bundesverfassungsgericht hat die Inhalte des Rechts „jeweils anhand des zu entscheidenden Falles herausgearbeitet"[116]. Jedenfalls aber gehören zur Persönlichkeit die grundlegenden Wert- und Präferenzentscheidungen, die das Selbstverständnis einer Person, ihren Charakter ausdrücken und damit eine die Persönlichkeit konstituierende Bedeutung[117] haben. Die in jüngerer Zeit geführte Diskussion über ein Recht auf Nichtwissen der eigenen genetischen Defekte hat ergeben, dass zu den grundlegenden Wert- und Präferenzentscheidung auch die Haltung des Menschen gegenüber seiner Sterblichkeit gehört.[118] Der Einzelne bildet in dieser Frage im Laufe seines Lebens einen Bestand an Wissen und an Wertungen heraus, der sein persönlicher Schlüssel zur Bewältigung einer letztlich von niemandem, auch nicht vom Staat, abschließend und allgemeingültig zu beantwortenden Frage ist. Zur Persönlichkeit kann es auch gehören, die eigene Sterblichkeit zumindest teilweise und phasenweise nicht zum Thema des Lebens zu machen.

Die Interessenkonflikte zwischen Gesundheit und Lebensfreude, um die es bei der Gesundheitsprävention geht, sind damit eng verwandt. In Rechnung zu stellen ist allerdings auch, dass hoheitliche Informationen über Gesundheitsgefahren zumeist nicht individualisiert, sondern an einen größeren oder sogar unbestimmten

115 Grundlegend BVerfGE 27, 1 (6); andeutungsweise schon BVerfGE 6, 32 (41). Begriff des allgemeinen Persönlichkeitsrechts in Anlehnung an die zivilgerichtliche Rechtsprechung erstmals bei BVerfGE 34, 269 (281); mit einigem Recht kritisch zur Heranziehung von Art. 1 Abs. 1 GG *Dreier* [Fn. 57], S. 96 f.

116 BVerfGE 54, 148 (153 f.).

117 BVerfGE 106, 28 (39).

118 Statt vieler *Ferdinand Wollenschläger,* Der Drittbezug prädikativer Gendiagnostik im Spannungsfeld der Grundrechte auf Wissen, Nichtwissen und Geheimhaltung, AöR 138 (2013), S. 161 (169 ff.); *Judith Begemann,* Der Zufallsfund im Medizin- und Gendiagnostikrecht, 2015, S. 111, 161 f.

Personenkreis gerichtet sind. Die Bedeutung für die Persönlichkeit wird dementsprechend regelmäßig geringer sein als etwa bei einer gezielten Aufklärung eines Einzelnen über einen genetischen Defekt. Die allgemeine Warnung vor den Gesundheitsgefahren des Rauchens wird eher nicht als Beeinträchtigung des allgemeinen Persönlichkeitsrechts angesehen werden können.[119] Etwas anderes gilt aber dann, wenn der Staat nicht lediglich informiert, sondern gezielt und planvoll durch Werturteile auf die innere Haltung der Grundrechtsträger einwirkt, um sie zu einem gesunden Leben zu erziehen.[120]

d) Schutz der „Lebenswelt", insbesondere der Familie

Über das Verhalten und das Entscheiden sowie das Persönlichkeitsrecht hinaus schützen die Grundrechte schließlich auch „Gegebenheiten aus der Sphäre des Grundrechtsinhabers"[121] vor staatlicher Einflussnahme: Umstände und Institutionen, deren Vorhandensein zwar nicht in jedem Fall, aber doch typischerweise und auf lange Sicht deren Ausführung grundrechtlich geschützter Handlung oder deren soziale Wirksamkeit nützlich oder erforderlich ist.[122] Wie beim Persönlichkeitsrecht, so geht es auch hier um die Bewahrung des hinter dem Grundrechtsträger liegenden Prozesses der Persönlichkeitsentfaltung, nämlich um die Entscheidung des Einzelnen, sich in bestimmte Lebenswelten zu begeben, in ihnen zu verbleiben, sich von ihnen zu beeinflussen und sie zugleich selbst für andere prägend zu gestalten. Formen des selbstregulierten, gesellschaftlichen Ausgleichs individueller Interessen werden deshalb als Ausdruck individueller Freiheit und teilweise auch wegen ihrer Leistungsfähigkeit für die Gesellschaft insgesamt respektiert und zumindest partiell von politischer Steuerung freigestellt. Beispielsweise gewährleistet Art. 4 Abs. 1 GG die Neutralität des Staates in Fragen des Glaubens[123] und verbietet damit sowohl wertende Aussagen über weltanschauliche oder religiöse Inhalte[124] als auch staatliche Anreize, einer

---

119 Daher zutreffend BVerfGE 95, 173 (185): Warnung vor Gesundheitsgefahren durch Warnhinweise auf Zigarettenpackungen gehört zu den legitimen Aufgaben des Staates.

120 Vgl. *Höfling* [Fn. 105], S. 128 ff.; *Christoph Goos*, Innere Freiheit, 2011, S. 176 ff.; implizit wohl auch *Volkmann* [Fn. 55], S. 17 ff.; enger *Lüdemann* [Fn. 107], S. 113 ff.: Eingriff nur bei staatlicher „Manipulation" der Willensbildung.

121 *Hans D. Jarass*, Bausteine einer umfassenden Grundrechtsdogmatik, AöR 120 (1995), S. 345 (360).

122 *Klement* [Fn. 49], S. 374 ff.

123 *Martin Morlok*, in: Horst Dreier (Hrsg.), GG, Bd. I, 3. Aufl. 2013, Art. 4 Rn. 161.

124 *Wolfram Cremer*, Freiheitsgrundrechte, 2003, S. 79; *Morlok*, in: Dreier [Fn. 123], Art. 4 Rn. 166.

bestimmten Religionsgemeinschaft beizutreten oder sich von ihr abzuwenden[125] und rechtliche Vorgaben für die innere Organisation einer solchen Vereinigung. Art. 5 Abs. 3 GG gewährleistet ein gewisses Maß an organisatorischer Verselbstständigung der Wissenschaft gegenüber der staatlichen Verwaltung[126] und außerdem ästhetische Neutralität gegenüber der Kunst,[127] die es ausschließt, auf Inhalte, Methoden und Tendenzen der künstlerischen Tätigkeit einzuwirken.[128] Die Grundrechte schützen in diesem Sinne „Lebenswelten".

Natürlich impliziert der grundrechtliche Schutz einer Sphäre nicht zwangsläufig das Verbot staatlicher Gesundheitsprävention in ihr. Eine Krankenkasse, die Professoren über die Gefahren übermäßigen Kaffeekonsums belehrt, beeinträchtigt damit nicht die Wissenschaftsfreiheit des Art. 5 Abs. 3 GG. Stets ist zu fragen, ob ein vom Staat auf die Lebenswelt ausgeübter Einfluss diese in der ihr normativ zugedachten Funktion als Speicher individueller Persönlichkeitsentfaltung oder als Ermöglichungsstruktur zukünftiger Persönlichkeitsentfaltung beeinträchtigt. Vorstellbar ist das vor allem hinsichtlich des natürlichen Rechts der Eltern zur Pflege und Erziehung der Kinder aus Art. 6 Abs. 2 Satz 1 GG. Das Kind soll sich unter der vorrangigen Verantwortung der Eltern[129] zu einer eigenverantwortlichen Persönlichkeit entwickeln können. Damit wird ein familiärer Schutzraum[130] – die Beziehung der Eltern zu ihren Kindern – gegenüber einer unerbetenen staatlichen Erziehung[131] und staatlichen Verhaltensanreizen, aber auch gegenüber staatlicher Wissensvermittlung[132] jedenfalls außerhalb der Schule errichtet.[133] Eine nicht wenigstens prozedural

---

125 *Sacksofsky* [Fn. 103], § 40 Rn. 81a; *Volkmann* [Fn. 55], S. 19 f.

126 *Christian von Coelln,* in: Friauf/Höfling [Fn. 101], Art. 5 (3. Teil) Rn. 86 ff. (Stand: November 2014).

127 *Huster* [Fn. 60], S. 436 ff.

128 BVerfGE 30, 173 (190).

129 BVerfGE 47, 46 (76); 56, 363 (381); *Martin Burgi,* in: Friauf/Höfling [Fn. 101], Art. 6 Rn. 108 (Stand: Dezember 2007). Zum Erziehungsrecht gehört auch das Recht der Eltern, nicht geteilte Ansichten und eine zu weitgehende staatliche Einflussnahme von den Kindern fernzuhalten (BVerfGE 47, 46 [75]); 91, 1 [17]; BVerfG, NJW 2009, S. 3151 [Rn. 13]).

130 *Martin Burgi,* in: Friauf/Höfling [Fn. 101], Art. 6 Rn. 108 (Stand: Dezember 2007).

131 Mit weiteren Nachweisen *Timo Hartman,* Verfassungsrechtliche Grenzen der Einführung einer allgemeinen Kindergartenpflicht, DVBl. 2014, S. 478.

132 Zur grundsätzlichen Zulässigkeit von einer bloßen „von Wertungen freie[n] Mitteilung von Fakten" in der Schule BVerfGE 47, 46 (75). Demgegenüber sei eine „Indoktrinierung" der Schüler in der Sexualerziehung zu unterlassen (ebd., S. 77).

133 Siehe *Huster* [Fn. 60], S. 491.

mit den Erziehungsberechtigten abgestimmte Gesundheitsprävention in einer Kindertagesstätte kann deshalb in das Grundrecht aus Art. 6 Abs. 2 Satz 1 GG eingreifen.[134]

e) *Fazit*

Die Grundrechtsrelevanz von Maßnahmen der Gesundheitsprävention ist differenziert zu beurteilen. In der Regel fehlt es an einem Eingriff in die Grundrechte der Zielpersonen. Formen des sog. Nudging unterscheiden sich in dieser Hinsicht nicht von herkömmlichen Instrumenten der Verhaltensbeeinflussung durch ökonomische Restriktionen. Grundrechtseingriffe können allerdings im Einzelfall bei erzieherischen Maßnahmen sowie bei Einflussnahmen auf grundrechtlich besonders geschützte Lebenswelten wie insbesondere die Familie vorliegen.

2. Präventionsfinanzierungspflicht als Grundrechtsverletzung

Die Krankenkassen sind gesetzlich dazu verpflichtet, die von den Versicherten erhobenen Beiträge anteilig für die Prävention einzusetzen.[135] Letztlich müssen also die Versicherten selbst das System der Gesundheitsprävention finanzieren, das ihnen die gesetzlich präferierte gesunde Lebensweise auf den beschriebenen Wegen näherbringen soll. Die Versicherungspflicht[136] und die mit ihr verbundene Pflicht zur Beitragszahlung[137] greifen zumindest in die allgemeine Handlungsfreiheit der Versicherten ein.[138] Finanzverfassungsrechtlich ist die Beitragserhebung als Sonderlast nur durch die mit dem Beitragsaufkommen zugunsten der

---

134 Der im Text herausgearbeitete Gedanke eines absoluten Schutzes gegen paternalistische Grundrechtseingriffe passt bei Eingriffen in Lebenswelten allerdings nicht. Der Eingriff in die Lebenswelt schränkt nämlich nicht unmittelbar die Herrschaft des Einzelnen über sich selbst ein. Die Lebenswelt ist von vornherein nicht die Verwirklichung eines einzelnen individuellen Willens, sondern eine unter vielen, auch staatlichen Einflüssen (z. B. familienrechtliche Normen) gewachsene gesellschaftliche Wirklichkeit. Der Schutz der Lebenswelt ist daher von vornherein auch gesellschaftlich veranlasst. Spiegelbildlich kann der Staat deshalb gerade auch zur Wahrung der Interessen einzelner Grundrechtsträger berechtigt sein, in die Strukturen und Entscheidungen einer Lebenswelt einzugreifen. Für Eingriffe in das elterliche Erziehungsrecht zum Wohl des Kindes sagt Art. 6 Abs. 2 Satz 2 GG dies ausdrücklich.

135 § 20 Abs. 6 SGB V.

136 § 5 SGB V.

137 §§ 223, 241 f. SGB V.

138 Zuletzt BVerfG, PharmR 2016, S. 9 (11 f.).

Abgabenschuldner verfolgten Sachzwecke zu rechtfertigen.[139] Daraus folgt, dass auch der durch die Beitragserhebung effektuierte Grundrechtseingriff nur durch einen auf den Verwendungszweck bezogenen Sachgrund und – anders als bei der Steuer – nicht durch den Zweck der Einnahmenerzielung als solchen gerechtfertigt werden kann. Dieser Sachgrund muss seinerseits ein verfassungsrechtlich legitimer Zweck im Sinne der ersten Prüfungsstufe des Verhältnismäßigkeitsgrundsatzes sein. Wäre also der Zweck der Gesundheitsprävention nicht geeignet, unmittelbar zu seiner Verwirklichung erfolgende Eingriffe in die Grundrechte der Zielpersonen verfassungsrechtlich zu rechtfertigen, wäre er auch nicht zur verfassungsrechtlichen Rechtfertigung der vorausliegenden Beitragserhebung geeignet. Das gilt unabhängig davon, ob die durch den Beitrag finanzierten Maßnahmen ihrerseits als Grundrechtseingriffe qualifiziert werden können.

Unter dem Panier eines libertären Paternalismus wird der Gedanke verbreitet, Gesundheitsprävention helfe dem Einzelnen, innere Schwächen zu überwinden und zu dem „eigentlich“ gewünschten Lebensstil zu finden. Diese Argumentation verfängt nach dem oben Gesagten nicht; der tatsächliche Wille der Menschen darf nicht durch die Konstruktion eines „wahren“ Willens überspielt werden. Näherer Untersuchung bedürfte die Frage, ob der Einsatz von Beiträgen zur Gesundheitsprävention wenigstens auf mittlere Sicht dazu beitragen wird, die Ausgaben der Gesetzlichen Krankenversicherungen insgesamt zu senken und auf diese Weise einen Gemeinwohlbeitrag zu erbringen. Hier sind zumindest erhebliche Zweifel angebracht. Ein abschließend näher zu untersuchender Ansatz zur verfassungsrechtlichen Rechtfertigung der Beitragserhebung könnte schließlich die Bezugnahme auf das Sozialstaatsprinzip sein. Das Bundesverfassungsgericht hat den Schutz der Bevölkerung vor dem Risiko der Erkrankung als eine Kernaufgabe der sozialstaatlichen Ordnung bezeichnet.[140] Die Krankenversicherungspflicht verfolge das Ziel, ein Lebensrisiko abzudecken, welches sich bei jedem und jederzeit realisieren und ihn mit unabsehbaren Kosten belasten könne. Der Einzelne erwirbt mit seinen Beiträgen nicht nur für sich selbst das Recht auf Kassenleistungen. Er finanziert vielmehr unabhängig vom eigenen Bedarf und Interesse ein System, das gleiche Leistungen für alle ihm angehörenden Menschen unabhängig von der individuellen

139 Siehe etwa BVerfGE 124, 348 (364 f.).

140 BVerfGE 123, 186 (242); zur Pflegepflichtversicherung BVerfGE 103, 197 (221). Vgl. auch BVerfGE 44, 70 (89). Die Sozialversicherung allein wegen Art. 74 Abs. 1 Nr. 12 GG für zulässig haltend hingegen *Stephan Meyer*, Zum Einsatz wirtschaftspsychologischer Instrumente in der Gesetzlichen Krankenversicherung, GesR 2013, S. 21 (22).

Beitragshöhe[141] und vom individuellen Risiko ermöglicht.[142] Ein derartiger Ausgleich von Chancen und Risiken ist als Beitrag zur Abfederung der Lotterie der Natur[143] und der Lebensumstände (soziale Gerechtigkeit) einer Rechtfertigung durch das Sozialstaatsprinzip zugänglich.[144] Darüber hinaus könnte der Einzelne, würde er nicht vom Staat in die Versicherungsgemeinschaft eingebunden, auf eine Vorsorge für Lebensrisiken ganz verzichten und hierdurch öffentliche Interessen schädigen, weil er für den Ernstfall auf die Mildtätigkeit des Staates vertraut.[145] In den Grenzen des Äquivalenzgrundsatzes ist es auch finanzverfassungsrechtlich legitim, die für die Umverteilung erforderlichen Mittel nicht aus dem Haushalt, sondern durch eine Pflichtversicherung abzudecken, also eine von der staatlichen Gemeinschaft zu unterscheidende Solidargemeinschaft zu belasten.[146]

In gewissen Grenzen ließe sich diese Argumentation durchaus auf die Gesundheitsprävention übertragen. Soweit eine Leistung der Krankenkasse den Einzelnen davon entlastet, unmittelbar selbst finanzielle Mittel zur Prävention etwa für Sportkurse einzusetzen, greift der Gedanke eines solidarischen Ausgleichs der mit der Bewältigung von Lebensrisiken verbunden Kosten. Ähnliches ließe sich über die Prävention durch die Vermittlung von Informationen sagen. Information ist eine Grundbedingung einer sinnvollen und insbesondere auch einer gesunden Lebensgestaltung. Wie gut ein Mensch über Gesundheitsrisiken und Vorsorgemöglichkeiten informiert ist und wie sehr er deshalb von staatlicher Information profitiert, korreliert dabei typischerweise mit seiner sozialen Stellung.[147] Soziale

---

141 *Josef Isensee,* Umverteilung durch Sozialversicherungsbeiträge, 1973, S. 14 f.

142 *Heinig* [Fn. 61], S. 175, 177 f.; *ders.,* Sozialstaat [Fn. 96], S. 565. Dementsprechend ist in der Rechtsprechung des BVerfG anerkannt, dass eine Ausweitung der Versicherungspflicht schon dadurch gerechtfertigt sein kann, dass sie zur Bildung einer leistungsfähigen Solidargemeinschaft erforderlich ist: BVerfGE 113, 165 (218 f.). Paternalistisch wäre es demgegenüber, die Sozialversicherungspflicht mit der Neigung der Menschen zu einer Diskontentierung der Zukunft rechtfertigen zu wollen: a.a.O., S. 172.

143 *Rawls* [Fn. 36], S. 94.

144 Zur Verbindung des Sozialstaatsprinzips mit dem Ziel sozialer Gerechtigkeit statt vieler *Zacher* [Fn. 93], § 28 Rn. 20 f., mit zahlreichen Nachweisen; speziell zur Gesetzlichen Krankenversicherung *Isensee* [Fn. 141], S. 16.

145 Vgl. *Heinig* [Fn. 61], S. 177 Fn. 62; siehe auch *ders.,* Sozialstaat [Fn. 96], S. 552 f.

146 *Isensee* [Fn. 141], S. 18 ff.

147 Zum übermäßigen Tabak- und Alkoholkonsum sowie zur Fettleibigkeit als Problemen der sozial Schwächeren siehe *Magnus Heier,* Armut macht dick, unbeweglich und abhängig, in: Frankfurter Allgemeine Zeitung v. 29.1.2008, online unter http://www.faz.net/aktuell/gesellschaft/gesundheit/uebergewicht-armut-macht-dick-unbeweglich-und-abhaengig-1516070.html, zuletzt abgerufen am 16.12.2015.

Gerechtigkeit bedingt deshalb nicht nur den Ausgleich finanzieller Möglichkeiten, sondern auch die Verallgemeinerung von Informationen.[148]

Damit ist allerdings nicht gesagt, dass jede Form von Gesundheitsprävention durch das Sozialstaatsprinzip gerechtfertigt ist. Das Sozialstaatsprinzip findet, wie oben gesagt, in der Freiheit des Einzelnen nicht nur eine äußere Grenze, sondern zugleich seine innere Rechtfertigung.[149] Staatliches Handeln, welches die positive Freiheit der Menschen zur selbstbestimmten Persönlichkeitsentfaltung nicht respektiert, ist nicht durch das Sozialstaatsprinzip gedeckt. Natürlich ist es eine Maß- und Gradfrage, wo die Grenze zwischen der Sicherstellung der faktischen Basis eines selbstbestimmten Freiheitsgebrauchs und einer staatlichen Bevormundung der Lebensentwürfe verläuft. Die Rechtfertigung fällt leichter, wenn der Staat dem Einzelnen dabei hilft, eine Ressource zu bewahren oder zu erlangen, die Voraussetzung nicht nur für die Verwirklichung ganz bestimmter Lebensentwürfe, sondern für eine Vielzahl oder gar sämtliche der ernsthaft in Betracht zu ziehenden Formen der Persönlichkeitsentfaltung ist.[150] Dabei kommt es auch darauf an, ob das staatliche Handeln den Begünstigen alternative Verhaltensmöglichkeiten belässt und insoweit eine freie Entscheidung akzeptiert oder aber darauf angelegt ist, einen staatlich definierten „Normmenschen" gegen die gesellschaftliche Wirklichkeit durchzusetzen. Ein auf das Freiheitsprinzip hin interpretiertes Sozialstaatsprinzip will Lebensentwürfe ermöglichen, nicht vorschreiben.

Vor diesem Hintergrund spricht einiges dafür, dass das Modell einer Gesundheitsprävention durch Pflichtbeiträge jedenfalls in seiner Ausgestaltung durch das Präventionsgesetz verfassungswidrig ist. Während die Bewahrung und Herstellung der Gesundheit eine Mindestbedingung positiver Freiheit ist und damit vom Sozialstaatsprinzip eingefordert wird,[151] geht es bei der Gesundheitsprävention gerade nicht um ein wie auch immer zu definierendes medizinisches Existenzminimum,[152] sondern um eine nach oben offene „Gesundheitsförderung". Außerdem zielt das Präventionsgesetz nicht auf die Unterstützung individueller Entwürfe zu einem gesunden Leben. Es will gerade umgekehrt gesetzlich definierte Lebensziele gegen die mangelnde Einsicht der Menschen und gegen gewachsene gesellschaftliche Strukturen durchsetzen. Hierzu werden die oben

---

148 Siehe hierzu *Thomas Hoeren*, Informationsgerechtigkeit als Leitperspektive des Informationsrechts, in: Festschrift für Wolfgang Kilian, 2004, S. 91.

149 Siehe unter III. 2. c) bb).

150 In diesem Sinne *Heinig*, Sozialstaat [Fn. 96], S. 215.

151 *Heinig*, Sozialstaat [Fn. 96], S. 416 ff.

152 Begriff bei *Heinig*, Sozialstaat [Fn. 96], S. 425.

beschriebenen organisatorischen und prozeduralen Vorkehrungen getroffen, die das gesetzlich definierte Gesundheitsziel in die Gesellschaft transplantieren sollen.

V. Schluss

Staatliche Gesundheitsprävention ist verfassungsrechtlich in weitem Umfang zulässig, solange sie nicht die Grenze zur Erziehung selbstbestimmter Grundrechtsträger überschreitet oder grundrechtlich besonders geschützte Lebensräume verletzt. Grundsätzlich sind weder die hoheitliche Information noch die Vermittlung von Anreizen zu einem gesunden Leben grundrechtlich abwehrbar. Einwände sind aber gegenüber einer Finanzierung der Prävention aus Pflichtbeiträgen der gesetzlich Versicherten zu erheben. Das Sozialstaatsprinzip erlaubt und gebietet die Herstellung sozialer Gerechtigkeit nur insoweit, wie dies der Ermöglichung selbstbestimmter Persönlichkeitsentfaltung dient. Diese Grenze überschreitet das Präventionsgesetz, das darauf angelegt ist, die gesetzgeberischen Wert- und Präferenzentscheidungen in die Gesellschaft zu vermitteln. Eine Gesundheitsprävention dieser Art müsste aus Steuermitteln finanziert werden.

Hans Michael Heinig

Kommentar: Primärprävention gegen Gesundheitsrisiken als Freiheitsrisiko: Prävention und Paternalismus

There have been various attempts to legislate prevention and health promotion. While the project failed in Switzerland 2012 after a remarkable debate due to the resistance of the Council of States, Germany passed a law in 2015, which obligates the health insurance to increase services concerning primary prevention and health promotion in the light of personal responsibility. The question that is currently being asked is, whether the state is actually wanted at all times when it comes to do good. Protecting the individual from itself by modifying the circumstances of decisionmaking to urge the individual to behave in the intended way may restrict its liberty rights. Trying to get to the bottom of this, the legitimacy of state nudging as an instrument of prevention has to be examined on the basis of a liberal Constitution.

I. Prävention als Freiheitsgefährdung?

In der Schweiz ist 2012 der Versuch gescheitert, ein Bundesgesetz über Prävention und Gesundheitsförderung zu erlassen.[1] Im Nationalrat gab es eine bemerkenswerte Debatte über das Vorhaben, das schließlich am Widerstand des Ständerates scheiterte. Meinen Kommentar zum Thema „Primärprävention gegen Gesundheitsrisiken als Freiheitsrisiko: Prävention und Paternalismus" will ich mit einem ebenso langen wie markanten Zitat des Abgeordneten Reto Wehrli aus den Beratungen beginnen: „Es darf als allgemein bekannt gelten, was der Gesundheit guttut und was mithin dem Begriffe der ‚Krankheitsprävention' zu subsumieren ist. Und so kennt jeder, der Augen und Ohren hat, die wesentlichen Elemente einer guten, unsere Organe, Ärzte, Krankenkassen und Staatshaushalte schonenden Lebensführung: vernünftig essen, sich vernünftig bewegen, vernünftig arbeiten sowie Gelegenheiten schaffen und ergreifen, um Freude und Freunde zu haben.

Das führt zu einer ersten Erkenntnis: Wir hier – jene also, die über dieses Präventionsgesetz zu befinden haben – wären seine ersten Adressaten, nähme man die Gesundheitsprävention nur ernst. Wir hätten unsere politische Tätigkeit sofort aufzugeben, oder zumindest müssten wir unsere Tagesabläufe hier in

1 K. Fontana, Die Vorlage ist endgültig vom Tisch, NZZ vom 27. September 2012.

Parlamentsbern einer Totalrevision unterziehen. Das hieße: fertig mit endlosen Sitzungen; fertig mit endlosem Herumsitzen; fertig mit Salznüssli, Apéros und dem Bellevue-Drei-Gänge-Parcours, inklusive dieses bisschen Alkohols jeweils am Ende. Das politische Klima müsste sofort verbessert und – dies sei hier endlich einmal zu Protokoll gegeben – die Klimaanlage in diesem Saal müsste im gleichen Zuge erneuert werden.

Dergestalt ins richtige Maß gebracht, kommen wir in medias res, nämlich: Niemand hat etwas gegen Prävention. Prävention, so sie denn die eigenverantwortliche Beschäftigung mit der eigenen Gesundheit sowie jener der Nächsten und den Erhalt dieser Gesundheit meint, ist richtig und nötig. Nur steht dieses generelle Bekenntnis gar nicht zur Diskussion. Die Frage ist vielmehr: Braucht es inzwischen für alles, braucht es auch für alles Offensichtliche, Notorische und im ureigensten Menscheninteresse Liegende ein Gesetz? Braucht es den Staat überall, immer, vor allem immer, wenn es Gutes zu tun gilt? Soll es denn unmöglich, soll es denn unzumutbar und ohne jeden Imperativ sein, dass Bürgerin und Bürger selbst für ihre Gesundheitsprävention sorgen? Alle dazu notwendigen Informationen sind jederzeit verfügbar: in Zeitungen, Magazinen, TV-Sendungen oder auf dem Internet. … Wenn wir bereit sind, all das, was mit dem Präventionsgesetz beabsichtigt ist, zu unternehmen …, so öffnen sich Tür und Tor für so etwas wie einen leistungsstaatlichen Totalitarismus. Dessen Motto lautet: Was auch immer guttun kann, was auch immer Gesundheit und Wohlergehen auf Erden verspricht, soll durch die Schweizerische Eidgenossenschaft verwirklicht werden. Genau das aber, dieses staatlich alles Beschlagende, wollen die Bundesverfassung und das ihr eingeschriebene Rechtsstaatsprinzip verhindern.“ [2]

Hinter der scharfen Polemik des Schweizer Volkvertreters verbirgt sich eine höchst relevante Frage, die die Grundlagen unseres gesellschaftlichen Zusammenlebens berührt: Wie verstehen wir „Freiheit“ im politischen Gemeinwesen und welche Rolle spielt der Staat dabei? Die Frage ist zugegeben nicht neu. Seit den Anfängen des modernen Wohlfahrtsstaates im ausgehenden 19. Jahrhundert wird in Europa darüber diskutiert, welche Auswirkungen staatliche Vor- und Fürsorge auf die Ordnungsidee individueller und politischer Freiheit haben. Seit Mitte der 1950er Jahre hat sich zumindest in der deutschen politischen Philosophie und Staatsrechtslehre ein weitreichender Konsens darüber herausgebildet, dass der Sozialstaat nicht Antipode des freiheitssichernden Rechtsstaates ist, sondern diesen ergänzt. Der sozial aktive Staat erscheint dann weniger als Bedrohung,

2 Nationalrat Sondersession 2011, Zweite Sitzung am 12. April 2011, Az. 09.076 Präventionsgesetz.

sondern vielmehr als Garant der Bedingungen menschlicher Freiheit.[3] Im Detail wird dieser Konsens freilich immer wieder hinterfragt – im Zuge neoliberaler Wohlfahrtsstaatskritik in den 1980er Jahren oder parallel zu den „aktivierenden" Umbauten sozialstaatlicher Strukturen in der ersten Hälfte des 20. Jahrhunderts (Stichwort: „Agenda 2010").

II. Staatliche Anreize und staatliches „Schubsen" als Präventionsmittel

Mit dem Erstarken der Präventionsidee und mit der Popularität innovativ erscheinender Präventionsmittel scheint ein neuer Anlass gekommen, über das Verhältnis von individueller Freiheit und sozialstaatlichen Aktivitäten nachzudenken. Ein anschauliches Beispiel dafür bietet das 2015 in Deutschland verabschiedete Gesetz zur Stärkung der Gesundheitsförderung und der Prävention (Präventionsgesetz). Das Präventionsgesetz erklärt die „Förderung der gesundheitlichen Eigenkompetenz und Eigenverantwortung" ausdrücklich zu einem Ziel der gesetzlichen Krankenversicherung (neu eingefügt in § 1 S. 2 SGB V).[4] Den gesetzlichen Krankenversicherungen werden weitreichende edukative Aufgaben zugewiesen.[5] Schon bislang war in § 1 SGB V eigentümlich formuliert: „Die Versicherten sind für ihre Gesundheit mitverantwortlich." Damit wollte der Gesetzgeber die Leistungsberechtigten zur Eigenverantwortung aufrufen und zugleich zum Ausdruck bringen, dass Krankheiten oft schicksalshaft sind und ihre Entstehung und ihr Verlauf von den Betroffenen nicht oder nur begrenzt beeinflusst werden. Die „Schuldfrage" hat das Recht der gesetzlichen Krankenversicherung nur sehr eingeschränkt mit § 52 SGB V aufgeworfen. Wer seiner in § 1 S. 2 SGB V statuierten Eigenverantwortung nicht gerecht wurde, blieb im Krankheitsfall nach dem SGB V leistungsberechtigt.

An dieser Rechtslage will der Gesetzgeber mit dem Präventionsgesetz nichts ändern. Individuelles Verantwortungsversagen bleibt sozialversicherungsrechtlich

3 Im Überblick H. M. Heinig, Der Sozialstaat im Dienst der Freiheit, 2008.

4 Zur Vorgeschichte etwa in diesem Band A. Wallrabenstein, Einführung und M. Schuler-Harms, (Primär-)Prävention im Bundesstaat: Zwischen Daseinsvorsorge und GKV. § 20 SGB V enthielt auch vor Verabschiedung des PräventionsG Regelungen zur Primärprävention.

5 Zum edukativen Staatshandeln grundsätzlich E. Schumann (Hrsg.), Das erziehende Gesetz, 2013; U. Volkmann, Darf der Staat seine Bürger erziehen?, 2012; J. Lüdemann, Edukatorisches Staatshandeln, 2004 (am Beispiel der „Abfallmoral").

folgenlos. § 1 S. 2 SGB V ist und bleibt eine rein appellative Norm.[6] Zukünftig sollen die Krankenkassen jedoch in größerem Maße als bisher „Leistungen zur Verhinderung und Verminderung von Krankheitsrisiken (primäre Prävention) sowie zur Förderung des selbstbestimmten gesundheitsorientierten Handelns der Versicherten (Gesundheitsförderung)" erbringen (§ 20 I S. 1 SGB V). Was das konkret bedeutet, wird gesetzlich nur vage umschrieben. § 20 III SGB V nennt einige Gesundheitsziele: Die Versicherten sollen u.a. weniger Alkohol und Tabak konsumieren, sich mehr bewegen und ein höheres Bewusstsein dafür ausbilden, dass das eigene Verhalten Einfluss auf die Gesundheit hat. Wie diese Ziele durch Präventionsmaßnahmen erreicht werden können, bleibt jedoch unthematisiert.[7] Das Präventionsgesetz unterscheidet zwischen bestimmten Präventionsfeldern: den verhaltensbezogenen Präventionen (§ 20 IV Nr. 1, V SGB V), der Gesundheitsförderung und Prävention in den Lebenswelten (§ 20 IV Nr. 2, § 20a SBG V) sowie der schon bislang bekannten betrieblichen Gesundheitsförderung (§ 20 IV Nr. 3, § 20b SGB V). In den Bestimmungen zu diesen drei Bereichen finden sich nahezu ausschließlich Organisations- und Verfahrensbestimmungen sowie Finanzierungsvorgaben.[8]

Im Umkehrschluss kann man daraus juristisch immerhin folgern, dass Zwang kein Mittel der Primärprävention und Gesundheitsförderung sein soll. Denn der Einsatz staatlichen Zwangs bedarf wegen Art. 2 I GG in jedem Fall einer ausdrücklichen gesetzlichen Ermächtigung. Vielmehr setzt der Gesetzgeber augenscheinlich auf belohnende Anreize und sogenannte „Nudges" (kleinen Stubsern),[9] deren genaue Gestaltung dann den Krankenkassen und ihrem Spitzenverband Bund obliegen.[10]

6 Vgl. U. Becker/T. Kingreen, in: dies. (Hrsg.), SGB V; 4. Aufl. 2014, § 1 Rn. 4 ff.; J. Berchtold, in: ders./S. Huster/M. Rehborn (Hrsg.), Gesundheitsrecht SGB X / SGB XI, 2015, § 1 SGB V Rn. 8. Um Missverständnissen vorzubeugen: Für diese Folgenlosigkeit bestehen gute Gründe. Die Frage ist nur, welchen Sinn eine solche appellative Norm hat. Dass Leistungsempfänger sie zur Kenntnis nehmen ist doch sehr unwahrscheinlich.

7 Vgl. P. Axer, Finanzlast für Primärprävention: Beitragsfinanzierung und ihre Grenzen, in diesem Band.

8 Zu Finanzierungsfragen näher in diesem Band P. Axer, Finanzlast für Primärprävention: Beitragsfinanzierung und ihre Grenzen und I. Kemmler, Kommentar: Finanzlast für Primärprävention: Beitragsfinanzierung und ihre Grenzen.

9 Zu Begriff und Konzept grundlegend R. Thaler/C. Sunstein, Nudge, 2011 (engl. Original 2008).

10 Bei der Konkretisierung der Leistungsbestimmungen zur Gesundheitsförderung und Prävention in Lebenswelten wird nach § 20a III SGB V zudem die Bundeszentrale

III. Primäre Prävention und Gesundheitsförderung als „gemischter Paternalismus"

Primärprävention und Gesundheitsförderung nach dem SGB V erfolgen zumindest auch im wohlverstandenen Interesse der Leistungsberechtigten. Ihr Verhalten soll gezielt beeinflusst werden, um sie vor sich selbst zu schützen. Dieser Schutz des Einzelnen vor sich selbst nennt man in der Sozialphilosophie „Paternalismus". Paternalistische Interventionen aber stellen ein besonderes freiheitstheoretisches Problem dar: Wie kann eine liberale Gesellschaftsordnung den Schutz des einzelnen vor sich selbst rechtfertigen, ohne ihre Freiheitheitlichkeit zu verlieren?[11]

Nun stellen Präventionsleistungen nach §§ 20 ff. SGB V keinen Paternalismus in Reinform dar, da ihr Ziel zugleich darin besteht, die Kosten für Leistungen bei Krankheit (§ 27 ff. SGB V) zu senken. In Deutschland besteht nach dem SGB IV eine weitreichende und vom Sozialstaatsprinzip getragene Sozialversicherungspflicht und die Finanzierung der Versicherungsleistungen wird im Wesentlichen durch Sozialversicherungsbeiträge gedeckt. Deshalb gilt die Schonung der finanziellen Ressourcen der Sozialversicherung als Gemeinwohlbelang mit Verfassungsrang.[12] Soweit paternalistische Interventionen auch Gemeinwohlgüter betreffen, spricht man von „gemischtem" Paternalismus. Er bildet in der Praxis den Regelfall – Beispiele für staatlichen Paternalismus in Reinform findet man in unserem Kulturkreis kaum. Ob ein solcher gemischter Paternalismus leichter oder anders zu rechtfertigen ist als der bloße Schutz des Einzelnen vor sich selbst, gehört zu den interessanten Dauerproblemen des philosophischen Paternalismusdiskurses.[13]

IV. Primärpräventionen als „libertärer" Paternalismus

Sowohl bei positiven Anreizen wie beim Nudging im Interesse der Betroffenen könnte man in Anknüpfung an die Arbeiten von Richard H. Thaler und Cass R. Sunstein von einen „libertären Paternalismus" sprechen: Jeweils sollen die Rahmenbedingungen der Entscheidungsfindung Einfluss auf die getroffene Wahl nehmen, ohne in Zwang umzuschlagen.[14] Den positiven Verhaltensanreizen liegt ein

für gesundheitliche Aufklärung eingeschaltet. Dazu näher in diesem Band M. Schuler-Harms, (Primär-)Prävention im Bundesstaat: Zwischen Daseinsvorsorge und GKV.

11 Näher im Überblick M. Anderheiden u.a. (Hrsg.), Paternalismus und Recht, 2006.

12 BVerfGE 113, 167 (218 ff.) m.w.N.

13 H. M. Heinig, Paternalismus im Sozialstaat, in: M. Anderheiden u.a. (Hrsg.), Paternalismus und Recht, 2006, S. 157 (175 ff.) m.w.N.

14 R. Thaler/C. Sunstein, Nudge, 2011, S. 26 ff. und öfter; S. Sunstein, Why Nudge?, 2014.

Rational Choice Modell zugrunde, dem Nudging die Behavioral Economics.[15] In beiden Varianten sollen die Betroffenen zum „richtigen" Verhalten gelenkt werden – bei vorgeblich voller Wahrung seiner „Wahlfreiheit".

Bei den Befürwortern des Nudging klingt zuweilen an, dass der Nudge den Einzelnen doch nur dazu bewege, das zu tun, was er wirklich wolle. Nudging steigere die Autonomie und bedrohe sie nicht. Nudging sei deshalb nicht nur zulässig, sondern geradezu ethisch geboten.[16] Die gleichen Argumente werden vorgebracht, wenn es um staatliche Primärinterventionen im Gesundheitsbereich geht – auch weil Nudges ein wesentliches Präventionsinstrument bilden. Deshalb seien im Folgenden kurz die freiheitstheoretischen Probleme des Nudging beleuchtet, die ebenso verschiedene Formen staatlicher Primärprävention im Gesundheitsbereich berühren.

V. Zur Rechtfertigungsbedürftigkeit von Nudges

Nach unserem traditionellen Freiheitsverständnis ist der Einzelne frei, seinen Neigungen und Interessen zu folgen. Er darf sich auch schädigen. Staatliche Behinderungen dieser Freiheit müssen sich rechtfertigen. Der Staat darf insbesondere Rechte Dritter verteidigen. Der Schutz eines Dritten vor sich selbst lässt sich hingegen nicht ohne Weiteres begründen. Für *John Stuart Mill*, den Ahnvater des Paternalismusdiskures, war klar, dass Kinder und Geisteskranke vor sich selbst geschützt werden müssen. Gegenüber dem vernunftbegabten Normalbürger hingegen sollten allenfalls retardierende Interventionen gestattet werden, um Informationsmängel auszugleichen.[17] Genau an dieser Stelle setzen die Behavioral Economics an: Wir handelten eben oft nicht vernünftig, sondern im Grunde wie Kleinkinder.

Die Beobachtung ist in den Kategorien der Verhaltensökonomik formuliert wohl richtig. Doch sie genügt nicht, um Nudging per se als harmlos oder gar autonomiesteigernd erscheinen zu lassen. Die normative politische Theorie geht mit guten Gründen bislang von einer Freiheitskonzeption aus, in der „normales" Verhalten nicht als korrekturbedürftige Devianz erfasst wird. Staatliches Nudging will menschliches Verhalten steuern und muss sich deshalb in einer freiheitlichen politischen

15 Vgl. zu Gemeinsamkeiten und Unterschieden K. Mathis, Verhaltenssteuerung durch Aufklärung, Anreize und „Nudging" – Prävention im Gesundheitswesen aus verhaltensökonomischer Perspektive, in diesem Band.

16 C. Sunstein, The Ethics of Nudging, in: in: A. Kemmerer u.a. (Hrsg.), Choice Architecture in Democracies, 2016, S. 11 ff.

17 J. S. Mill, On Liberty (1859), 1985, 166.

Ordnung rechtfertigen. Besonders hohen Rechtfertigungsanforderungen sind Interventionen ausgesetzt, denen es nicht (auch) um den Schutz Dritter oder relevanter Gemeinschaftsgüter, sondern ausschließlich um den Schutz des Einzelnen vor sich selbst geht.[18]

Viele Protagonisten des Nudging meinen nun, dass diese Rechtfertigung unproblematisch gelingt, wenn die paternalistische Intervention libertär ausgestaltet ist, also die Entscheidungsfreiheit des Einzelnen gewahrt bleibt. Dabei wechseln sie den zugrundeliegenden Freiheitsbegriff aus: Nudging wird gerechtfertigt, indem menschliche Rationalitätsanomalien empirisch beschrieben werden. Doch die Intervention soll die Wahlfreiheit unangetastet lassen, weil der Einzelne sich gegen die Intention des Nudges entscheiden könne.

Freiheitstheoretisch ist Zweifel angebracht, ob diese Einschätzung stimmt. Was meint Wahlmöglichkeit, wenn durch die Choice Architecture die Entscheidung bewusst so geprägt wird, dass das staatlicherseits erwünschte Verhalten in der Regel auch an den Tag gelegt wird? Gerade die Einsichten der Behavioral Economics sprechen dagegen, das Nudging per se als verharmlos zu erklären. Auch im jüngst verabschiedeten deutschen Präventionsgesetz scheint durch, dass es beim Nudging auch um einen gouvernementalen Zugriffs auf die Lebensformen der Bürger geht, um staatliche Einflussnahme zum Zwecke individueller Selbstoptimierung, um „Biopolitik“ im Sinne Michel Foucaults.[19] Das wirft die Frage nach angemessenen Schutzinstrumenten vor Missbrauch und unbotmäßiger Freiheitsbeschränkung auf.

VI. Prävention, Nudges und grundgesetzlicher Freiheitsschutz

Gegenüber staatlichen Befehlen und Verboten haben Demokratie und Rechtsstaat eine Fülle an Vorkehrungen zur Sicherung der Freiheit der Bürger ausgebildet. Ob diese Vorkehrungen für staatliches Nudging ausreichen, ist zu diskutieren. Die verfassungsrechtlichen Auseinandersetzungen stecken noch in den Anfängen. Einige Autoren sehen im Nudging gemeinhin einen Grundrechtseingriff,[20] andere bezweifeln gerade die Eingriffsqualität. Der Eingriffsbegriff ist eine wertende Kategorie, mit der eine staatliche Verantwortung für eine den Schutzbereich berührende, freiheitsverkürzende Maßnahme markiert wird. Viel spricht dafür

---

18 H. M. Heinig, Autonomy vs. Technocracy: Libertarian Paternalism revisted, in: A. Kemmerer u. a. (Hrsg.), Choice Architecture in Democracies, 2016, S. 189 (192 ff.).

19 M. Foucault, Die Geburt der Biopolitik, 2006.

20 A. van Aacken, Constitutional Limits of Paternalistic Nudging, in: in: A. Kemmerer u. a. (Hrsg.), Choice Architecture in Democracies, 2016, S. 199 (234 f.).

zu differenzieren.[21] Ähnliche Differenzierungen wären dann für die verfassungsrechtliche Bewertung von Gesundheitspräventionsmaßnahmen im Rahmen des SGB V angebracht. Differenzierungsmerkmale sind etwa Ziele und Instrumente der Intervention. So macht es grundrechtlich betrachtet einen Unterschied, ob Präventionsmaßnahmen tatsächlich der Autonomiesteigerung dienen oder der finalen Verhaltensbeeinflussung mit fester Zielvorgabe – § 20 III SGB V kennt beide Varianten. Ebenso sollte es für die grundrechtliche Bewertung erheblich sein, ob die Interventionen transparent und leicht erkennbar erfolgen und damit auch de facto Verhaltensalternativen bestehen oder ob sie gezielt und manipulativ auf Verhaltenspräferenzen Einfluss nehmen wollen.

Das Präventionsgesetz selbst verhält sich zu Fragen der konkreten Ausgestaltung nicht, sondern überlässt sie der Ausgestaltung durch die Krankenkassen und ihren Bundesverband sowie der Expertise der Bundeszentrale für gesundheitliche Aufklärung. Doch sollte nicht über gewisse Grundzüge der staatlichen Verhaltenssteuerung der demokratisch unmittelbar legitimierte Gesetzgeber entscheiden müssen – selbst wenn die Steuerung ohne Befehl und Zwang auskommt? Wenn staatliches Nudging annähernd so erfolgreich ist, wie seine Propagandisten versprechen, werden Verfassungsrechtswissenschaft und -rechtsprechung noch intensiv darüber nachdenken müssen, an welchen Stellen wir Modifikationen der bisherigen Verfassungsdogmatik vorzunehmen haben, um demokratische Legitimationserfordernisse und grundrechtliche Bindungen staatlichen Handelns auch unter neuen Vorzeichen staatlicher Einflussnahme effektiv werden zu lassen.

21 J. H. Klement, Primärprävention gegen Gesundheitsrisiken als Freiheitsrisiko: Prävention und Paternalismus, in diesem Band; J. Wolf, Eine Annäherung an das Nudge-Konzept nach Richard H. Thaler und Cass R. Sunstein aus rechtswissenschaftlicher Sicht, in: Rechtswissenschaft 2015, 194 (213 ff.). Viel Material und zielführende Überlegungen zu Differenzierungen bei van Aacken (Fn. 20), die ihre wertenden Unterscheidungen auf der Ebene der verfassungsrechtlichen Rechtfertigung ansiedelt.

Indra Spiecker gen. Döhmann

Schlusswort

Das Gesundheitssystem stößt immer wieder an Grenzen: Wie lassen sich neue Medikamente bezahlen, wenn ihre Nutzung für alle Patienten ohne Einschränkung innerhalb kürzester Zeit zum Zusammenbruch der finanziellen Ressourcen führen wird?[1] Wie lässt sich entscheiden, welche neuen Verfahren in den Leistungskatalog aufgenommen werden sollen – Stichwort evidenzbasierte Medizin? Wie lässt sich Einzelfallgerechtigkeit ermöglichen? Welche Möglichkeiten gibt es, Beitragszahlungen und/oder Leistungen so zu strukturieren, dass sie wirkungsvoll für diejenigen eingesetzt werden, die ihren Beitrag zur Erhaltung der Gesundheit leisten? Wie lassen sich Risikofaktoren des Einzelnen im Versicherungssystem abbilden? Dürfen überhaupt individuelle Umstände dafür herangezogen werden? Welche neuartigen Therapieansätze gibt es überhaupt? Wie können Qualitäten eines Marktes in einem gesetzlichen Krankenversicherungssystem integriert werden? Welchen organisatorischen und strukturellen Herausforderungen muss das System Herr werden, um im Zeitalter von Mobilität und Digitalisierung noch leistungs- und reaktionsfähig zu bleiben? Ist das Krankenversicherungssystem noch Teil eines allgemeinen Verwaltungsrechts oder unterliegt es eigenständigen rechtlichen Bedingungen?

Die Liste der drängenden Fragestellungen des Gesundheitssystems ließe sich beliebig verlängern, und je nach Sichtweise ließe sie sich auch beliebig reformulieren. Die Antworten darauf sind so schwierig, weil die dahinter stehenden Probleme oftmals untrennbar miteinander verbunden sind und ein vielversprechender Lösungsansatz für eine Fragestellung oftmals wenig verheißungsvolle Wirkungen auf einen anderen Themenkomplex bedeutet. Die Vorteile eines im Kern durch die gesetzliche Krankenversicherung geprägten Gesundheitssystems unter Einbindung aller relevanten Akteure begegnen auch Nachteilen eben dieser Strukturen. Bezeichnenderweise haben vor allem die Schwierigkeiten des Gesundheitssystems in den letzten Jahrzehnten die Diskussionen und die öffentliche Wahrnehmung geprägt. Das ist beim Präventionsansatz, mit dem sich diese Tagung befasst hat, nicht anders. *Astrid Wallrabenstein* hat eindrücklich geschildert, welchen Schwierigkeiten und welch' zäher Entstehungsgeschichte das aktuelle Gesetz begegnet ist. Dabei ist der Ansatz des Präventionsgesetzes

1 Siehe ZEIT Magazin v. Januar 2016.

auf Erweiterung und auf Mehr-Leistungen gerichtet und könnte damit durchaus auch als ein Befreiungsschlag der Akteure aus der Negativ-Spirale gesehen werden. Die „Grundlagen für Prävention und Gesundheitsförderung in jedem Lebensalter und in allen Lebensbereichen“[2] zu schaffen, die „Krankheiten vermeiden, bevor sie entstehen“[3] erweitert – lässt man die Einzelheiten des Gesetzes beiseite – zunächst einmal inhaltlich die Spielräume der Akteure und dehnt die gesundheitlichen Leistungen und Möglichkeiten weit in das Vorfeld dessen aus, was bisher im Gesundheitssystem vertreten war. Denn bisher haben Präventionsmaßnahmen allenfalls in kleinen Ansätzen Einbindung erfahren, waren doch bisher vor allem Maßnahmen der Früherkennung und Krankheitsverhütung vorgesehen und Leistungen zur Gesundheitsförderung eher Randerscheinungen, die zudem nur in geringem Maße in die Lebensbereiche der Versicherten einwirken konnten. Zudem wurde bisher eine klare Abgrenzung zu den (vertragsrechtlich pflichtigen) Leistungen des Arbeitgebers zur Arbeits(-platz-)gesundheit von Leistungen der Krankenkassen als notwendig angesehen.

Gesetzgeberische Zielsetzung und Mittelwahl ist seit jeher in der deutschen verfassungsrechtlichen Diskussion und Rechtsprechung zwar in den Einzelheiten umstritten, grundsätzlich aber einer geringen Kontrolle ausgesetzt gewesen. Dabei lohnt es durchaus, Ziele und Mittel genauer zu betrachten. *Klaus Mathis* und *Gert Wagner* haben dies eindrücklich unter Einbeziehung der ökonomischen Hintergründe getan. Diese präzisere Betrachtung ist auch deshalb von besonderer Bedeutung, weil die Prävention das Gesundheitssystem in einen Bereich ausweitet, der in anderen Rechtsgebieten als „Vorfeldmaßnahme“ oder als „Risikorecht“ bezeichnet wird. Kennzeichnend dafür sind ungenaue Wirkungsverläufe, unklare Wissensbestände, unsichere Handlungsvoraussetzungen und in der Folge vorverlagerte Eingriffe auf der Basis von nicht-verifizierbaren Annahmen. Das Umweltrecht hat gezeigt, dass solche vorverlagerten Ziele durchaus erhebliche Eingriffe legitimieren können, die in ihrer Intensität über Maßnahmen der Gefahrenabwehr hinausgehen können. Damit ist das Spannungsfeld von Freiheit und Sicherheit oder auch Prävention und Paternalismus umrissen, mit dem sich *Jan Hendrik Klement* und *Hans Michael Heinig* nachdrücklich befasst haben.

Selbst wenn man sich auf die Ziele und grundsätzlichen Maßnahmen als legitim verständigen kann, bliebe indes noch die konkrete Ausgestaltung des Präventionsgesetzes zu beurteilen. Da das Gesetz guten Gewissens als Rahmenordnung bezeichnet werden kann, in dessen Ausgestaltung die Legislative sich mit Vorgaben für

---

2 Siehe Pressemitteilung Nr. 65 des BMG v. 17. Dezember 2014.
3 Ebenda.

konkrete Maßnahmen der Prävention und der Lebensführung in allen Bereichen zurück gehalten hat und diese im Wesentlichen anderen Akteuren überlässt – übrigens durchaus mit zu hinterfragender demokratischer Legitimation –, stehen hier vor allem organisatorische und finanzielle Regelungen im Mittelpunkt der verfassungsrechtlichen Betrachtung. *Margarete Schuler-Harms* und *Birgit Schmidt am Busch* haben das Spannungsfeld zur Daseinsvorsorge und damit zur Staatsorganisation aufschlussreich beleuchtet; *Peter Axer* und *Iris Kemmler* haben sich der Aufgabe der Durchleuchtung der Finanzströme gewichtig gestellt.

Die Ergebnisse dieser vier Komplexe sind vielschichtig; sie zusammenzufassen, kann in wenigen Zeilen an dieser Stelle nicht gelingen. Als verbindender roter Faden, der die meisten Beiträge durchzieht, mag sich aber eines abgezeichnet haben: Die verfassungsrechtliche Dimension – mehr noch: Problematik – des neuen Präventionsgesetzes in seiner konkreten Ausgestaltung ist nicht zu unterschätzen; der Ermüdungsfrieden, den die Legislative nach drei gescheiterten Anläufen geschlossen hat, konnte offenbar nur zustande kommen um den Preis, dass wesentliche konstitutionelle Bedenken verdrängt wurden. Es darf durchaus als zweifelhaft gelten, ob das Präventionsgesetz einer intensiven verfassungsrechtlichen Prüfung standhalten wird.

Ein solches (Zwischen-)Ergebnis einer intensiv geführten Debatte schon im Vorfeld der Tagung reizt zur Auseinandersetzung, zu Gegenargumenten und zu weiterem Nachdenken der Positionen. Dieser unbedingt weiter zu führenden Diskussion will dieser Sammelband eine Basis geben.

Frankfurter Schriften zur Gesundheitspolitik und zum Gesundheitsrecht
Schriftenreihe des Instituts für Europäische Gesundheitspolitik und Sozialrecht an der Johann Wolfgang Goethe-Universität Frankfurt

Herausgegeben von Ingwer Ebsen und Thomas Gerlinger

Band 1 Dominik Roters: Die gebotene Kontrolldichte bei der gerichtlichen Prüfung der Richtlinien des Bundesausschusses der Ärzte und Krankenkassen. 2003.

Band 2 Carsten Wendtland: Die Forschung mit menschlichen embryonalen Stammzellen als Gegenstand der Rechtsetzung. 2005.

Band 3 Johannes Pantel / Gisela Bockenheimer-Lucius / Ingwer Ebsen / Ruth Müller / Peter Hustedt / Alexander Diehm: Psychopharmakaversorgung im Altenpflegeheim. Eine interdisziplinäre Studie unter Berücksichtigung medizinischer, ethischer und juristischer Aspekte. 2006.

Band 4 Christel Köhler-Hohmann: Die Teilnahme der Ärzte- bzw. der Heilkunde-GmbH an der vertragsärztlichen Versorgung. 2007.

Band 5 Laura Sormani-Bastian: Vergaberecht und Sozialrecht. Unter besonderer Berücksichtigung des Leistungserbringungsrechts im SGB V (Gesetzliche Krankenversicherung). 2007.

Band 6 Marcus Assion: Versicherungsrechtliche Fragen der Lebendspende von Organen. 2007.

Band 7 Yasemin Ilgin: Health Care Expenditures, Innovation, and Demographic Change. 2008.

Band 8 Karin Pöppel: Wertwandel beim sozialen Dienstleister Krankenhaus. Eine Analyse zum Patientenbild. 2008.

Band 9 Annett Wunder: Grenzüberschreitende Krankenbehandlung im Spannungsfeld von Grundfreiheiten und vertraglicher Kompetenzverteilung. 2008.

Band 10 Ingwer Ebsen (Hrsg.): Vergaberecht und Vertragswettbewerb in der Gesetzlichen Krankenversicherung. 2009.

Band 11 Thomas Gerlinger / Kai Mosebach / Rolf Schmucker (Hrsg.): Gesundheitsdienstleistungen im europäischen Binnenmarkt. 2010.

Band 12 Susanne Plettner: Vertragswettbewerb in der GKV unter wettbewerbsrechtlichen Gesichtspunkten. 2011.

Band 13 Alexander Diehm: Rechtliche Anforderungen und Strukturen der ambulanten Arzneimittelversorgung in stationären Pflegeeinrichtungen am Beispiel der Psychopharmakatherapie. 2011.

Schriften zur Gesundheitspolitik und zum Gesundheitsrecht
Schriftenreihe des Instituts für Europäische Gesundheitspolitik und Sozialrecht an der Johann Wolfgang Goethe-Universität Frankfurt

Herausgegeben von Ingwer Ebsen, Thomas Gerlinger und Astrid Wallrabenstein

Band 14 Vanessa Christin Multmeier: Rechtsschutz in der Krankenhausplanung. Traditionelle und neue Rechtsschutzformen zur Verteidigung von Grundrechten und Grundfreiheiten gegen staatliche Regulierung und selektive Investitionsförderung. 2011.

Band 15 Hans Jakob Stachels: Marktzugangsregeln für pflanzliche Arzneimittel. 2011.

Band 16 Astrid Wallrabenstein (Hrsg.): Braucht das Gesundheitswesen ein eigenes Regulierungsrecht? Beiträge zum Symposium des Instituts für europäische Gesundheitspolitik und Sozialrecht, 12.-13. September 2011, Universität Frankfurt am Main. 2012.

Band 17 Astrid Wallrabenstein / Ingwer Ebsen (Hrsg.): Stand und Perspektiven der Gesundheitsversorgung. Optionen und Probleme rechtlicher Gestaltung. Beiträge zum Symposium des Instituts für europäische Gesundheitspolitik und Sozialrecht am 26. April 2013 an der Goethe-Universität Frankfurt am Main. 2014.

Band 18 Astrid Wallrabenstein (Hrsg.): Psychotherapie in der GKV zwischen alten Kontroversen und gesetzlicher Neuregelung. 2015.

Band 19 Katja Braußе: Die europäische Patientenrichtlinie aus vertragszahnärztlicher Perspektive. 2015.

Band 20 Indra Spiecker genannt Döhmann / Astrid Wallrabenstein (Hrsg.): Rechtswissenschaftliche Fragen an das neue Präventionsgesetz. 2016.

www.peterlang.com